■현대여성연구 2

페미니즘과
우리 시대의 성담론

송명희 외

새 미

책머리에

　최근 우리 사회는 성에 대한 관심이 부쩍 고조되면서 성에 관한 담론도 다양한 관점에서 전개되고 있다. 정말 어디를 둘러봐도 성이 넘쳐나고 있다. 바야흐로 후기자본주의 시대의 소비문화 속에서 성과 육체야말로 대중들의 최고 관심사로 부각되고 있다. 성에 대한 증대된 관심과 성담론의 활성화는 우리 시대가 일찍이 누려본 바 없는 성의 자유화의 파고를 타고 있는 것처럼 비춰지기도 한다. 그런데 소설, 연극, 만화 등의 창작물이 음란물로 분류되어 작가가 형사처벌을 받은 성적 보수주의의 횡행은 백년 전의 일이 아니고 최근래의 일이지 않은가.
　이 한 권의 책은 성에 관한 극단적 자유주의와 보수주의가 양극화된 우리 사회의 혼란스러운 양상을 페미니즘의 시각에서 짚어보고자 기획되었다. 페미니스트 그룹인 〈여성연구회〉는 지난 해에 『여성의 눈으로 읽는 문화』를 기획하여 출판했고, 이번에 그 두번째로 『페미니즘과 우리 시대의 성담론』을 기획하였다. 문학, 영화학, 철학, 법학, 사회학, 몸학, 여성학 등의 여러 분야에서 비교적 최근의 쟁점이 되었던 작품이나 문제들을 가지고 새롭게 쓴 원고로 이 책은 구성되었다.
　'성'이란 단어의 내포가 다양하듯이 이번 저서에서 다룬 문제들도 매우 다양하다. 섹슈얼리티 그 자체로부터 성폭력이란 사회문제와 에로스의 억압에 대한 철학적 배경, 그리고 여성의 육체에 대한 주체적 관심에 이르기까지 필자들의 견해는 다양하고도 참신하다.
　본 저서를 통해서 '우리 시대의 성담론'의 현 위치를 알 수 있을 뿐만 아니라 여성들이 지향하는 성담론의 방향도 알 수 있을 것이다.

〈여성연구회〉에서 '페미니즘과 우리 시대의 성담론'을 기획하게 된 의도는 무엇보다도 최근의 활성화된 성담론이 남성들에 의해서 주도되고, 남성의 경험과 사고와 목소리에 독점됨으로써 야기될 수 있는 성 차별적 가능성을 차단하고, 여성의 경험과 사고와 목소리를 통해서 여성의 성적 주체성을 확립해 보자는 것이다.

따라서 전체 글의 방향은 페미니즘이라는 공유된 시각이 견지되었으며, 최근의 성담론의 방향을 여성의 관점에서 어떻게 받아들일 것인가가 공통의 관심사로 제기되고 있다. 성의 자유화라는 시대적 흐름 속에도 여전히 억압받고 소외된 여성의 성에 관심을 집중시켰으며, 여성이 타자의 위치를 벗어나 성적 주체성을 회복하고, 나아가 성을 진정으로 향유할 수 있을 것인가가 공통으로 모색된 과제이기도 하다. 그리고 개인이 은밀히 겪는 사적인 경험인 성에 권력과 젠더 불평등이 어떻게 스며 있는지도 밝히고 있다.

「우리 시대의 성담론」은 마광수, 김진만, 서동진 등 성담론을 주도해온 국내 필자들이 저서들에 대한 분석을 통해서 우리 시대의 성담론이 어떤 방향에서 전개되고 있으며, '성'이 어떻게 자리매김되고 있는가를 한눈에 파악할 수 있도록 해주는 글이다. 「아름다운 남성을 보았는가」는 최근의 육체에 대한 관심과 성해방이 진정한 여성해방과는 분리되어 어떻게 여성을 타자화시키고 있는가를 밝히면서 여성의 몸에 대한 주체성 회복을 강조한 글이다. 「외설과 에로티시즘」은 남성적 에로티시즘은 외설과 닿아 있으며, 외설과 에로티시즘의 경계를 가를 수 있는 것은 여성적 시각이라는 주장을 현대시에 대한 분석을 토대로 제기하고 있다. 「성(性), 금기의 사슬 너머의 자유」는 신세대 여성작가의 소설에 나타난 기존 도덕률에 반하는 여성의 성적 자유를 주체성이라는 관점에서 옹호하고 있다. 「낙태, 섹슈얼리티 그리고 반란」과 「영화 속의 성 그리고 여성」에서는 외국영화와 한국영화를 통해서 낙태,

섹슈얼리티, 동성애 등의 담론을 읽어내고 있으며, 페미니즘 영화의 가능성을 모색하고 있다.

「여성의 성과 법적 지위」는 외설물에 관한 표현의 자유에 관한 문제와 여성의 성을 법적 영역에서 어떻게 바라보고 있는지를 알 수 있게 해주는 글이다. 「남편의 폭력에 가려진 아내들의 분노와 절망」은 우리 사회의 사회적 이슈가 되고 있는 매 맞는 아내의 문제를 다룬 글이다. 「손창섭 소설에 나타난 성폭력 모티프」는 비록 몇 십년 전의 텍스트지만 오히려 오늘날에도 새로운 의미를 던져주고 있는 손창섭의 작품을 통해서 국가권력과 남성 권력의 틈바구니에서 성폭력의 희생물이 되고 마는 여성의 수난을 분석하고 있다. 「여성 에로스의 억압에 대한 철학적 배경」은 서양철학사를 통해서 철학과 종교가 여성의 성을 얼마나 왜곡하고, 억압했으며, 성차별을 정당화해 왔는가를 역사적으로 규명하고 있다. 「생태여성론에서의 여성성」은 생태주의와 페미니즘의 접목에 의한 에코페미니즘의 여러 갈래를 소개하며, 양육, 보호, 치유, 생명과 같은 여성성을 통한 대안 사회의 비전을 제시하고 있다.

이 책이 나올 수 있도록 좋은 원고를 써주신 여러분과 편집의 번거로운 일을 맡아준 이연화 씨에게 감사드린다. 그리고 〈여성연구회〉의 97년도 학술발표회를 주관해주신 대전대학교의 김인제 총장님과 문예창작과의 여러 교수님께도 이 자리를 빌어 감사의 말씀을 드린다. 무엇보다 극도로 어려운 출판 여건에도 불구하고 쾌히 출판을 허락해준 출판사에 감사를 드린다.

이번 저서는 〈여성연구회〉의 현대여성연구 2집의 형태로 발간됨을 밝히며, 일반인은 물론이며, 대학의 여성학 관련 과목의 교재 및 부교재로 널리 활용되길 기대한다.

1998년 5월
여성연구회 회장 송명희

차 례

책머리에

제 1 부

우리 시대의 성담론 ·· 송 명 희 ······ 9
아름다운 남성을 보았는가
   -현대 한국여성의 의식에 대하여 ································ 최 지 현 ······ 39
외설과 에로티시즘의 경계
   -현대시를 중심으로 ·· 정 순 진 ······ 73
성(性), 금기의 사슬 너머의 자유 -배수아의「푸른
   사과가 있는 국도」, 신이현의『숨어있기 좋은 방』········ 송 경 빈 ······ 97
낙태, 섹슈얼리티 그리고 반란 : 여성주의 영화를 향하여
   -<더 월>, <여인의 초상>, <바운드> ···························· 강 소 원 ······117
영화 속의 성 그리고 여성
   -영화 <산부인과>, <301·302>를 중심으로····················· 송 명 희 ······135

제 2 부

여성의 성과 법적 지위 ·· 오 경 희······155
남편의 폭력에 가려진 아내들의 분노와 절망 ········ 이 영 희······171
손창섭 소설에 나타난 성폭력 모티프
　-「인간시세」,『낙서족』을 중심으로 ······························ 구 수 경······193
여성의 에로스에 대한 억압의 철학적 배경
　-로빈 쇼트의『인식과 에로스』 ···································· 최 영 희······215
생태여성론에서의 여성성 ·· 이 연 화······249

제 1 부

우리 시대의 성담론

송 명 희

1. 머리말

　오랫동안 우리 사회는 성에 관한 논의가 금기시되어 왔다. 학문적으로도 성문제를 논의하는 것은 점잖은 학자가 할 행동이 아니며, 그것은 수치스럽거나 부도덕한 행위로까지 여겨져 왔다. 이것은 단순히 성담론에 대한 금기나 억압이 아니며, 더 근본적으로는 성에 대한 억압과 금기에 다름아니다. 유교적 전통하에 놓여졌던 우리나라는 말할 필요도 없고, 서양의 경우에도 성에 대한 억압은 여성에 대한 성차별과 더불어서 오랜 역사를 갖고 있다.
　최근 우리 사회는 '성(sexuality)'에 관한 관심이 부쩍 고조되면서, 금기시되어 오던 성담론(性談論)에 대한 논의도 다양하게 활성화되고 있다. 이는 오랜 역사 속에서 억압되고 금기시되던 성에 대한 억압과 금기가 느슨해지는, 즉 성의 자유화 물결의 한 현상으로 일단은 받아들일 수 있을 것이다.
　하지만 성에 대한 우리 사회의 태도가 반드시 자유화라는 일정한 방향으로의 흐름을 형성하고 있는 것만은 아니라고 할 수 있다. 오히려 가치관의 혼란 내지 혼미 현상을 빚고 있다고 말하는 것이 정확할지 모른다. 가령, 미국 국적의 누드스타 이승희가 매스콤의 화려한 조명과 상업주의의 물결을 타고 안방 깊숙히까지 파고들었는가 하면 소설, 연극, 만화 등 작가의 창작물을 음란물로 처단하는 도덕적 보수주의가 그 어느 때보다도 성행하여 작가가 사법처리되는 등 혼란스러운 양태를 빚어내고 있다. 즉, 마광수의 『즐거운 사라』에 이어 정정일의 『내게 거짓말을 해봐』가 음란물로 분류되어 작가가 형사적 처벌을 받게 되었고, 연극과 만화까지 사회통념과 미풍양속을 저해한다 하여 규제 대상이 된 것은 백 년 전의 일이 아니고 최근 몇 년 사이의 일인 것이다.

이로 인해 정작 해당작품의 예술성 여부에 대한 평가는 뒷전인 채로 작가의 창작의 자유와 법적 규제에 따른 양분화된 공방만이 문화계와 법조계 사이에 뜨겁게 오갔다. 성문제를 다룬 예술에 대한 공권력의 개입은 성이 개인적 자유의 표현이 아니라 정치권력과 연결된 문제라는 것을 명백하게 입증해준다.

누드스타 이승희의 속옷 광고

그런데 마광수와 장정일의 작품을 음란물로 단죄하는 보수적 법률이든 이에 항변하는 작가든 그 어느 쪽에서도 이들 작품이 여성의 육체를 대상으로 한 성의 정치학, 즉 성의 영역에 반영된 젠더(gender)의 불평등을 표현하고 있다는 데에는 관심을 돌리지 않는다.

법률이 이들 작품을 보는 시각은 단지 도덕주의적 관점이다. 즉, 대중에게 특히, 청소년에게 그것이 '유해한가 그렇지 않은가', 또는 '좋은가 나쁜가'와 같은 잣대에 의한 판단만이 존재한다.

작가측에서도 성해방, 특히 정치권력의 지배하에 놓여진 성의 자유와 민주화를 표방하면서도 정작 그것이 여성의 종속을 토대로 한 남성중심적 성욕의 해방일 뿐이라는 것을 인식하지 못한다. 이들의 성해방의 목표와 전략 속에 남성권력의 지배하에 놓여진 여성의 성해방은 포함되어 있지 않다. 그들에게 양성의 불평등은 양성의 차이로 인정될 뿐이다. 즉, 생물학적 결정론에 근거를 둠으로써 섹슈얼리티의 영역에 작용하고 있는 여성의 성적 예속과 정치학은 보이지 않는다. 오히려 이들의 작품은 남성의 성욕에 자발적이고 적극적으로 반응하는 '해방된' 여성을 창조함으로써 성적 불평등에 관한 문제를 희석시켜 버리고 만다.

성해방을 주장하는 급진적인 작가들은 나름대로의 논리로 무장하고 자신들의 작품에 대한 외설시비와 사법적 판결에 항변한다.

즉, 마광수는 "'성의 자유'는 이제 '음란'이나 '퇴폐' 같은 애매모호한 말이나 수구적 봉건윤리에 의한 '모럴 테러리즘'으로는 막을 수 없는, 이 시대의 당당한 화두(話頭)가 되어가고 있다. 성은 이제 쾌락의 문제이기 이전에 '인권'의 문제요, '문화적 민주화'를 추진시킬 수 있는 '합리적 지성'에 관련된 문제이다. 또한, 성은 '창조적 상상력'의 원천이 된다는 점에서 정치·경제·문화 발전의 원동력 역할을 해줄 수 있다."(『성애론』서문에서)라고 주장한다.

장정일은 "한 나라의 문화라는 것이 성인의 세계로 표현되는 것이

성숙한 모습이지, 어린이 키에 맞추어 재단하는 것이 온당한 것인가"(한국일보의 〈네오클래식〉 97.1.6일자 18면)라고 자신의 작품에 대한 청소년 유해론을 일축한다. 또한 "청소년이 읽고 이해할 수 있느냐의 여부로 음란물을 판정하고, 청소년을 악영향에 빠뜨릴 위험성 때문에 음란물이 단속되어야 한다"는 논리를 '유치하고 우스운 논리'(상상 97년 봄호, 「『내게 거짓말을 해봐』에 대해 바로 말함」에서)라고 반박한다. 그는 『내게 거짓말을 해봐』는 자기모멸의 극점을 보여주는 작품으로 작품의 포로노라는 형식과 주인공의 마조히스트라는 역할이 자기모멸을 표현하는 데 최상의 것이라고 여겨졌기 때문에 취한 형식이라고 진술한다.

한편 성에 대한 담론을 다루는 것은 여성작가나 시인의 경우에 보수적 입장의 견지나 금기시하는 태도가 일반적이었다. 하지만 90년대 이후 일부 신세대 여성시인과 작가들의 경우 — 최영미, 신현림, 진수미, 한명희와 같은 여성시인, 신이현, 송경아, 김별아, 배수아, 차현숙, 전경린, 은희경, 서하진 등의 소설가 — 는 이러한 보편적 신화를 깨뜨리는 용기를 발휘하는 데 조금도 주저하지 않는다.

최영미는 베스트셀러가 됐던 시집 『서른 잔치는 끝났다』에서 여성화자의 입을 통해서 '그것을 했다'나 '마지막 섹스', 그리고 '씹'이란 시어까지 등장시키는 등 기존 시문법의 관행을 과감하게 깨뜨리고 있다. 그리고 신현림은 그녀의 시집 『세기말 부르스』에서 과감하게 성담론을 다룰 뿐만 아니라 자신의 몸을 찍은 누드사진까지 수록하는 파격적 행동을 보이고 있다. 나아가 신현림은 '왜 옷을 벗어야 하는가'라는 화두를 당당하게 세상을 향해 던지기도 한다. "여기 성적 노이로제가 심한 이 땅의 속좁은 자들은 편견과 선입견을 버려야 한다. 성과 누드를 죄악시하는 비뚤어진 세계관에서 탈출해야 한다. 옷을 벗든 말든, 잘났거나 못났거나 그것이 무슨 상관인가. 무엇을

우리 시대의 성담론 13

외설시비로 연출자가
구속되는 사태를 빚었던 〈미란다〉

어떻게 표현했느냐가 중요하다. 있는 그대로의 모습, 나신을 통해서 인간존재의 본질에 다가설 수 있다. 사회통념이나 자신을 포장하는 모든 것을 벗고 정신의 해방과 함께 인간의 거짓없는 모습을 표현하고 싶다. 그러나 일상적인 것과 멀리 떨어진 방법으로 나는 내 사진에 힘과 생명을 주려고 한다. 이런 나의 생각도 무시하고 작품을 보이는 그대로 느껴보시라"(한국일보,97.2.10일자 16면)라고 성과 누드를 죄악시하는 보수주의적 세계관을 비뚤어진 세계관이라고 규정하기도 한다.

최영미나 신현림에게 있어 성과 누드는 기존질서에 대한 반항이란 문화적 의미를 공통적으로 담고 있다. 특히, 남성중심문화의 여성에 대한 문화적 성적 억압에 대한 도전과 야유를 시적 금기에 대한 과감한 파괴를 통해 표현하고 있다. 이들은 자신들의 문학적 소재로 성담론을 다룸으로써 더 이상 성이 남성의 전유물일 수 없다는 것, 즉 여성의 성적 주체성을 당당하게 선언한 신세대 여성시인인 셈이다.

연극『미란다』의 외설시비, 김승근 댄스그룹의 누드공연「전쟁」이나 젊은 행위예술가 이불과 이윰의 신체를 이용한 퍼포먼스 등은 우리 사회의 성적 금기의 벽에 도전하는 예술행위들의 예이다.

성에 관련된 책은 외국서적의 번역물을 비롯하여 국내의 저서들도 심심치 않게 발간되고 있다. 성담론의 고전이라고 할 수 있는 미셸 푸코의 『성의 역사』 3권은 이미 몇 해 전에 번역되었으며, 조르쥬 바타이유의 『에로티즘』, 보드리야르의 『섹스의 황도』, 기든스의 『현대사회의 성·사랑·에로티시즘』, 필립 아이에스의 『성과 사랑의 역사』, 자크 솔레의 『성애의 사회사』, 플랑드렝의 『성의 역사』, A.드워킨의 『포르노그래피』, 휘트니 챠드윅의 『쉬르 섹슈얼리티』, 윅스의 『섹슈얼리티의 정치』 등 수많은 성담론에 관한 번역서들이 쏟아지고 있는 것도 저간의 우리의 성담론에 대한 증대된 관심을 반영하고 있다.

국내의 경우에 정신과 의사 양창순의 『표현하는 여자가 아름답다』(96), 역시 정신과 의사 김정일의 『아하, 프로이트 1』(96), 『아하, 프로이트2』(97)나, 이정숙의 『살아보고 결혼합시다』(97), 마광수의 『성애론』(97), 김진만의 『섹스 마인드』(97), 서동진의 『누가 성정치학을 두려워하랴』(96) 등의 저서는 사랑, 성, 결혼, 동거, 오르가슴, 동성애와 같은 담론들을 취급하

시집 「세기말 블루스」의 신현림 씨가 찍은 자신의 누드

고 있다.

　이러한 서적의 발간은 우리 사회의 빠른 속도로 변화하고 있는 성문화와 성풍속을 나름대로 담아내려는 노력, 또는 새로운 성문화와 성규범을 창출해보려는 의도의 일환으로 해석할 수 있을 것이다. 즉, 은폐되고 억압되고 금기시되어 온 성을 공적 영역으로 끌어내고 이를 담론화하여 대중과 함께 공유해 보고자 한 데서 가장 큰 의의를 찾을 수 있다.

　본고는 국내의 필자들에 의해서 간행된 성담론에 관한 대표적 서적을 통해 우리 시대의 성담론이 어떤 방향에서 전개되고 있으며, '성'이 어떻게 자리매김되고 있는가를 살펴보고자 한다.

2. 성에 관한 논의와 성해방의 관점

　성에 관한 논의는 크게 본질론과 구성론의 오래된 이원적 관점을 생각할 수 있다.
　본질론은 인간의 성을 생물학적 본능이나 생물학적 차이에 기반한, 문화독립적이고 객관적이며 내재적이고 고정불변의 것으로 인식하여 성을 과학적 탐구대상으로 파악한다. 이들은 호르몬이나 생식 기능의 차이, 유전자 등의 생물학적 요소, 인간의 정신 및 심리구조에 대한 과학적 탐구를 통해 성에 관한 정보를 밝히려 하며, 성을 인간의 내재적 본능으로 파악한 결과 사회, 역사, 문화 등과 분리된 초사회적, 초역사적, 초문화적인 객관적 사실로 취급하며 남녀의 성에 성차를 인정할 뿐만 아니라 이성애를 규범으로 인식하는 특징을 가진다.

반면에 구성론은 성과 사회와의 연관성을 주장하며 성은 인간에 내재하는 본질적 속성이 아니라 개인과 사회의 상호작용을 통해 구성되는 것으로 파악한다. 따라서 구성론자들에게 성은 문화의존적이며, 관계적이며, 비객관적인 자질로 인식된다. 인간의 성적 정체성, 성적 욕망, 성적 관행들은 고정된 본질이나 본능에 의해 좌우되는 것이 아니라 사회문화적 관계망 속에 어떻게 놓여지느냐에 따라 구성되는 것으로 파악한다. 특히, 푸코는 성적 정체성, 성적 욕망, 성적 관행과 실천을 가치중립적인 과학의 영역이 아니라 사회세력들이 각축을 벌이면서 구성되는 정치의 장으로 개념화한다. 또한, 퀴어이론(Queer theory)은 후기구조주의와 포스트모더니즘의 관점에서 동성애의 역사적 형성, 동성애제도와 이성애제도의 역사적 구성 간의 관계를 다루며, 성이 사회적으로 구성되어질 뿐만 아니라 성의 영역에 작용하는 본질주의적 개념과 범주들을 해체하고 기존의 담론을 전복시키고자 한다.

페미니즘에서 성담론은 구성론의 영향을 받고 있다. 즉, 남성의 성이 규범이 되는 것에 반대하며, 성의 영역에서도 젠더 불평등과 권력관계가 작용되는 것으로 파악한다. 여성에 대한 사회적 불평등은 가부장제를 통하여 여성을 성적으로 통제하고 지배해 왔다고 보는 것이다. 하지만 루빈(Rubin)은 젠더 억압을 곧바로 섹슈얼리티의 억압으로 동일시하는 것은 한계가 있다며 젠더와 섹슈얼리티를 구분해야 한다고 주장하기도 한다.

루빈과 같은 이론이 한편에 존재함에도 불구하고 페미니즘에서 성은 자연에 의해서 고정된 생물학적 결정론에 반대하며 역사적 사회적 문화적 구성물로 이를 이해하고 있다. 그래야 여성에 대한 성적 억압을 종식시킬 수 있는 변화 가능성의 토대를 찾을 수 있기 때문이다.

성해방에 대한 이론적 입장은 보수주의, 자유주의, 전통적 마르크스주의, 사회주의, 급진주의가 있다.

보수주의는 남녀의 생물학적 결정론을 토대로 남성의 성적 능동성과 여성의 수동성을 바탕으로 한 이성애와 생식중심, 성기중심, 나아가 남성중심의 쾌락을 정상적인 것으로 간주하며, 성의 자유화, 레즈비어니즘, 호모섹스를 비정상적이고 불건강한 것으로 거부한다.

자유주의는 양성의 역할에 대한 보수주의자들의 규정을 반대하며 양성의 권리는 자기표현과 자기충족에 있음을 강조한다. 이들은 섹스가 개인의 사생활로서 사회적 규범에 종속되어서는 안된다는 입장을 취하며 성적 욕구는 개인적 관심사로서 그것이 타인에게 피해를 주지 않는 한 어떤 방식으로 성적 충족을 추구한다고 하더라도 사회적으로 이를 간섭할 권리는 없다고 주장한다. 이들은 레즈비어니즘이나 호모섹스에 대해서 관용적 태도를 취하며, 다양한 실험을 통한 개인적 충족, 양성의 역할에 구애됨이 없는 쾌락추구의 균등한 기회를 강조한다.

전통적 마르크스주의는 엥겔스가 주장했듯이 성적 관계가 상호충족적이고 비착취적인 것으로 정의되기 위해서는 권력 및 부의 격차가 사라져야 한다고 주장한다.

사회주의는 마르크스주의에서 주장하는 권력과 부의 격차가 추방되어야 할 뿐만 아니라 전통적 성정체성을 초월하는 양성론적인 새로운 성정체성을 요구한다.

급진주의에서 성적 파트너 선택의 자유는 중요한 정치적 문제로서 취급되며, 이들은 남성과의 종속적인 이성애가 얼마나 억압적인가를 밝힌다. 그리고 동성애를 이상적인 대안으로 제시한다.

우리나라 페미니스트들은 학문적 차원에서 성에 작용하는 가부장제의 권력, 성폭력, 포르노그라피, 매매춘을 통한 성의 상품화라는 문제에 논의의 초점을 맞추어왔다.

가령, 1989년도 한국여성학회는 성(sexuality) 연구를 테마로 설정하여 「현대 서양철학에서의 성」, 「성에 관련한 여성해방론의 이해와 문제」, 「성일탈과 여성」, 「성폭력의 실태와 법적 통제」, 「여성노동과 성적 통제」와 같은 문제를 다루었다. 여기서 발표된 논문들은 가부장제, 젠더 불평등, 남성중심적 성규범에 관한 비판이 기조를 이루면서 성적 도덕주의적 입장을 취하고 있다. 1988년에 열린 한 심포지엄에서 한 남성학자가 성해방이 없이 진정한 여성해방은 있을 수 없다고 하자 '누구 좋으라고 성해방을 하냐'란 여성학자들의 예민한 반응은 우리나라 페미니스트들의 성에 대한 금욕주의 또는 엄숙주의를 잘 드러냈다고 할 수 있다.

한국여성학회의 1997년도 춘계학술대회(97.6.21-22)에서 〈한국의 성문화와 성교육에 대한 여성주의적 접근〉이란 대주제하에 발표된 논문은 「성, 여성주의, 윤리」, 「대중문화와 성적 주체의 구성」, 「결혼제도를 통해 본 성문화」, 「직장생활과 성문화」, 「청소년의 성문화」, 「성교육에 나타난 성: 성교육의 내용,방법,담당자를 중심으로」, 「왜 성의 상품화가 문제인가」 등이었다. 한편, 추계학술대회(97.11.15)에서 성담론에 관한 논문은 「본질론과 구성론의 논쟁」, 「서구 성연구의 흐름과 쟁점」, 「한국여성학에서의 성연구의 쟁점과 의의」와 같은 것들로서 추상적 이론적 차원의 논의에 머물러 있다. 십여 년의 세월이 흐르는 동안 본격적인 '섹슈얼리티', '에로티시즘'과 같은 문제에는 침묵과 무관심으로 일관하는 등 한국여성학회는 80년대와 큰 변화없는 연구태도를 견지해 왔다고 보아야 할 것이다.

반면에 여성연구회의 1997년도 학술발표회(97.11.14)는 〈외설과 에로티시즘)을 주제로 다루면서 「외설물과 표현의 자유」, 「외설과 에로티시즘의 경계」, 「현대문학에 나타난 성폭력 모티프」 등 보다 현실적 접근을 시도하며, 발제자 정순진은 "오늘날 성적 쾌락의 상품화에서 기인하는 성의 만연은 외설과 에로티시즘의 경계를 불분명하게 만든다. 쾌락을 극대화하고자 하는 남성적 에로티시즘은 결국 외설과 닿게 마련이기 때문이다. 따라서 외설과 에로티시즘의 경계를 가를 수 있는 것은 여성적 시각이다. 여성의 성과 육체를 여가와 오락을 위한 소비상품으로 만들면 남성과 여성 모두 성의 노예가 되어 비인간화될 뿐이다. 성을 소비하도록 부추기는 것은 궁극적으로 무기력하고 탈정치화된 존재를 양산하려는 자본주의와 남성중심의 지배체제이다"(「외설과 에로티시즘의 경계」에서)와 같은 결론을 내어놓기도 했다.

3. 우리 시대의 성담론

1) 정신과 의사의 중도적 입장

정신과 의사 양창순은 『표현하는 여자가 아름답다』에서 이 시대의 성적 자유주의에 대해 제동을 건다. 그녀는 "최근 신세대 사이에 유행하는 풍조 가운데 하나로 사랑과 성의 분리를 들 수 있다. 사랑 없이도 섹스는 얼마든지 가능하며 심지어 결혼까지도 해치워 버릴 수 있다는 이 위험천만하고도 왜곡된 가치관은 여러가지 부작용과 문제를 일으키고 있다"라고 진단한다. 그녀는 프로이트의 이론적 토대 위에서 '성'을 단순한 '섹스'가 아닌 삶의 의지로 파악하며, 말초적 쾌락에 탐닉하는 '섹스'와 '아름다운 성'을 구분한다. 그는 "아름다운 성이란 도취와 환희를 경험하게 한다. 사랑하는 사람끼리 서로 일치감을 경험하게 하고 살아가는 기쁨을 느끼게 한다. 그러나 아름답지 않은 성은 오히려 사랑을 파괴시키며 삶의 기쁨도 소멸시킬 뿐이다"라고 성의 아름다움이라는 정신성을 강조한다. 그리고 사람들이 아름다운 성에 몰두하는 이유를 다음과 같이 적고 있다. 첫째, 육체적인 만족을 가져다 준다. 둘째, 사랑하는 사람과 성을 나누는 행위는 자신이 특별히 가치있고 보호받고 있다는 느낌을 갖게 한다. 셋째, 건강한 성은 자존심을 발전시키며, 진정한 성적 에너지란 생생하게 살아있다는 표현이며, 삶에 대한 열정 그 자체다. 그리고 진정으로 섹스어필하다는 것은 단순히 육감적인 몸매만을 이야기하는 것이 아니라 먼저 생을 기꺼이 받아들이고 자신의 삶과 일에 대해 열정을 가지고 있으며 남에 대해 따뜻이 배려할 수 있어야 한다. 또한, 오르가슴에 대해서도 정신과적 의미에서 건강한 성이란 이성간에 사랑을 전제로 공포와 갈등을 최소한으로 줄인 상태에서 충분한 전희로 두 사람이 흥분을 느낀 후 성기결합이 이루어지며 서로 오르가슴을 느끼는 것을 말한다. 이 모든 것이 적절하게 조화를 이루지 못한다면 그것은 온전한 성이라고 할 수 없다. 따라서 남성들이 성관계를 일방적으로 주도해야 한다는 것 자체가 편견이고 고정관념인 것이다. 진정한 오르가슴은 서로 사랑한다는 감정과 서로에게 자신을 열어보이는 것을 뜻하는 것이지 반드시 성기의 오르가슴만을 뜻하는 것은 아니다는 견해를 피력한다.

　양창순은 프로이트를 수용하지만 프로이트 이론의 일부를 확대해석하는 오류를 경계한다. 그녀는 마치 성이 인격발달의 전부이며 그것만이 삶의 진정한 기쁨인 양 확대 해석하는 것을 경계할 필요가 있다고 충고한다. 그녀는 "완전한 성적 만족은 서로 마음을 열고 감정을 공유하지 않는 한 얻어질 수도 없고 존재하지도 않는다. 오로지 페니스와 바자이나의 결합만이 가득찬 포르노그라피가 우리에게 도움이 되지 않는 것은 그 때문이다."라고 성과 사랑의 정신주의적 요소를 거듭 중요시한다.

> 성적 환상이나 포르노그라피가 다 나쁘다는 것은 아니다. 그것은 일시적으로 정체된 부부관계에 어느 정도는 활력소나 치료제로 작용할 수도 있다. 그러나 앞서 예를 든 부인의 남편처럼 지나치게 몰두하는 것은 부부생활에 오히려 악영향을 미치며 파탄까지도 불러올 수 있다.
> 성적 환상도 심한 경우에는 과거 애인을 넘어서 리처드 기어처럼 섹시한 영화배우를 상상하는 사람도 있다. 이 역시 일시적인 성적 만족에 너무 집착해 생기는 결과이다. 완전한 성적 만족은 서로 마음을 열고 감정을 공유하지 않는 한 얻어질 수도 없고 존재하지도 않는다. 오로지 페니스와 바자니아의 결합만이 가득찬 포르노그라피가 우리에게 도움이 되지 않는다는 것은 그 때문이다.
> ―『표현하는 여자가 아름답다』에서

그녀는 혼전순결에 대해서 성의 주체는 자신임으로 상대편의 요구에 의해서가 아니라 주체적인 의지에 따라 선택해야 하며, 이 경우에도 물리적인 피임을 철저히 하여 임신이나 낙태와 같은 상처의 후유증을 남겨서는 안된다고 충고한다.

양창순은 동성애에 대해 "과거에는 모든 동성애를 정신질환으로 간주했다. 그러나 지금은 자신이 동성애자임을 받아들이는 데 갈등이 없고 그것을 고치고 싶어하지 않는 한 질환으로 보지 않는다. 다양한 삶의 한 형태로 받아들이자는 것이다"라고 정신과의 변화된 입장을 나타낸다. 동성애를 단지 다양한 성적 지향 내지 취향의 하나로 보는 해석의 일반화가 이루어지고 있음을 보여주는 대목이다.

결론적으로, 양창순은 섹스가 육체적 만족뿐만 아니라 사랑이란 정신적 친밀성의 교환, 건강한 생의 열정의 표현, 파트너에 대한 배려, 여성의 주체성의 표현이 되어야 할 것을 강조한다.

역시 정신과 의사인 김정일은 『아하, 프로이트 1』에서 기본적으로 프로이트 이론을 받아들이며, 인간문명의 발달은 성의 억압에서 비롯되었다고는 하지만 성은 생명을 이어가는 에너지이기 때문에 억압만으로는 해결되지 않는다. 특히, 성충동이 왕성한 청소년에게 억압의 이데올로기만이 능사가 아니다. 따라서 맹목적 억압보다는 성교육도 적절히 하고, 성 에너지를 발전적 방향으로 돌릴 수 있는 놀이 문화, 문화적인 승화의 방식도 많이 개발해야 한다고 주장한다. 하지만 놀이를 통한 대체든 예술적 승화든 억압의 한 양상임은 부인할 수 없고, 이 점에서 김정일은 성의 자유보다는 절제와 억압에 더 가치를 두고 있다고 해석할 수 있다. 그는 남녀의 성본능에는 차이가 있으며, 이는 성 호르몬의 차이에서 기인한다고 이해한다. 이 점에서 그는 프로이트 이론의 수용자이다. 그러나 다시 남성 안의 여성성, 여성 안의 남성성과 같은 칼 융의 이론을 통하여 생물학적 결정론에 토대를 둔 본질론을 피해 나간다. 또한, 그는 정신적인 요소가 가미된 사랑과 육체적 요소에 불과한 욕정을 구분하기도 한다. 현대사회가 아무리 성적으로 개방되고 인스턴트 사랑이 난무한다고 하지만 인간의 마음에 부합되는 하나만의 사랑을 강조한다. 따라서 서로 사랑하는 사람은 순결과 믿음을 지키는 것이 좋다며 순결과 신뢰를 사랑에서 중요한 조건으로 제시한다. 결혼에 대해서도 기본적 본능으로 여길 만큼 중요시한다. "현대에 이르러 합리주의가 발달하면서 결혼이나 가정의 구속보다는 개인의 자유, 다양한 만남, 이상적인 상대를 선택하고 싶은 욕망이 당연한 듯 설득력을 발휘하고 있지만 이것은 일시적인 과도기이고, 결국에 사람들은 기본적인 본능의 흐름을 찾아 결혼과 가정에 순응할 것으로 본다. 외로운 인간의 삶이 그 이상의 대안은 없기 때문이다"라고 결혼과 가정을 옹호하는 보수적 가치관을 보여준다.

전 언론인 이정숙의 『살아보고 결혼합시다』는 제목만으로는 결혼에 대해 매우 전위적이고 급진적인 태도를 나타내고 있다.

> 우리는 아직도 혼전동거를 정당하게 보는 사람들이 드물다. 그러나 이혼율의 증가를 사회적으로 내버려둘 수만은 없는 일이다. 그것은 이혼의 가장 큰 후유증이라 할 수 있는 자녀문제 때문이다. 부모의 이혼은 자녀에게 있어선 가족의 해체를 의미하는 것이고 그만큼 간단치 않은 일이다.
> 물론 동거에 대한 나의 생각은 단호하다. 이혼율을 낮추고 해체되는 가족 수를 줄이기 위한 방안으로 수용되어야 한다는 것이다. 따라서 미국의 사례처럼 동거커플의 경우 아이를 낳아선 안된다. 서로에 대해 함께 늙어갈 수 있다는 확신이 섰을 때 아이는 그 때 낳아야 한다. 혼전동거는 개인적으로는 성공적인 결혼을 위한 것이며, 한 사회의 이혼율을 낮추기 위한 방법론이지 그 자체가 결혼제도의 전위적인 대안은 아니기 때문이다.
> ―『살아보고 결혼합시다』에서

순결 이데올로기를 중시하는 우리 사회의 가치관에 비추어볼 때에 '살아보고 결혼하자'는 명제는 전위적이라고 할 수도 있을 것이다. 하지만 그녀는 결혼제도를 옹호하며 가족의 해체에 동의하지 않고, 혼전동거마저도 이혼율을 줄이고 성공적인 결혼을 유지하기 위한 방편으로 채택했다는 점에서는 보수주의적 입장을 나타냈다고 말할 수도 있다.

2) 성 자유주의자 마광수

작품이 사회적 통념에 반하는 음란성이 있다 하여 사법적 처벌을 받은 바 있는 마광수는 최근 발간한 저서 『성애론』에서 이 시대를 '성에 대한 표현의 자유'조차 억압받고 있는 척박한 상황으로 요약한다. 그는 우리나라가 '식욕중심의 시대'에서 '성욕중심의 시대'로 넘어가는 전환기에 있다고 진단하며, 한국사회에 만연한 성에 대한 이중잣대와 위선적 도덕주의를 공격한다. 그는 한 마디로 사랑과 성의 정신주의적 입장 내지 신성시에 반기를 들며, 육체중심의 쾌락주의 성애론을 전개한다.

에로스는 그 속에 아가페의 신적 요소의 사랑, 필리아의 우애적 요소의 사랑을 모두 포함한 것으로 육체적 아름다움에 바탕한 미적 숭경(崇敬)이 바로 동성 간이든 이성 간이든, 그리고 신과 인간 사이에든 똑같이 적용되는 사랑의 본질이다. 뿐만 아니라 사랑에는 에로스밖에 없고, 필리아나 아가페는 인간이 에로스적 사랑을 달성하지 못했을 때 그 대용물로 취하게 되는 자위적 성격의 사랑이라고 볼 수밖에 없다고 주장한다. 그는 사랑을 '성애'의 의미로 사용해야 하며, 이 때의 성이란 생식적 성 이전의 관능적 감성과 관능적 감각을 가리킨다. 그는 특히 성기중심의 성, 생식중심의 성적 집착에 대해 반기를 든다. 당연히 성은 결혼과는 분리된, 에로틱한 쾌감중심의 육체주의적 성이다. 따라서 "에로틱한 쾌감은 성교에 의한 사정과 수정에 있지 않다. 진정한 쾌감은 '페팅(petting)'에서 오는 것"이라고 주장한다.

사랑이 마침내 끝장을 보는 투쟁으로서의 사랑이 돼서는 안된다. 다시 말해서 따먹고 따먹히는 사랑이어서는 안된다. 또 '결혼'을 종착점으로 하는 소유와 결박으로서의 사랑이 돼서는 안된다. 사랑은 '서로가 즐기는 놀이'가 돼야 하고, 서로의 관능적 감성을 자극하여 각자의 '생명의 약동'에 활기를 불어넣는 것이어야 한다.
그렇게 되기 위해서는 먼저 사랑의 뿌리가 정신이 아닌 '육체'에 있다는 사실을 자각하는 것이 무엇보다도 필요하다.
—『성애론』에서

그는 페티시즘, 오럴섹스, 마스터베이션, 관음증, 노출증과 같은 대리만족을 변태성욕으로 취급하지 않는다. 오히려 그와 같은 비생식적 성이야말로 정력에 약한 현대인들에게 가장 적합한 미적인 쾌감을 제공한다고 주장한다. 특히, 페티시즘(fetishism)은 변태성욕이 아니라 까다로운 심미안을 가진 유미주의로 격상된다. 페티시즘을 통해서 인간은 신의 피조물로서의 숙명과 자연법칙에 종속된 생식적 성의 장벽을 뛰어넘을 수 있으며, 나아가 창조적 아름다움과 성이 일체화되는 기쁨을 맛볼 수 있다고까지 주장한다. 그는 자신이 손톱에 대한 페티시스트라고 고백하기도 한다. 그는 성이란 그저 '단순한 행위'에 지나지 않으며, 두 사람의 남녀가 서로의 육체를 즐기는 가장 즐거운 '도락'이요, '스포츠'로 여기고 있다. 따라서 '낭만적 연애'와 같은 것은 촌스러운 것으로 격하되고 만다.

마광수는 자신의 문학적·학문적 관심을 일관되게 성에 집중시키고 있으며, 『나는 야한 여자가 좋다』에서부터 최근작에 이르기까지 남성중심적 성의 자유에 대한 일관된 태도를 나타내고 있다. 하지만 2년 간의 집행유예를 선고받은 이후 발간된 『성애론』(1997)에서 그의 관점은 기존의 남성중심적 태도로부터 중립적이고 온건한 태도로 변화된 것처럼 보인다. 즉, "남자와 여자는 확연한 변별적 특징을 갖고 있지 않다. 남성은 남성대로 여성적 요소를 함께 지니고 있고, 여성은 여성대로 남성적 요소를 함께 지니고 있다"라고 인식한다. 또한, "이 시대는 남녀차별 시대가 아니라 남녀평등 시대이고, 남녀간의 변별적 특성이 적어지고 각자의 역할 분담까지도 없어져가는 시대이다. 이른바 '유니섹스'의 시대이고 또는 '양성애'의 시대가 도래한 것이다. 이 시대는 유성생식의 시대를 뛰어넘어 '무성생식'의 시대로 점점 줄달음쳐 가고 있는 것 같다"고 말하기도 한다. 그는 성적 자유에 있어서도 남녀평등을 주장한다. "남자든 여자든, 보다 당당하고 적극적으로 성에 덤벼들 수 있어야 한다. 절대로 내숭떨지 말고 타고난 본능을 스스럼없이 드러내야 한다. 그래서 성을 한시 바삐 음지에서 양지로 이끌어내야 한다. 성을 미끼로 남성에게 생색내려 들거나 책임을 덮어씌우지 않는 여자, 성적 능력을 억지로 과장하지도 않고 성적 열등감을 억지로 감추려 들지도 않는 남자, 그런 남녀들이 늘어날 때 우리 사회는 비로소 이중적 도덕주의의 깊은 수렁에서 헤어나올 수 있다"라고 남녀의 대등한 성적 욕망의 인정과 주체성을 강조하기도 한다.

그러나 그의 여성에 대한 태도가 평등주의적으로 일관성을 유지하는 것은 아니다. 그가 추구하는 지고지순의 여성인 '야한 여자'란 결국 '순한 여자', '편한 여자'이다. 마치 제2의 어머니와 같은 모성애로 남자를 편안하게 해주면서도 섹스에 있어서만은 개방적인 여자이다. 즉, 기존의 성차별적인 순종적 여성관에다가 성적으로는 개방적이어서 남성의 성적 접근을 용이하고 편안하도록 해주는 여자가 야한 여자인 것이다. 이 때의 여성의 성개방은 여성의 주체적 감정과 욕망의 표현이 아니라 남성의 성욕을 충족시키기 위한 것이다. 즉, 심리적 성적으로 철저히 불평등한 위계관계를 구현하고 있는 여성이 '야한 여자'이다. 마치 캐서린 맥키논이 포르노는 남성이 성적으로 원하는 것에 따라 여자의 본성을 만들고 구성함으로써 이 세계에서 남성과 여성은 완벽하게 상호보완적이고 완벽하게 양극이며, 균형잡힌 조화로운 '성적 평등의 세계'를 그려보인다고(이명호 역,

「포르노·민권·언론」, 〈세계의 문학〉 97년 봄호에서) 비판한 것과 마찬가지이다.

> 현재 상황으로는, 남자들이 평생 동안 찾아 헤매는 여성은 결국 '제2의 어머니'라는 사실을 잊지 말아야 한다. 남자 없이 혼자 살아가겠다고 결심한다면 또 몰라도, 아름다운 사랑을 하고 싶고 행복한 결혼생활을 원하는 경우라면 '순한 여자'나 '편한 여자'의 이미지를 사랑의 '무기'로 삼을 수 있도록 노력해야 한다. 그런 노력에 섹스 문제에 대한 '개방적 사고방식'이 뒤따라야 하는 건 물론이다.
> '야한 여자'는 결국 '순한 여자'이다. 야한 여자는 기가 센 여자고 순한 여자는 바보 같은 여자라고 생각하는 이들이 많은 것 같은데, 절대로 그렇지 않다.
>
> ―『성애론』에서

그는 성교육의 개방도 주장하는데, 성교육의 내용은 과거의 생물학적 성에 대한 교육에서 훨씬 나아가 구체적으로 성적 기교를 가르쳐야 한다고 주장한다. 즉, "구체적인 피임방법이나 성희방법을 가르쳐야 하고, 성행위의 광경이나 성적 공상의 내용을 시청각 교재를 통해 공개해야 한다. 성교육은 이제 성에 대한 긍정적 사고를 심어주는 쪽으로 나가야 하고 일단 성교육을 실시하게 되면 더 이상 아무것도 숨길 필요가 없다"고 주장한다.

결론적으로, 마광수는 결혼과 생식 그리고 사랑이 전제조건이 된 기존의 억압적 성규범을 거부한다. 그는 기존의 도덕주의로부터의 성적 자유를 주장하며, 흔히 변태라고 간주되어 오던 페티시즘, 오럴섹스, 사도―마조히즘, 관음증과 노출증, 마스터베이션 등 다양한 성적 충족을 통한 쾌락적 성을 강조한다. 이 점에서 마광수를 성적 자유주의자라고 규정할 수 있을 것이다.

3) 성해방담론의 김진만

　김진만의 『섹스 마인드』는 성담론을 다루기보다는 성해방담론을 다루었다고 말하는 것이 보다 정확한 표현이 될 것이다. 삼십대 초반의 신세대인 김진만의 성에 대한 태도는 매우 과격한 급진주의적 태도를 나타낸다. 그는 기존의 모든 성적 권력과 억압으로부터의 해방을 주장한다. 따라서 10대의 성적 향유를 주장하는가 하면 철저한 페미니스트이고, 혼전의 성과 결혼제도 밖의 성에 대해서도 개방적이며, 사이버 섹스와 동성애에 대해서도 우호적이다. 그는 지배하려는 자에게 성은 권력의 수단이며, 성의 해방이 정치적 제관계를 파탄시키는 것은 곧 그만큼 성이 정치적 문제라는 것을 뜻한다. 더러운 것은 섹스가 아니라 섹스를 통제, 지배, 억압, 조종하면서 더럽고 추잡한 것으로 만드는 지배권력 그 자체라는 것이다. 그는 권력이 누리는 섹스는 쾌락이고 합법이고 보호받고, 지배받는 자가 누리는 섹스는 타락이고 불법이고 보호받지 못하는데, 이는 권력의 성을 통한 지배력의 향유라고 비판한다.

　그는 궁극적으로 권력에 갇힌 섹스를 구출해 내는 것도 역시 섹스 그 자체라는 주장을 펴는데, 성의 자율적 감정표현과 의사결정, 그리고 자율성에 기반한 마인드를 가장 중요시한다. 심지어 그는 '마인드가 없는 섹스, 테크닉만 있는 섹스는 강간'이며, 마인드, 자율성, 그리고 자유가 유지된다면 혼전과 혼외의 섹스, 즉 결혼제도 밖의 섹스와 개방결혼과 같은 형태에 대해서도 동의한다. 그러나 자율성을 가졌다는 점에서 이를 난잡한 성적 난교와는 구분한다.

　　　결혼, 그리고 부부, 서로가 서로의 자율성을 잉태하지 못하고 양육하지 못한다면, 서로가 나름대로 만날 수 있는 부부 이외의 상대방의 존재를 인정하지 못한다면 부부 관계는 이미 파멸이다. 부부 이외의 상대방과의 사랑과 자율적인 섹스를 수용할 수 있는 자율성(개방결혼, 혼외정사 등등)은 자기 자신과 상대방의 욕망과 본능에 대한 자유를 선포하는 것이다. 제도에 얽매인 결합이 아닌 애정과 신뢰에 기초한 독자성과 독자성의 마당인 연방제적 사랑과 섹스, 아무하고나 닥치는 대로 치르는 난잡함이 아니라, 어느 누구하고도 부담없이 만나 얘기하고 떠들고 웃고 나누는 연애처럼, 자율성과 자율성이 만나는 결혼 밖에서의 섹스와 사랑은 용납될 수 있다. 사랑과 섹스는 의무가 아닌 자율성에 근거한 자유이기 때문이다. 바로 그 자유와 자율성이 동지적으로 만남과 결합을 가능케 하는 것이다.

—『섹스 마인드』에서

그는 10대의 성적 향유 및 성교육에 대해서도 개방적인 태도를 취한다. 즉, "10대들이 성을 접하고 표현하고 누릴 수 있도록 금기가 아닌 교육이 필요하다"라고 주장한다. 특히, 분리, 격리, 통제의 교육이 아니라 책임감과 자율성을 길러주는 적극적인 교육이 필요하다는 것이다.

10대들을 성으로부터 분리하고 격리하는 교육이 아니라, 결국엔 <하지 말라>는 협박으로 결말나는 통제가 아니라, 성에 대해 기초부터 알아가고 스스로의 판단과 책임감과 자율성을 길러주는 적극적인 교육이 필요하다. 섹스를 하느냐 안하느냐 따위의 저급한 이분법에서 나오는 금기는 결코 필요하지 않다. 자율성에 기반한 성 마인드가 요구될 따름이다.

—『섹스 마인드』에서

그는 신세대의 섹스관에 대해 "섹스는 섹스일 뿐, 사랑과도 과감히 분리시키고 결혼과도 명확하게 선을 긋는다"라고 규정한다. 이들은 당연히 순결 이데올로기를 타파하며, 남성중심성도 배제한 성의 평등성을 주장한다. 그리고 결혼이라는 부자유하고 불평등한 억압적 관습과 제도로부터 자유로운 사랑과 섹스가 분리될 수 있다는 태도를 보여준다는 것이다.

그는 소위 '낭만적 사랑'이란 이데올로기가 숨기고 있는 성의 정치학을 '자본을 앞세우고 뒷받침한 강제이식된 각본', 또는 '가부장제의 구렁텅이 속에 이식된 미국식 낭만주의라는 사랑의 각본'으로 비판하고, 낭만적 사랑의 결과인 일부일처제 결혼을 '매매의 궁전'으로 매도한다.

> 여자가 남자를 사랑할 때 남자는 살찐다. 남자가 여자를 사랑할 때 여자는 살을 뺀다. 남자가 사랑을 통해 보이거나 얻는 것은 이기심, 지배, 획득, 소유 등이다. 여자가 사랑을 통해 보이거나 얻는 것은 희생, 봉사, 복종 등이다. 그것이 낭만적 사랑의 결과다. 서로 상반되는 결과만을 가져오는 불평등 구조 만들기와 그 구조의 공고화는 지칠 줄 모르는 정력으로 각광받는 우리 시대의 호화스런 각본이다.
> ─『섹스 마인드』에서

동성애에 대해서는 "동성애는 병도 아니고 유행도 아닌, 오랜 역사를 통해서 보듯 사람과 사람 사이에 존재하는 성적인 성향이고 자기 자신이 스스로 택한 사랑의 한 방식일 따름이다. 자신의 성적 정체성을 찾아나가는 동성애자들, 그들 역시 당당하게 이루어진 가족(families)이다"라고 동성애를 일종의 성적 성향과 취향으로 규정하며, 동성애가족도 가족의 한 형태로 인정해야 할 것을 주장한다.

그는 사이버섹스의 미래를 예언하면서 임신과 출산이 여자만의 책임과 임무나 권리가 아닌 사이버네틱스에 의한 출산혁명을 예고하기도 한다. 마치 급진주의 페미니스트 슐라미스 파이어스톤이 『성의 변증법』에서 주장했던 것과 동일한 논리로……. 하지만 그는 그 미래에 대해서 반드시 낙관적이지만은 않다.

> 생식 기능의 기계화가 우리들의 자연스러운 정서와 환경이 되는 것은 당연한 미래의 모습이다. 반드시 그럴 것이다. 더불어 그 풍경이 인간을 하나의 조건으로 치부해버리는 상황을 불러올 것이라는 것도 당연한 미래의 모습이다. 조건으로부터 탈피한다는 것은 인간이 인간의 주인으로 선다는 것이지 조건이 인간의 주인이 된다는 것은 아니다. 그 조건 중 가장 위력적인 핵인 자본은 인간을 여전히 압도할 것이다. 생식으로부터의 해방이 가져올 여성의 해방은 인간을 자본화시키고 상품화시키는 자본과의 싸움(지배에 맞서는 예방적이고 준비적인 저항)을 동시에 요구하고 있다. 그 싸움에서 인간이 승리할 것이라는 낙관은 나에게 없다. 그저 승리하고 있다고 스스로를 마취해 가며 살 것이다.
> ―『섹스 마인드』에서

김진만의 "권력에 갇힌 섹스를 구출해 내는 것도 역시 섹스"라는 성해방에 의한 권력에의 저항과 해체는 혁명적인 시각이다. 그리고 그것은 부분적으로는 권력을 해체하는 힘을 가질 것이다. 하지만 정치적 경제적 평등과 자유가 전제되지 않은 섹스 그 자체만의 평등과 자유란 유토피아적 환상에 불과할 것이다.

왜냐하면 그의 견해처럼 섹스가 권력의 지배를 받는 것이 사실일진대, 권력의 지배하에 놓인 인간이 과연 절대적 자유의 상태에서 섹스만의 자율성과 자유를 진실로 향유할 수 있을 것인가? 또한, 남성중심적 성인지배사회의 피지배계층인 여성이나 10대는 섹스 그 자체의 자율성과 자유를 추구하기도 어려울 뿐만 아니라 그것이 가능하다고 해서 그들이 지배권력으로부터 진정으로 자유롭고 평등한 존재가 될 수 있을 것인가? 그가 추구하는 완전한 성의 민주화란 명제는 남성과 여성, 그리고 성인과 청소년을 동일시함으로써 정치권력 이외에 남성권력과 성인의 권력이 여성과 청소년에 작용하는 정치학을 면밀히 살피지 못했다고 할 수 있다.

4) 남성동성애주의자 서동진

스스로를 남성동성애주의자로 밝힘으로써 사회적 충격을 불러일으킨 서동진은 『누가 성정치학을 두려워하랴』에서 성정치학에 관한 본격적 작업이 없는 상황, 국내 여성해방운동의 성정치학에 관한 이론적 정치적 무관심 내지 무능, 최근의 성 보수주의를 개탄하면서 이성애적 성, 성인의 성, 생식중심의 성만이 보편적이고 나머지의 성은 모두 병리적, 신경증적, 변태적, 퇴폐적, 범죄적이라는 기존관념에 저항하고 도전한다. 그는 동성애를 글쓰기의 핵심적 담론으로 취급하며, 성적 정치적 민주주의를 부르짖는다.

그는 '낭만적 사랑은 일종의 파시즘이다'라는 명제로 이성애주의의 이데올로기성을 해체한다. '낭만적 사랑'의 이데올로기가 온갖 사회적 권력관계를 교직하고 그것을 체제 내부의 여러 사회적 관계내로 편재시킨다. 그래서 우리는 한 명의 남성·여성인 점만으로도 자신과 타인의 육체와 정신에 관한 지배와 학대를 수행할 수 있게 된다고 비판한다. 그는 급진주의자 애트킨슨(T.G. Atkinson)을 인용하며 낭만적 사랑이란 여성억압의 심리적 발판이라 규정한다.

또한, 그는 성은 출산을 위한 경제적 활동이나 공적 세계로부터의 긴장과 억압을 해소하는 심리적 피난처가 아니라고 주장한다. 성은 삶의 즐거움이고, 자신을 관리하고 지배하는 삶의 기술이어야 한다는 것이다.

그는 우리 시대를 동성애공포증(homophobia)의 시대로 규정한다. 그런데 이 동성애공포증이야말로 이성애주의 자체에 대한 분노와 혐오일 수도 있다는 것이다.

> 동성을 사랑한다는 것, 그 투명한 성적 지향을 제외한다면 그것은 항상 역사적으로 형성되는 현실이다. 따라서 그것을 어떤 초역사적이고 보편적인 대상으로 탈바꿈시키는 것은 끝없이 좌절할 뿐이다. 동성애공포증, 그것은 바로 이성애주의 자체에 대한 분노와 혐오일 수도 있다. 다시 말해 동성애공포증은 동성애라는 성적 지향성을 겨냥한 것이 아니라 이성애자들이 직면하고 있는 자신들의 성담론의 위기를 극적으로 상연하는 것일 수도 있다는 것이다. 동성애공포증은 비합리적인 폭력에 대한 의지이고 그것은 근대자본주의가 합리적 사회체계를 출현시켰음에도 결국은 그 합리성의 빛이 장악하지 못했던 성이라는 사회적 제도의 파탄을 보여준다. 따라서 이성애주의에 의해 끊임없이 시도되는 동성애의 대상화는 이성애주의의 위기를 내부적으로 해결할 수 없는 데 뒤따르는 외부적인 가상의 적이며, 증오의 표적이다.
> ─『누가 성치학을 두려워하랴』에서

그는 근대 자본주의의 탄생은 이성애를 보편화하면서, 그것을 가족이라는 사회적 제도와 그를 구성하는 인물들에 투사한 것으로 파악한다. 즉, 아버지라는 이름의, 생식적 성만을 목표로 여성을 사랑하는 남성을 절대화하였으며, 동성애를 병리화 심리화하게 되는데, 이에 정신분석, 성생물학, 의학과 같은 성과학들이 동원되었다는 것이다. 그는 동성애가 오이디푸스 콤플렉스의 좌절과 유아적 성단계에서의 고착, 유전자적 기형이라는 식의 담론들은 모두 가족주의와 성차별주의를 양축으로 하는 이성애주의적 담론의 산물일 뿐으로 규정한다.

"게이, 그것은 페니스를 단 여성도, 남성을 사랑하는 남성도 아니다. 그들은 전혀 다른 삶의 정체성을 가지고 있는 사람들이다. 이들은 가부장제와 그것이 생산하는 여러 가지 권력관계 내에서, 여성과 더불어 가장 억압당하고 있는 집단"으로 파악한다. 그들에겐 남성성에도 전일적으로 귀속시킬 수 없고, 여성성에도 전일적으로 귀속시킬 수 없는 어떤 확정된 제3의 성적 정체성이 필요하다고 말한다. 게이 성정치학은 이성애주의에 의해 주조된 남성적 정체성을 거부하고, 일상적인 생활은 물론 여러가지 사회적 활동과 제도에 구축된 남성적 특권과 쇼비니즘에 반대하며, 제도화된 남성성과 이성애로 인해 이성애적 남성에게 가해지는 일련의 폭력과 착취에 대해서도 반대한다고 말한다. 또한, 비생식적 이성애적 에로티시즘의 억압에 대해서 반대한다.

하지만 남성동성애자들의 삶의 자유는 성차별주의의 폐지와 동성애자들의 권리획득만으로는 획득되지 않는 것으로 본다. 그는 게이해방운동을 위해서 이성애적 남성성에 강제적으로 예속되고 착취당하는 이성애 남성과의 연대, 또는 성차별주의와 이성애주의로부터 억압당한다는 점에서 공통점이 있는 여성해방운동과의 연대를 주장한다.

4. 결론

우리 시대의 성담론의 현 위치를 최근에 우리나라의 필자들에 의해 쓰여진 저서들을 통해서 살펴보았다. 정신과 의사인 양창순과 김정일은 부분적으로 보수주의적 입장과 비교적 온건한 자유주의적 입장을 절충함으로써 기존의 성규범과 모랄에 크게 어긋나지 않는 한도내에서 개인의 성적 권리를 피력했다고 생각된다. 이정숙의 '살아보고 결혼하자'는 명제 역시 순결 이데올로기라는 점만 제외한다면 성공적 결혼을 위한 방편으로서의 혼전동거를 주장한 만큼 급진주의라고 보기는 어렵다.

하지만 마광수, 김진만, 서동진에 오면 기존의 성모럴과 규범은 여지없이 파기되고 만다. 그들은 결혼과 분리된 성, 심지어 사랑과도 분리된 성, 생식과 성기중심에서 벗어난 쾌락중심의 성을 주장한다. 따라서 일부일처제의 결혼제도와 가족주의에 의해서 지탱되던 사회적 규범은 설 자리를 잃게 된다. 그들은 남성중심주의, 이성애중심주의, 권력중심의 성으로부터의 자유를 추구하는데, 이에 따라 여성과 성해방, 동성애의 성해방, 청소년에 대한 적극적 성교육과 같은 명제가 중요하게 다루어졌다.

마광수가 개인적 자유주의자의 입장에서 성해방을 주장했다면 김진만과 서동진은 성이 권력의 산물이라는 구성론적 이론의 토대 위에서 권력으로부터의 성의 해방과 성의 완전한 민주화를 주장했다. 김진만은 권력의 구성물인 섹스 그 자체를 통해서 권력으로부터 벗어날 수 있다는 관념론을 대안으로 제시하기도 한다. 이들의 저서에는 우리 사회의 성적 금기로 여겨져 온 동성애가 일종의 성적 지향 내지 취향이라는 담론이 공통적으로 제기되었으며, 게이는 남성도 여성도 아닌 제3의 정체성이 요구되는 것으로 주장되기도 했다.

우리 시대의 성담론은 기존의 모랄 위에 서 있는 극단적 보수주의와 함께 첨단적 급진주의가 공존한다. 하지만 급진주의는 단지 담론의 차원에서 부분적으로 제기되었을 뿐이며, 우리의 사회는 일상의 영역에서는 말할 필요도 없고, 급진적 문학작품이나 예술작품에 대해서마저 형사법적 규제대상으로 취급하는 도덕적 보수주의에 빠져 있다. 이는 성이 여전히 보수적 권력의 지배와 억압체제하에 놓여져 있음을 반증하는 것이다.

그러나 이러한 도덕적 엄숙주의 내지 보수주의는 최근 기존의 성규범이 급속하게 해체되는 현실에 영향력을 미치지 못한 채로 성문제를 은폐하고 외면하는 공소한 형식주의에 빠져 있다는 점을 지적하지 않을 수 없다. 반면에 일부 급진주의자들의 성해방담론은 급변하는 신세대의 성풍속을 합리화해 줄지는 몰라도 그것을 현실화하는 것이 반드시 바람직하다는 사회적 분위기가 조성되기는 어려울 것이다. 따라서 과도한 성적 억압하에 놓여진 청소년과 대중을 바로 이끌 수 있는 현실성 있는 새로운 성규범의 창출은 성담론에 대한 보다 다양한 이론 개진과 토론의 과정을 거친 뒤에야 가능할 것으로 생각된다.

그리고 우리가 기대하는 새로운 성규범의 창출에는 기존에 남녀에게 불평등하게 적용되어온 이중잣대에서 벗어나 남녀의 평등이 보장된 새로운 가치관의 정립이 무엇보다 요청된다고 할 것이다. 그러기 위해서는 그간의 성담론이 주로 남성에 의해 주도되어 왔다는 사실에 대한 여성계의 진지한 반성이 요구된다. 왜냐하면 성담론이 남성의 사고와 경험에 의해 독점될 때, 여성은 여전히 남성의 성적 쾌락의 도구로써 대상화되는 구도에서 자유로울 수 없기 때문이다. 여성의 성적 자유는 남성의 성적 욕망에 종속된 파트너로서가 아니라 성을 통해 자율적이고 성숙한 자아의 주체성을 표현할 수 있어야 한다. 그리고 정치적 경제적 평등이란 조건이 전제될 수 있을 때에 진정한 성적 자유가 보장될 수 있을 것이다.

우리가 살아가고 있는 이 시대는 기존의 보수주의적 세력과 이에 저항하여 기존의 성규범을 해체하려는 혁신세력 사이에 긴장과 갈등이 가로놓여진 과도기라고 할 수 있다. 따라서 우리는 합의된 새로운 가치관이 정립되기 이전까지 과도기적 혼란과 아노미 속에서 각자의 외로운 결단을 통해서 자신의 성적 가치와 행동에 대한 결정을 내려야 할 것이다. 각자는 사회적으로 요구되는 억압과 해방에 대한 개인적 욕망 사이의 긴장 속에서 끊임없이 자기 자신과 대화하고 파트너와 협상함으로써 사회적 질서의 구현과 개인적 욕망의 실현이라는 동시에 충족시키기 어려운 두 축의 조화를 도모해 나가야만 할 것이다.

아름다운 남성을 보았는가
―현대 한국여성의 의식에 대하여―

최 지 현

1. 들어가는 말 : 여성의 육체는 누구의 것인가?

몸에 대한 대중의 관심과 논란이 뜨겁다. 거리를 걷거나 TV, 영화를 보아도, 사람을 만나거나 잡지를 펼쳐도 온통 몸에 대한 얘기이다. 실로 우리는 '몸의 시대'에 살고 있다. 다이어트, 성형수술, 에어로빅, 썬탠, 미스코리아, 슈퍼 모델, 심지어 남자의 성형수술까지 심심찮게 거론되고 있다. 몸에 대한 관심은 이제 남녀 노소의 구분을 넘어선 우리 모두의 관심사가 되었다. 왜 몸이 이 시대의 주된 담론이 된 것일까?

인간에게 있어서 몸은 가장 현실적인 것이다. 몸은 인간이 세계와 교섭하는 데 사용하는 직접적인 통로이며, 인간이 창조하는 삶의 전개는 몸에 의존한다. 그럼에도 불구하고 우리는 그 동안 몸을 지나치게 도외시해 왔다. 플라톤 이래 서양 철학사에서 육체는 진리를 위해 극복해야 할 대상, '영혼의 감옥' 정도로 비하되어 왔다. 데카

르트의 '나는 생각한다. 고로 존재한다.'는 유명한 말도 인간을 사유의 존재로 정의함으로써, 이성 우위에서 나온 몸의 경시의 한 표현이다.

현대에 와서 이런 정신과 육체의 이분법, 즉 정신의 육체에 대한 우위의 도식이 해체되면서 사람들의 관심 속에서 몸이 정신보다 우선하게 되었다.[1] 특히 오늘날 후기자본주의의 소비문화시대에 몸은 모든 것의 중심이 되었다. 성과 욕망으로 대표되는 소비문화의 가장 유용한 대상이자 주체는 바로 육체이기 때문이다. 포스트모더니즘의 열기도 몸의 담론을 뒷받침한다. 인간의 이성을 신뢰하는 형이상학에 도전장을 내면서 등장한 포스터모더니즘은 이성에 억압당하던 낭만적인 감성과 육체를 주요 테마로 내세웠다.

그런데 이러한 몸의 담론은 주체로서든 대상으로서든 여성의 몸과 깊은 관련을 맺고 있다. 국내외를 막론하고 신체론의 가장 큰 초점 중의 하나는 여성의 몸이다. 특히, 후기 자본주의 소비사회의 한 풍속도인 여성의 '몸 만들기' 현상은 그 전형적인 예라고 볼 수 있다. 몸의 이상형을 만들어 놓고 여성을 몸 만들기의 전쟁 속으로 밀어넣는 것이 지금 우리의 현실이다.[2] 최근 여성들의 화장이나 패션, 성형, 다이어트, 체형조정 그리고 피부관리의 방식들이 세분화

---

[1] 이성을 중시하던 서양철학사에서 신체론은 1960년대 전후 프랑스에서 본격적으로 시작된다. 그 중 인간의 이성보다 몸을 중시하는 이론을 정립한 사상가로는 20세기의 프랑스 현상학자 메를로 퐁티(M. Merleau-Ponty 1908-1961)가 대표적으로 꼽힌다. 그는 자신의 저서 『보이는 것과 보이지 않는 것 Le Visible et l'Invisible』에서 외부세계와 인간을 연결하는 '살'의 개념을 도입한다. 그에 따르면 '태반'인 세계와 정신을 이어주는 '탯줄'의 역할을 하는 몸은 더 이상 영혼의 도구나 정신의 노예가 아니다. 몸의 감각은 이 세계와의 살아있는 대화이며 정신, 영혼, 의식 등이 이루어지는 장소이다.

[2] 한 조사에 따르면, 16세 이상 50세 미만의 여성을 조사 대상으로 설문을 실시한 결과, 응답자의 94%가 어떤 형식으로든 다이어트를 시도했다고 한다. (여성과 사회, 1996제 7호, 창작과 비평사, 한국여성연구회, p.100 재인용)

되고 전문화되는 것은 미적 가공의 형태를 극단적으로 보여 줌과 동시에 육체를 매개로 하는 소비욕구의 다양한 분화를 보여준다. 또한 대중 매체에 나타나는 여성의 상품화 현상을 들 수 있다. 여성의 인격을 부정하고 성적인 측면만을 부각시킴으로써 자본주의사회의 남성중심적 욕망에 여성의 육체를 격하시키고 더 나아가 하나의 소비재로 받아들이게 하는 풍조가 만연한다.

그러나 이런 현상은 비단 오늘의 일이 아니다. 역사 이래로 여성과 미는 하나의 분리될 수 없는 개념으로 결합되었고, '여자는 아름다워야한다'는 강박관념은 시대와 나라를 막론하고 불문율로 여성의 의식을 지배해왔음을 부인할 수 없다. 나오미 울프(Naomi Wolf)는 그녀의 저서 〈미의 신화 The Beauty Myth〉에서 여성의 미와 관련된 현대 사회의 새로운 억압요소를 '미의 신화'라고 표현했다. 분명 여성의 미의식은 한 개인의 선택과 사고를 넘어서서, 한 시대의 정치적, 경제적, 문화적 함의를 가지고 있다는 점에서 신화의 집단성을 반영하고 있다. 미셸 푸코가 그의 저서 『감시와 처벌』에서 말하는 권력의 현실적인 작용점으로서의 육체의 개념은 남성에 의한 여성 육체의 억압과 착취에 그대로 적용될 수 있다. 그래서 현대 일부 여성운동에서는 육체를 권력 투쟁의 장소로 받아들임으로써, 육체의 해방을 통해 성의 해방을 이루려는 경향도 강하게 나타난다.

따라서 필자는 이 논문에서 남성중심적인 역사의 산 증인이라고도 할 수 있는 여성 육체가 걸어온 역사적 궤적을 따라가 봄으로써, 현대여성의 미의식의 실상을 규명하려고 한다. 2장 '육체의 주인과 노예'에서는 동·서양의 전통적인 여성 육체관을 정리해 봄으로써, 그 전통이 지금까지 현대여성의 미의식에 깊이 남아있음을 증명할 것이다. 3장 '소비문화 속의 육체'에서는 자본주의의 발전과 함께 변화된 육체관을 먼저 살핀 후, 사회 진출을 위해 자신의 육체를 새로운 자본으로 이용해야하는 현대 한국여성의 현실과 서구화의 물결 속에 획일화된 미의식을 지적할 것이다. 그리고 이상을 통해 미래 여성의 주체성에 기반한 올바른 미의식을 제시하고자 한다.

2. 육체의 주인과 노예

1) 불완전한 남성

사실상 상대적이고 가변적인 속성을 지닌 미(美)라는 것이 어떻게 우리 여성의 생활 속에서 절대적인 불변의 진리와 같은 자리를 차지할 수 있는가? 이에 대해서는 '미의 신화'의 사회적, 경제적, 문화적 원인을 추적해 올라가야만 그 실체에 대해 보다 명확한 해답을 얻을 수 있을 것이다.

고대철학에서부터 존재한 영혼/육체의 이분법은 근대로 오면서 정신/육체의 이분법으로 전환된다. 그러나 일관되게 주장된 것은 영혼과 정신에 들어있는 이성을 인간의 최고의 가치로 삼는다는 사실이다. 여기서 정신은 육체에 대해 압도적인 우월성을 부여받는다. 이런 이분법의 적용은 남성과 여성에게 그대로 적용되어 여성비하의 논리로 귀결된다. 분석적 정신의 소유자인 남성은 서양의 언어에서 인간 전체를 대표하는 듯이 — 영어의 man, 불어의 homme — 완전한 존재로 인정된다. 이와 반대로 여성은 남성보다 더 '자연적인(본능적인)' 존재로 취급되었고, 몸의 자연적 특성에 따라 모든 것이 결정되는 존재로 여겨졌다. 정신/육체의 이원론적 전통 아래서 여성의 영역은 정신, 영혼이 아니라 육체, 살이라는 생각으로 자연스럽게 이어지며, 이로써 '여성은 곧 육체'라는 통념이 싹트기 시작한다.
 인간의 육체를 논함에 있어서도 여성은 남성을 기준으로 할 때 불완전함 또는 잉여성이란 부정적 이미지를 지닌다. 고대 문명인들에게 경사(傾斜)를 측정하는 데 기준이 되는 절대의 수직선(侄直線)이 있었던 것처럼, 남성은 인간임을 측량하는 절대의 전형으로 인정되었다. 남성은 자신이 객관적으로 이해한다고 믿는 세계와 직접적이고 정상적인 관계 속에서 자신의 육체를 알고 있다. 한편 여성은 난소와 자궁을 가졌다는 특이한 조건 때문에 언제나 주관성 속에 갇혀 있고 한정된 속성에서 벗어나지 못한다. 따라서 남성은 여성의 육체를, 그 특수성으로 일컬어지는 것들에 억눌린 것, 즉 장애물이나 감옥 같은 것으로 여겼다.
 고대와 근대의 많은 철학자들의 말이 이런 남성우월적 사고를 증명한다. 아리스토텔레스는 "여성은 질적(質的)인 어떤 결여 때문에 여성인 것이다. 우리는 여자들의 본성을 자연적인 결함 때문에 괴로워하고 있는 것처럼 생각하지 않으면 안된다."라고 말했다. 그리고 성(聖) 토마스 아퀴나스도 아리스토텔레스의 생각을 이어받아 여자는 '불완전한 남자'이며, '우발적인 존재'로 단정했다. 보쉬에3)의 말에 의하면, 이브를 아담의 한 개의 '여분의 뼈'로 만들었다는 창세기의 설화는 여자의 불완전성을 상징하는 것이다. 따라서 남성은 여성을 여성 자체로서가 아니라 자기와의 관계로서 정의한다. 방다4)는 『유리엘의 보고 Le rapport d'Uriel』에서 "남성의 육체는 여자의 육체의 의미를 제외하더라도 그 자체로서 의미를 가진다. 그러나 여성의 육체는 남성의 육체를 고려하지 않는다면 의미를 갖지 못하는

---

3) Jacques Bénigne bossuet (1627-1704) : 프랑스의 司敎·신학자·설교가, 디종 태생.
4) Julien Benda (1867-1956) : 프랑스의 철학자·비평가.

것 같다. 남성은 여성 없이도 생각될 수 있지만 여성은 남성 없이는 생각되지 않는다."5)라고 확언했다. 이와 같이 여성은 자율적인 존재가 아니라 상대적인 존재, 본질적인 존재에 대하여 비본질적인 존재라는 뿌리 깊은 의식에 의해서 여성은 역사의 주변부로 끊임없이 추방되어 왔다.

동양에서도 인간 생성에 대하여 서양의 사고와 유사하게 인식하여 온 것 같다. 음양을 근간으로 하여 그 생성, 발전, 변화하는 모습을 나타낸 전(轉)과 증(增)에 대한 공자의 단사 가운데는 건(乾)을 만물 자시(資始), 곤(坤)을 만물 자생(資生)으로 표현하여 남성은 만물의 시작, 창조적 요소이고, 여성은 그것을 잘 키우는 육성의 요소라는 뜻을 나타내었다. 건과 곤을 천·지, 부모, 남·여로 표현하고 또한 천(天)을 남, 지(地)를 여로 상징하였고, 이것이 남존여비의 사상으로 전환된 것이다. '남자는 씨요 여자는 밭이라'라는 속담이 이를 잘 나타내 준다.

이와 같이 동서양을 불문하고 인간 생성에 있어서 남자는 핵근의 성분의 소유자이며 또한 수여자이며, 따라서 창조자로서의 생명적, 능동적 기능인데 비해 여성은 이를 받아서 양육하는 수용적, 수동적인 존재로 여겨 왔다.

육체와 성에 대한 집착이 오랫 동안 있어 왔던 만큼 여성 육체에 관한 왜곡된 콤플렉스가 만만찮은 세력으로 자리잡고 있다. 여성의 정신생리학적 이론들 가운데서 프로이트의 정신분석만큼 여성 육체의 결여성을 현대인의 의식 속에 부정확하게 그리고 확고히 심어준 것은 없다. 그의 거세 콤플렉스를 요약하자면 다음과 같다. 여성의 기본적인 본성은 여성의 해부학적인 바탕에 의해서 결정된다. 여성

---

5) Simone de Beauvoir, Le deuxième sexe I, Gallimard, p. 5.

의 거세 콤플렉스는 자신에게는 남근이 없다는 여자 아이의 발견에서부터 시작된다. 자연적으로 모든 여자 아이는 남근을 가진 남자 아이를 선망하게 된다. 남근에 대한 욕구는 정상적인 여성심리의 보편적인 요소이며 단지 남자 아이를 출생시킴으로써 이 욕구는 부분적으로 보상된다. 헬렌 도이취(Helene Deutsche)는 남근 선망은 성욕의 만족감을 제공하는 능력에 있어서 음핵(陰核)이 실제로 열등한 기관이라는 사실과 또한 '앞으로 돌진하는 꿰뚫는 남근의 특성'이 음핵에는 결여되어 있다는 사실에 따른 자연적인 결과라고 주장한다.6) 이 모두는 여성은 남근을 결여한 불완전한 육체이며, 성적 쾌락은 남근에서 나오는 것이라고 인식되었기에, 여성의 육체는 성적인 쾌락에 있어서도 불완전하고 남성에 비해 열등한 위치에 있는 것으로 간주되어 왔다.

2) 볼거리의 숙명

남성에게 있어서 여성은 지상의 아름다운 꽃들이 사람들의 눈을 즐겁게 하듯이, 남성의 미적 탐닉을 위해 자연이 제공한 선물과 같은 것으로 생각되었다. 남성의 의식 속에서 여성의 육체가 남성의 성적 쾌락을 위해 존재한다면, 여성의 아름다움은 남성의 미적 쾌락을 위해 봉사하는 것이다. 미학의 기본요소인 '주체'와 '대상'의 개념은 여성의 육체를 대해서 그대로 적용되었다. 헤겔의 견해에 의하면 미는 인간의 노동과 활동의 산물로서, 심미적 주체가 그 속에서 자기를 볼 수 있고 자기의 의지와 정신을 볼 수 있는 그러한 대상이다. 남성이 여성의 육체를 정복하면서 꿈꾸는 것은 자아확인, 곧 자

---

6) Judd Marmor, Changing Patterns of Femininity: Psychoanalytic Implications, *The Marriage Relationship: Psychoanalytied Perspectives*, ed. S. Rosenbaum and S. Alger, New york: Basic Books, 1968, p.31.

기 능력의 확신이다. 여성의 육체는 남성의 시선 안에서 대상화되고 구경거리로 전락한다.

'보는 자'와 '보여지는 자'의 관계, 나아가 소유주와 피소유주의 관계는 단지 남성의 감상행위로 그치는 것이 아니라 여성 스스로의 미의식과 자의식에도 지대한 영향력을 행사한다. 여성은 항상 자신이 타인의 눈에 어떻게 비칠까에 큰 관심을 가지고 있다. 그 타인은 대부분의 경우에 남성이다. 여성은 다른 여성과 자신을 비교하기도 하지만, 그러나 그 근원에는 남성의 시선이 자리잡고 있다. 왜냐하면 모든 동물계에서 치장의 심리는 이성의 눈에 뜨임으로 그 대상을 유혹하려는 심리가 저변에 깔려 있기 때문이다. 그것을 단순히 암수의 본능적인 자기현시욕으로 볼 수 없는 이유는 그것이 성차별의 문화 속에서 현실적인 관습으로 발전 또는 정착되었기 때문이다. 전통적으로 남성이 여성에게 잘 보이고 못 보이고가 사회적 성공이나 자아실현에 결정적인 요소로 작용하지 않는다. 그러나 여성의 경우 문제는 본질적으로 다르다. 남성에게 어떻게 비쳐지느냐의 여부가 여성의 운명을 바꾸어 놓는다. 우리는 동·서양을 막론하고 자신의 아름다움을 통해 신분상승의 기회를 잡은 수많은 '아름다운 행운아'의 이야기를 알고 있다. 비천한 신분 출신[7]으로 뛰어난 미모 하나로 신분상승을 획득한 여성의 한 예로 조선 숙종 때, 후궁 장희빈을 들 수 있다. 장희빈은 조사석과 숙종의 종친인 동평군의 주선으로 궁녀가 되었으며, 장렬왕후의 시종으로 있다가 숙종의 눈에 들어 후궁이 된다. 야사에 의하면 장희빈을 후궁으로 간택하려고 했을 때, 왕대

---

7) 장희빈(1659-1701)의 본명은 옥정이며, 역관 장현의 종질녀로만 알려져 있을 뿐 아버지가 누구인지는 분명하지 않다. 한때 그녀가 장렬왕후의 동생 조사석의 딸이라는 소문이 돌기도 했다. 왜냐하면 그녀의 어머니와 조사석이 내연의 관계였다는 설이 있었기 때문이다. (박영규, 한 권으로 읽는 조선왕조실록, 들녘, 1996, p.334.

비와 정명공주가 반대했는데, 그 이유가 장씨가 절세미인이라 박명할 거라는 것이었다.8) 어쨌든 장희빈의 미모는 그녀의 운명을 뒤바꾸어 놓는 첫 요인이 되었다.

미인의 신화는 세계 곳곳에서 전해진다. 여자 아이라면 반드시 듣게되는 신데렐라의 이야기는 그 대표적인 예가 될 것이다. 한국의 콩쥐팥쥐전도 같은 부류의 설화이다. 그런데 모든 이야기 안에서 여주인공의 아름다움을 판정하는 것은 남성이다. 여성미의 잣대는 예외없이 남성의 눈, 그들의 취향인 것이다. 현대에까지 그런 통념은 그대로 내려오고 있다. 신데렐라가 보여준 성취는 현대 여성에게 '신데렐라 콤플렉스'라는 신종의 콤플렉스를 낳았다. 새로운 만남의 장소에서 여성이 꿈꾸는 것은 신데렐라의 환상이다. 그것이 취업을 위한 면접이든, 가벼운 미팅이든, 결혼을 위한 선이든 간에 집을 나서기 전까지 계속되는 여성들의 바쁜 몸치장을 주목해 보자.

이런 맥락은 서양의 회화, 특히 누드화를 보면 여성의 '보여주는 미'가 제대로 증거된다. 누드화는 언제나 그림 속의 보여지는 자와 그림의 감상자의 관계를 전제로 하여 그려진다. 감상자는 대개 남성이다. 따라서 누드화 속의 여성은 자기가 남성에게 보여지고 있다는 것을 의식하고 있는 듯한 인상을 준다. 그런데 누드화의 소유주는 남성이고 나아가 그림 속의 소유주도 되는 셈이다. 때문에 누드화의 속의 여성의 자세와 눈길은 모델의 자연스러움이나 편안함에서 만들어지는 것이 아니라 바로 소유주 눈길을 의식하고 욕망을 충족시키는 것으로 구성된 것이다.9) 이런 이유에서 그림 속의 여성의 신체

---

8) 김용제 외, 한국야사전집 제 9권, 1974, p.53.
9) John Berger, Ways of Seeing, BBC and Penguin, 1972.
　존 버거는 위의 저서에서 르네상스 이후 시각매체에 나타난 서양의 성적 이미지는 대체로 정면을 향하고 있음을 지적한다. 그에 따르면 그것이 성적 이미지를 주는 주인공의 경우, 감상자에게 자신의 관심을 적극적으로 표현함으

는 그림을 보고 있는 남성을 향해 열려 있는 것처럼 배치된다. 다시 말해 자세와 눈길의 구성은 언제나 남성의 감흥과 즐거움을 위해 계산되고 배치된 것이다. (그림 참조)

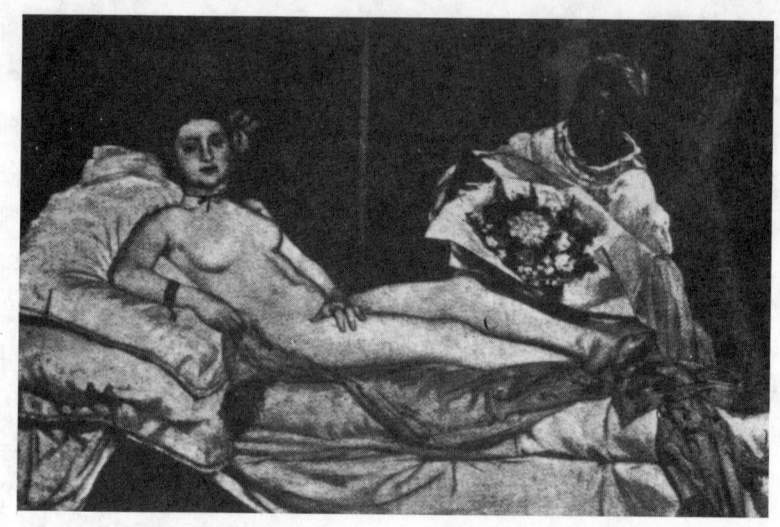

올림피아(마내, 유화)

이런 역사적 전통은 여성 자신이 자기를 바라보는 시선까지 변형시켜 놓았다. 여기에 여성의 미의식의 심각성이 있다. 여성이 남성에게 비친 자기의 모습을 항상 의식함으로써 여성 고유의 시각과 미의식은 사라진다. 오히려 그런 의식은 강력한 자기검열의 장치가 된다. 이것은 생물적인 행태가 아닌 지극히 사회적, 문화적 차원의 현상으로 해석되어야 한다. 가부장적 사회에서 남성은 지속적으로 여

로 보는 이로 하여금 감상자인 동시에 그가 소유자가 될 수 있음을 암시한다고 했다.

성의 외모나 행동방식의 표준적 틀을 제시해 왔다. 남성들은 여성의 육체를 통해 완전하고 이상적인 미의 실현을 보려고 했고 이를 여성에게 강요했다. 여성은 끊임없이 그 틀에 자신의 육체와 정신을 맞추어 왔다. 부단히 변화하는 사회와 끊임없이 달라지는 남성의 요구에 여성의 정체성조차 위협받게 된다.

시대에 따른 심미안의 변화는 여성의 육체 속에서 두드러지게 나타난다. 육체를 천상적인 내용, 즉 소위 영혼의 사명을 방해하는 외피로 간주하던 금욕적인 중세에는 여성에게 가는 허리, 가능한 가늘고 긴 팔과 다리가 요구되었다. 그와 반대로 르네상스 시대에는 큰 엉덩이, 통통한 허리, 튼튼한 허벅지, 풍만한 가슴이 요구되었다.10) 그리고 산업혁명을 거치면서 자본주의의 성장, 제국주의 시장의 확대, 도시화가 진행되던 시기에는 뚱뚱한 체형은 더 이상 부의 상징이 되지 못한다. 일부 유산계급에서는 이미 다이어트의 개념이 생기기 시작하는데, 그것은 부유하고, 게으르고, 사치스럽고, 움직이지 않는 부르조와에 대한 반감과 더불어 장수하고자 하는 욕망에서 비롯된다. 최근 몇 년 사이에 유행하는 썬탠은 육체의 미적 기준의 변화를 보여준다. 이전까지 햇빛에 검게 그을린 피부는 육체 노동에 찌든 육체를 연상시킴으로, 자기 육체에 대해 수치심을 느끼게 하는 것으로 생각되었다. 그러나 사무실 안에서 보내는 시간이 많은 현대 도시인에게, 검게 탄 피부는 건강미와 여유의 상징이 되었다.

나라에 따라서도 미인의 기준은 각양각색으로 제시된다. 옛 우리나라 사람들이 생각하는 미인은 지금 서구적 미에 길들여져 있는 우리의 미적 취향과 많은 차이가 있다. 『옥단춘전』에 나오는 다음의 묘사는 한국의 미인을 그려주고 있다. "구름 같은 머리채를 반달같

---

10) 에두아르트 푹스, 풍속의 역사 II 르네상스, 까치, 1995, P.6.

이 둘러 업고 버들잎 같은 눈썹을 여덟팔자로 다듬고 옥 같은 연지 볼은 삼사월 호시절의 꽃송이 같고 박속 같은 잇속은 두이짜로 빙그레 웃어 반만 벌이고 흰 모래밭에 금자라 같은 걸음으로 아기작 아기작 왕래하니 어느 눈이 황홀하지 않으랴."11) 『구운몽』의 꿈 속의 미인은 그 당시 이상적인 미인상을 구체적으로 보여준다. "가는 눈썹과 맑은 눈이며 구름 같은 살쩍과 꽃 같은 뺨이며 가는 허리와 눈빛같은 흰 살이……"12)

결국 사회적 차원에서 행해진 권력의 행사는 남성과 여성의 관계를 지배와 종속의 관계로 만든다. '여자의 몸의 주인은 남성이다'라는 생각은 역사의 여러 곳에서 발견된다. 정조대, 코르셋, 전족(纏足), 기모노 등이 그 비근한 실례이다. 이 모두 남성의 쾌락을 위해 여성의 몸의 변형조차 서슴치 않았던 몸의 착취의 흔적들이다. 그 중 전족의 예를 살펴보자.

전족은 5대 10국의 시기에 중국을 대표하는 풍습 중 하나로, 여자 아이가 4-5세가 될 무렵

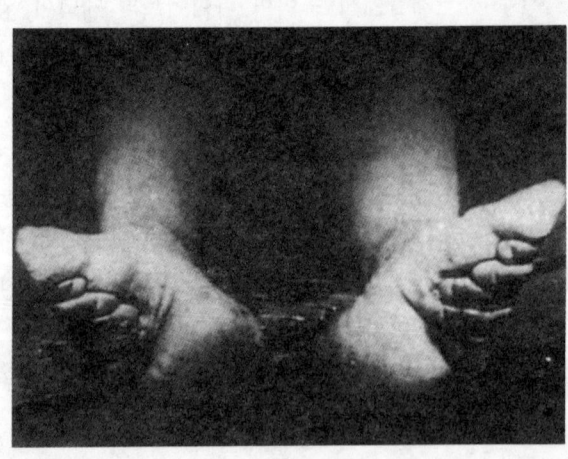

전족

---

11) 김종택, 조선의 여인, 새문화출판사, 1984, p.70.
12) ibid., p.71.

에 발을 긴 피륙으로 감아서 발의 성장을 정지시키는 풍습이다. 여성들은 병신이 된 발에 길이가 세 치밖에 안되고 폭이 두 손가락을 합친 것만한 뾰족한 수단을 신었다.(그림 참조) 전족의 유래에 대해서는 제설이 분분하다. 성기관의 특수한 발달을 촉진한다는 설도 있고, 부녀자의 정절을 지키기 위한 구속의 목적이라는 설도 있다. 또 전족을 하면 뼈가 가늘어지기 때문에 여성의 몸 전체가 날씬해지는 반면에 엉덩이가 발달하여 성적 매력이 풍성해진다고 하는 설도 있다. 송나라 때부터 작고 뾰족한 여성의 발은 여성의 상징처럼 여겨지게 되었다. 남성들은 여성들의 작은 발을 매우 좋아했고, 전족에 신은 수단신을 힐끔 보기만 하여도 격정을 느꼈다고 전한다. 그래서 여성은 그 발을 '황금의 백합', 즉 성적인 상징으로 여기고 생명처럼 소중히 받들게 되었다.13)

전족한 두 여인(베이징 고궁박물관, 소장)

---

13) 이명수, 중국인과 에로스, 지성문화사, 1996, pp.232-236.

이 모든 과정을 거치면서 여성은 자신의 고유한 미감을 상실하는 지경에 이른다. 남성의 시선은 자신의 위치에서 세계와 그의 육체를 본다. 그러나 여성의 시선은 자신의 것이 아니다. 여성의 시선은 자연스럽게 전이된 남성의 시선으로 혹은 남성의 시선을 경유한 시선

귀부인(퓌르스트, 동판화, 16세기 말)

으로 자신을 바라본다. 그 결과 여성은 외부로부터 뿐만 아니라 자기 내부에서조차 타인의 시선을 피할 수 없는 '보여지는 존재'로 '시각적 대상'으로 살게 된다.14) 이것은 사르트르의 연극 〈닫힌 방〉의 "타인 곧 지옥"이라는 상황과 일치하기에 더욱 여성의 고통스러운 현실을 보여준다. 남성의 시선을 통한 내면의 자기검색은 자신의 눈에서조차 자신을 객체로 보게 한다. 그 결과 여성 안에는 두 상반되는 존재, 즉 보는 '주체'와 보여지는 '객체'가 공존한다. 여성은 진귀

---

14) John Berger, ibid., p.47.

하고 아름다운 보석을 보며 감격하는 방식으로 자기 손을 내밀어 애인 같은 시선으로 바라볼 수 있는 것이다. 그리고 미의 쾌락에 탐닉하면서 여성은 남성적 주체와 여성적 객체로 양분되는 경우도 일어난다. 한 실체 안에 두 존재는 자아의 분열을 야기시키고, 자기 정체성의 확립에 적지 않은 혼란을 불러일으킨다.

　여성을 모델로 한 초상화 중 거울을 보거나 들고 있는 여성의 모습이 그렇게 많은 이유는 결코 우연이 아니다.(그림 참조) 여성은 어려서부터 아름답게 보이는 방법들을 배워왔고, 여성으로서 몸의 성장이 급속도로 일어나는 사춘기 때는 자신의 육체를 수동적인 욕망의 대상으로 교육받았다. 여성은 늘 누군가에 의해 관찰당하고 있다는 느낌을 가지고 사고하고 행동한다. 거울은 이런 여성의 무의식 상태를 잘 반영해 준다. 여성이 거울을 통해 보는 만나는 사람은 누구인가? 거울에 비친 자신의 모습에서 그녀가 얻는 희열은 순수한 자기도취의 기쁨일까?

　거울 앞에서 선 여성은 자기를 바라보며 서 있다. 이것은 많은 심리적 내용들을 내포한다. 일생 동안 여성은 자기로부터 떠나고 다시 자기로 되돌아오는 노력을 계속한다. 분리된 '즉자'와 '대자'의 불가능한 통합은 여성의 경우 거울의 마력(魔力)에 많은 도움을 요청한다.15) 거울에 반사된 모습과 자아가 일치되는 것은 특히 여성의 경우에 있어서이다. 남성미는 초월성의 표시이고, 여성미는 내재의 수동성의 표시이다. 여성미만이 시선을 멈추게 하고, 그리고 그 때문에 거울의 산화은(酸化銀)이란 부동의 함정에 빠질 수 있다. 자기를 능동성, 주체성이라고 느끼고 또 그렇게 되기를 원하는 남성은 응결된 자기의 이미지 속에서 자신을 인정하지 않는다. 그런 이미지는

---

15) 시몬느 드 보봐르, 제 2의 성 下, 을유문화사, p.752 .

그에게 매력적이지 않다. 이와 반대로 여성은 자기가 객체임을 알고 또 현실이 그렇기 때문에 거울 속에서 실제로 자기를 본다고 생각한다. 수동적으로 비쳐지는 반사체는 그녀 자신같이 하나의 대상이다. 현실에서 느끼는 자신과 거울 속의 자기는 같은 속성, 다시 말해 대상화를 거친 수동성이란 공통성으로 인해 거부되지 않는다. 이것이 역사적으로 거울이 여성의 친밀한 물건이 될 수 있었던 이유이다. 결론적으로 말해 여성의 독창적인 미의식의 부재는 자의식의 결핍에서 찾을 수 있다.

3) 아름다움과 에로티시즘의 결합

아름다움과 에로티시즘은 불가분의 개념이며, 그 둘이 인간과 육체의 관계에 대해 새로운 윤리를 만들어낸다. 이 두 개념은 남성과 여성 모두에게 해당되는 개념이지만, 그러나 역사적으로 미적/선정적(煽情的) 신화는 여성 쪽에 더 많이 편중되어 그 발전을 본다. 아니 오히려 이 신화는 여성의 육체 위에서 만들어졌다고 해야 할 것이다. 이런 현상을 설명하기 위해서는 "성이라고 하는 것은 여성의 것이다. 왜냐하면 여성은 자연 그 자체이기 때문이다."라는 식의 진부한 이유와 다른 이유를 찾을 필요가 있다. 여성의 아름다움을 성적인 에로티시즘으로 자꾸 연결시키는 경향은 지극히 사회적이고 정치적인 작용의 결과이다. 아름다움과 성욕의 특권적 매개물로서의 여성과 그 육체에 할당된 역할을 알기 위해서, 우리는 '육체로써 드러난 인간'[16]을 새롭게 발견한 르네상스 시대로 거슬러 올라가야 한다. 굳이 르네상스 시대에서 그 실례를 찾는 이유는 그 시대는 서양 역사상 인간의 육체관 속에 에로티시즘의 개념이 본격적으로 도입된 시기였기 때문이다.

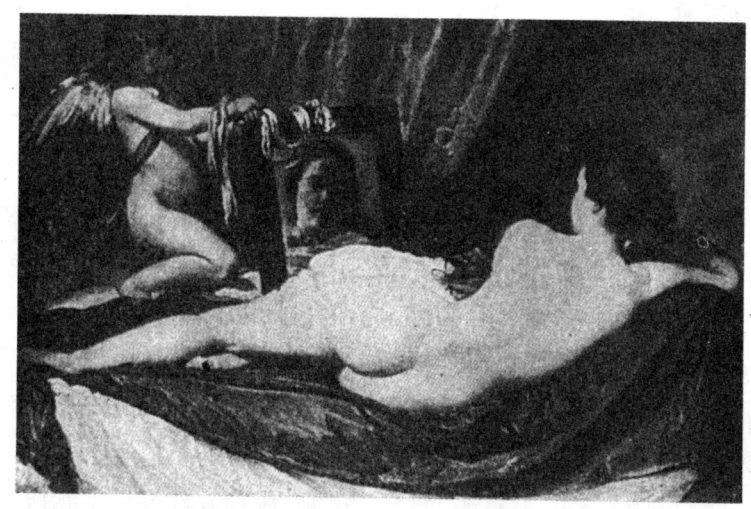
로케비 비너스(벨라스케스)

각각의 시대는 항상 하나의 숭배물을 내세운다. 르네상스 시대는 육체로서의 인간을 그 찬양의 대상으로 내세움으로써, 그 시대 전체를 통해 육체미는 도처에서 최고의 예찬을 받는다. 에로틱한 관능이 충만한 창조의 시기였던 그 시대에는 인간의 사회적 삶이 반영된 모든 정신도 관능으로 가득찰 수밖에 없었다. 여기서 우리는 관능이란 일반적인 경향이 육체관에 어떻게 나타났는가를 추적해봄으로써, 한 시대의 사고가 여성과 그 육체에 어떻게 그려지는지를 살펴볼 수 있을 것이다. 특히 아름다움과 에로티시즘의 결합을 주목해 보자.

각 시대의 아름다움에 대한 인간의 이상은 각 시대의 시대적 토대의 성격에 의해서 좌우된다. 요컨대 영원히 변하지 않는 도덕관념이 없는 것처럼 절대적인 아름다움이라는 개념도 존재하지 않는다. 아름다움에 대한 관념도 수천 수백 가지이지만 그런 것은 도덕과 마찬

---
16) 에두아르트 푹스, ibid., p.2.

가지로 항상 시대 그 자체 속에서 자신의 명확한 기준을 가진다. 결국 아름다움에 대한 관념도 각각의 문화를 형성하는 데에 필요하며 각각의 문화와 그 사회의 윤리와 분리할 수 없는 요소이기 때문이다. 그런데 르네상스가 제시한 미의 기준이란 '건강하고 자연스러운 것'이었다. 이 안에는 이미 남성과 여성의 육체에 대한 차별의식이 들어 있다. 건강하고 자연스러운 것이란 결국 목적미에 적합한 아름다움을 일컫는다. 그런데 이것에 대해 제기되는 질문, 즉, '어떤 것이 목적미의 본질에 맞는 아름다움인가? 그리고 무엇이 자연스러운 것인가?' 하는 질문에 대해, 푹스는 그 시대 사람들은 여성으로부터 남성을, 남성으로부터 여성을 구별하는 생리학적인 특징을 가능한 한 명확하게 하는 것, 더 나아가 남성적인 것으로부터 여성적인 것을, 여성적인 것으로부터 남성적인 것을 남김없이 빼앗아버리는 것이라고 생각했다. 간단히 말하면 남녀의 성적 특성을 가능한 한 명확하게 돋보이게 하는 완전한 모습을 이상형으로 설정했다. 육체적인 것을 이와 같이 돋보이게 하려는 사고방식은 매우 관능적인 발상이었다. 그러므로 결국 관능적인 인간이 이상적인 유형으로 떠받들어졌다. 그 이상적 유형이라는 것은 항상 동물적인 의미의 연애 - 요컨대 이성(異性)을 향한 격한 성적 욕망 - 를 도발하는 데 가장 적합한 체격의 인간을 말한다. 그것은 일반적으로 적용되어 남녀의 개인적인 미의 기준으로 채택되었다. 성활동에 필요한 육체의 특징, 곧 남자에게 있어서 힘과 에너지가 뛰어나면, 그 남자는 완전한 사람으로 간주되고 따라서 아름답게 간주되었다. 여성의 경우 자연으로부터 부여받은 모성의 천직에 여성이 육체적으로 가장 잘 어울리면, 그 여성은 아름답게 여겨졌다. 그리고 사람들은 수백 가지 개별적인 미를 하나의 이상적인 유형으로 조립한다. 르네상스 시대의 사람들이 하나 하나의 육체의 미를 열거한 미인법전[17])은 그 당시 육체관을 보여주는 귀중한 자료가 된다.

이미 그 당시부터 여성의 육체를 수태와 양육이라는 자연적 목적에서 남성의 시각적, 성적 쾌락을 위한 수단으로 육체의 의미가 변화됨을 발견할 수 있다. 특히 절대주의가 모든 사회조직을 일찍부터 잠식하기 시작했던 프랑스나 스페인의 경우 여성미의 이상은 아주 세련된 향략도구로 발전된다. 이 미인법전에서는 여성의 매력이 가장 중요한 것이라고 하진 않았지만 아주 중요하게 언급되고 있다. 사람들은 여성미를 매우 광범위하고 자세하게 분석했다. 남성은 여성의 육체현상에 대한 자신들의 요구를 명확한 언어와 묘사를 통해 기록했다. 심지어 "여성이 남성에게 아름답게 보이고 게다가 식욕을 돋구도록 보이고 싶다면" 36가지 아름다움을 가져야 한다고 세목을 제시하고 있다. 그 당시 여성미를 칭송한 노래들의 대부분은 정신적인 미를 그다지 노래되지 않은 정도가 아니라 전혀 노래되지 않는다. 이러한 노래들은 관능적인 연애활동만을 노래한다. 노래되는 내용은 정신도, 고상한 마음도 아닌 오히려 가지각색의 매력을 통해 연애로 꾀어들이는 민네적인 연애이다.

---

17) 미인법전과 같이 여성의 육체에 대해 상세히 언급하는 책들은 여러 나라에서 민담으로 엮어져 내려온다. 우리 선조들은 또한 백팔여상(百八女相)이라는 아주 세밀한 택녀법(擇女法)을 전한다. 여자의 보습이나 맵시를 보고 가인(佳人), 재인(才人) 여인(麗人) 선인(嬋人) 연인(姸人) 음인(陰人) 등 일백 여덟상으로 여인의 모습을 가려 자신의 성격과 맞추어 보았다. 이것은 역사상 어느 민족도 시도해 보지 못한 과학적이고 치밀한 남녀관계를 맺어주는 수단일 것이다. 그러나 이 많은 여상은 선용된 적이 거의 없었다. 공녀를 고르는 채홍사들이 여자들을 징발할 때 이 백팔여상법을 적용했다고 하고, 또 연산군이 자신의 유기(遊妓)들에게 이 여상법을 적용하여 즐겼다고 한다. 근대까지 이 여상법은 남자들의 환락의 방편으로 널리 또한 끈질기게 전통을 이어져 왔다. 기방에서 기생을 고를 때, 정인(靚人) 끼에 혜인(慧人) 끼가 덮쳤느니, 단인(丹人) 끼는 족한데 선인(鮮人) 끼가 모자라느니 하며 이 백팔여상을 조합시켜 상대를 골랐고 한다. (이규태, 한국인의 성과 사랑, 문음사, 1985, p.223)

그 중 유방의 아름다움에 대하여는 가장 열광적인 찬사가 바쳐졌다. "유방은 상아처럼 하얗고, 비너스의 구름이며, 사탕으로 된 공이다", "유방은 해돋이 때의 봄의 태양과 같이 가슴의 중심을 가리킨다", "유방은 마치 앞으로 쑥 내민 창과 같이 팽팽히 긴장하고 있다."등이 그 예이다. 유방의 예찬과 더불어 여성의 극비의 미에도 열광적인 찬사를 보낸다. 이 시대는 입을 모아 그 극비의 미에 대하여, 그 특유한 미나 그 우수성이 자리하고 있는 장소에 대하여 많은 찬가를 바쳤다. 이 찬가의 흔한 형태는 연인의 상반신과 하반신 중 어느 부분이 더 좋은가를 논의하는 형식이다. 그리고 사람들은 연인의 상반신의 유방을 극구 칭찬하면서도 결론에 이르러서는 상반신보다 하반신이 더 좋다고 했다. 유방은 남성의 생각을 저 쾌락의 장소로 잘 안내한다는 이유에서만 그 아름다움의 가치가 있는 것이기 때문이다. 이런 의미에서 여성미에 대한 그 시대의 찬양은 순수한 아름다움에 대한 감탄이 아니었다. 요컨대 여성의 모든 아름다움은 진실된 에로티시즘으로 발산될 때에만 가치가 있는 것이다.

동양의 미인의 대명사로 알려진 양귀비 또한 아름다움과 에로티시즘이 결합된 미인으로 알려지고 있다. 『장한가』를 비롯한 후세 성애문학 작품에 양귀비는 많이 등장하는데, 백설 같은 살결에 다소 살찐 몸매를 지닌 놀랄 만큼 아름다운 여인으로 묘사된다. 일설에 의하면 양귀비의 음모(陰毛)가 무릎에 닿을 정도로 길었고, 땀을 많이 흘려 그것이 사향과 섞이면 독특한 체취를 풍겼다고 한다. 그리고 성행위 시에 애액이 넘칠 정도로 흘렀고, 거침없이 기성을 질렀다고 한다. 이런 것으로 미루어 볼 때 양귀비는 분명 육감적이고 성적 기술이 뛰어난 여성이었을 것이다.[18] 그런 여성이 미인의 대명

---

18) 이명수, Ibid., p.108

사로 불린 것은 동양에서도 마찬가지로 관능성이 아름다움의 중요한 요소였음을 증명해 주는 것이다.
 사람들은 노인이 되는 것을 가장 불행하게 여긴 것도 위의 사실들과 깊은 관계가 있다. 노년에 이르면 인생의 중요한 내용인 육체는 이미 그 최상의 목적인 성적 쾌락을 만족시킬 수 없다. 세상 사람들이 남성에 대해서든 여성에 대해서든 항상 성적인 것만을 고려했기 때문에 노년을 경멸한 결과 "젊음을 되찾고 싶다"는 것이 나이든 남녀의 최상의 희망이 되었다. 이런 희망이 남성보다 여성에게 더 심각했다는 것은 말할 필요도 없다. 그 이유는 여성의 청춘과 원숙의 기간이 남성보다 비교적 짧으며, 노년의 징조도 여성이 남성에 비해 빨리 그리고 현저하게 나타난다는 생물학적인 이유도 있지만, 그것보다 육체에 대한 사회적인 인식의 차이가 더 크게 작용했다. '여성 곧 육체'라는 통념은 여성에게 육체를 최고의 가치와 수단으로 받아들이도록 했으며, '욕망의 대상이 되기를 욕망하라'는 식의 잘못된 적극성을 심어주게 된다. 남성을 차지하는 경쟁에서 여성의 사회적인 지위 따위는 쓸모없게 되고, 대부분의 경우 여성은 육체미로 경쟁할 수밖에 없다. 육체미야말로 여성에게 가장 중요한 자본이며 여성이 인생의 도박에서 이기는 무기인 것이다. 가능한 한 오랜 동안 젊음을 유지하고 싶어하는 이 여성의 최대 희망과 그것에 들이는 엄청난 노력은 역사 이래로 줄곧 그리고 현대여성에게도 강하게 남아 있다.
 이런 강렬한 희망은 15세기와 16세기에 청춘의 샘이라는 전설을 창조했다. 이 샘의 풍경을 그린 회화들은 여성의 젊음에 대한 열망을 한 눈에 보여준다. 이런 류의 많은 그림들에서 샘을 찾는 사람은 여성이 지배적으로 많다. 마차로 오는 여성, 말로 오는 여성, 남자 하인의 들것에 들려오는 여성, 노예의 수레로 오는 여성, 자신과 같이 나이 먹은 남편의 등에 업혀오는 여성까지 있다. 샘에 들어가기 전의 등이 구부러지고, 몸이 말라빠졌고, 유방이 쭈글쭈글한 여성들은, 남성의 욕정을 돋구는 포동포동하고 팽팽한 유방을 가진 젊음으로 싱싱한 여성이 되어 물 속에서 나온다. 우리는 여기서 여성들이 그렇게 갈구하는 젊음과 아름다운 육체는 과연 누구를 위한 것인가를 자문하게 된다. 민간전설에 내려오는 것으로서, 남성이 청춘을 되찾는 방법으로 젊은 여성의 육체가 이용되는 수많은 사례들은 우리의 질문에 대해 답해준다. 노인이 젊음을 되찾기 위해서는 처녀와 동침해야 한다는 전설은 동·서양의 공통된 보고이다.

여성의 아름다움에 에로티시즘의 결합이 확고할 수밖에 없는 이유는, 여성에게 유일하게 남겨진 육체에 남성은 그들의 권력을 이용해 더 남성 위주의 미감을 강요한 데 있다. 이런 강요는 여성의 미의식과 성의식에 많은 변형을 가져온다. 우리 여성들은 자신의 육체의 아름다움을 스스로 음미하거나 육체의 감각을 느끼기보다는 남성에게 성의 대상물로 보이는 데 더 길들여져 있다. 여성은 자신이 매혹적이고 성적 매력이 있는 존재가 되기 위해서는 남성의 인정이 필요하다고 느낀다. 여성 자신의 성적 욕망은 자신의 경험으로 양성되는 것이 아니라 다른 누군가의 욕망의 대상이 되는 경험에 의해 개화된다. "여성은 성욕을 채워주기 위해 있으며, 그들 스스로는 성욕이 없다"는 일부 남성들의 발언을 억측으로만 돌릴 수 없는 일이다.

3. 소비문화 속의 육체

1) 육체의 현대적 전략

20세기 후반에 들어와 새로운 기술혁신으로 인한 자본주의의 구조조정이 새로운 사회적 관계를 구성함에 따라 육체는 노동과정으로부터 부분적으로 자율성을 획득하게 된다. 그러나 한편으로는 노동소외라는 다른 의미에서 육체 자체가 상품화 과정에 편입되는 물신적 소외가 생겨난다. 무엇보다 이런 변화의 주된 원인은 대중들이 자신의 육체를 하나의 소비대상으로 간주한다는 데 있다. 후기자본주의의 소비문화는 지금까지 진행되어온 자기보존적 육체의 개념에 제동을 걸어, 개인을 육체의 쇠락과 부패를 막기 위한 도구적 전략을 채택하도록 하며, 그 개인이 육체의 쾌락이며 "자기표현"의 매개체라는 생각을 갖도록 한다.19) 현대의 소비대상들 중에서 육체는 그 어떤 것보다 아름답고 귀중하며 멋진 대상이 된다.

오랫동안 계속된 이성주의와 청교도주의 시대 이후에, 육체 및 성의 해방을 표방하면서 육체의 재발견이 이루어진다. 오늘날에는 육체가 광고, 모드, 대중문화 등 모든 곳에 범람하고 있다. 우리가 '몸의 시대'에 살고 있음을 실감하지 않을 수 없다. 육체에 관한 위생관념, 영양의 문제, 의료(醫療)에 대한 숭배, 다이어트를 위한 식이요법, 아름다움에 대한 강박관념, 젊음을 유지하기 위한 체력관리, 거기에 육체에 따라 다니는 쾌락의 신화는 오늘날 육체가 영혼을 대신하여 '구원의 대상'20)이 - 도덕적, 이데올로기적 기능에서 - 되었

---

19) Mike Featherstone, *The Body: Social Process Cultural Theory*, The Body in Consumer Culture, p.170.

음을 증명한다. 대중매체를 통한 집요한 육체의 찬미와 그 표현방식에 의해, 인간은 육체를 하나밖에 가지고 있지 않기 때문에 이 육체를 구원해야 한다고 우리에게 상기시키고 있다. 수세기 동안 영혼의 압제 하에 육체적 존재로서의 인간이 부정되어오다, 이제는 "여러분은 멋진 육체를 갖고 있습니다. 당신의 육체에 관심을 가져야 합니다"라는 설득을 끊임없이 받고 있다.

앞에서도 계속 보아왔듯이, 각 시대마다 육체가 어떤 위치를 차지하고 있는가는, 즉 육체의 위상은 하나의 문화적인 사실이다. 인간과 육체의 관계를 결정하는 양식은 모든 문화에서 인간과 사물의 관계 및 사회적 관계를 결정하는 양식을 반영한다. 마찬가지로 지금의 변화된 육체관은 자본주의의 문화를 그대로 반영한다. 이전의 노동과정 및 자연과의 관계에서 발생한 주술적이고 도구적인 육체관을 밀어내고, 소비자본주의 사회에서는 자기 육체에 대한 나르시시즘적인 열중이나 구경거리로서의 육체관념이 지배적인 위치를 차지한다. 이 자기도취적인 육체는 주체의 자율적인 목적성에 따라서, 그리고 생산체제 및 소비문화의 규범에 직접 접합된 도구성에 따라서 투자된다.

자본주의 사회에서는 육체 그 자체와 육체를 이용한 사회적 활동 및 정신적 표상은 사유재산 일반과 똑같은 지위를 부여받고 있다. 자본주의의 생산/소비의 구조가 사람들의 마음 속에 자신의 육체로부터 분리된 표상과 이중(二重)의 취급을 이끌어낸다. 자본으로 그리고 소비의 대상으로 육체를 취급하는 것이다. 이 둘의 어떤 경우에도 육체는 부정되거나 배척되지 않는다. 오히려 의도적으로 경제적 의미에서 투자되고 동시에 심리적 의미에서 물신(物神)으로 숭배

---

20) 장 보드리야르, 소비의 문화, 문예출판사, p.190.

된다.

2) 아름다운 프로

'여자는 아름다워야 한다'는 절대적이고 종교적이라고 할 만한 이 지상명령은 소비문화 속에서 다시 한번 그 위력을 발휘하고 있다. 나오미 울프가 지적한 '미의 신화'는 현대여성에게 또 하나의 굴레가 되고 있다. "미인은 더 이상 타고나는 것이 아니라 만들어진다"는 미의식의 변화는 더욱 여성으로 하여금 '몸 만들기' 전쟁에 뛰어들게 하고 있다. "새로운 여자로 태어나고 싶다"는 한 화장품 광고의 문구는 소비사회에 살고 있는 여성들의 완전한 육체의 변신을 꿈꾸는 욕망을 잘 대변해 주고 있다.

후기자본주의로 접어들면서 육체의 관리는 안정되고 유기적인 몸을 유지하기 위한 합리적인 조정행위라기보다는, 자기표현을 극대화하는 능동적인 미적 욕망을 지향한다. 그런 욕망의 실현이 일상생활 속에서 더욱 적극적으로 이루어지고 있다. 자신의 용모와 몸매를 관리한 것은 현대여성이라면 기본적이고 불가결한 의무로 받아들여 지고 있다. 현대여성들의 '몸 만들기'는 미관련 사업의 발전과 함께 전문화되고 세분화되는 경향을 보인다. 그 중 몇가지 사례를 통해 현대여성의 육체관과 미의식의 변화를 살펴보고자 한다.

몸 가꾸기의 가장 중요한 역할을 하는 화장산업은 현재 더욱 전문화되고 차별화되고 있다. 전문화, 차별화는 개인의 피부 상태나 얼굴 유형에 따라서 그리고 계절별, 시간별, 세대별, 성별에 따라서 각 개인의 고유한 성격을 특성화시키는 전략이다. 또한 화장의 의미도 얼굴을 아름답게 보이는 보조의 역할에서 벗어나 개성을 표출하는 적극적인 역할로 바뀌고 있다. 이와 더불어 화장의 변화와 강도를 산업자측에서 적극 유도하는 경향이 늘어났고, 메이크 업을 통해 성형의 효과를 발휘할 정도로 전문화되고 있다. 사실 화장이라는 행위는 중세 초기에는 여성의 본성을 해친다고 하여 금기시되었고, 19세기까지만 하더라도 단순히 피부보호나 위생의 개념이 더 컸다. 그러나 자본주의가 진전함에 따라 화장은 여성의 자연미의 신화를 깨고, 몸을 가꾸고 가공하기 위한 대표적인 방법이 되었다.21) 특히 피부관리와 체형 관련 산업의 발달로 인해 화장품의 기능이 단지 얼굴에만 국한되지 않고 몸 전체로 확산되고 있다.

몸 변형하기는 몸을 가꾸는 것과 전혀 다른 의미를 지닌다. 그것은 새로운 육체의 조직을 갖는 것이다. 즉, 원래 있는 몸의 형태를 가꾸는 것이 아니라 아예 새로운 형태로 변형하는 것이다. 몸 변형하기의 대표적인 예가 성형이다. 국내에서 성형시술을 시작한 지는 대략 20년 정도 된다. 초기에는 주로 얼굴의 비정상적인 부분에 대한 시술이 대부분이었고, 미용성형이 본격화되기 시작한 것은 80년대 들어서부터이다. 80년대 말과 90년대에 들어와 미용성형은 보다 과학적인 시술방법을 도입하면서 각 부위에 대한 전문성을 넓혀 나가는 추세에 있다. 과거에는 대부분이 쌍꺼풀 수술에 국한되었던 것이 이제는 코와 턱, 입술 등으로 확대되고 있다. 또한 과거에는 성형의 대상이 아니었던 기미, 주근깨, 군살 제거까지 성행하고 있는 것에서 알 수 있듯이 성형시술의 대상이 점차 몸 전체로 확대되고 있다. 그 대표적인 예가 '비만성형수술'이다. 한편 90년대로 들어서서 성형수술은 그 대상을 장년층에게까지 확대하면서 새로운 '성형 팩키지'(주름살 제거, 기미·군살 제거 등)를 꾸준히 개발하고 있다. 결국 성형시술은 이제 더욱 예뻐지려는 여성들의 사치스러운 제한된

---

21) 이동헌, 육체의 관리와 문화효과, 문화과학 , 1993 가을호, p.152.

욕망이 아니라, 외모의 변형을 통하여 자신있는 생활을 원하는 여성 모두의 일반적인 욕구로 변화되고 있는 것처럼 보인다.

몸을 변형하고 싶어하는 욕망이 점차로 증가하고 그 방법도 세분화되는 현상을 어떻게 이해해야 할 것인가? 단순하게 보면 그것은 몸을 아름답게 만들고 싶은 여성들의 욕망의 무한성에 기인한다고 볼 수 있겠지만 문제는 그렇게 단순하지 않다. 왜냐하면 그 욕망은 관념적 환상이 아니라 구체적이고 물질적인 성격을 띠고 있으며 그리고 자본주의의 경제원리 위에 그 토대를 세우고 있기 때문이다. 분명 현대 여성의 육체관과 미의식은 크게 변화되었다. '감추어진 몸'에서 '드러내는 몸'으로 표현의 적극성을 수용함으로 여성의 육체관은 달라졌다. 육체 자체는 선천적으로 결정되는 것이 아니라 인위적인 조작에 의해 가변적인 것으로 봄으로써, 투자의 가치가 있는 대상으로 간주하게 된다. 아름다움도 이제 만들어지는 가공품이 되었다.

그러나 아름다움을 표현하려는 여성의 건강한 요구는 자본주의의 생산/소비의 구조 속에서 자본으로 그리고 소비대상으로 농락당하고 있다. '미의 사회적 기준'의 압력하에서 자기 육체관리에 소홀한 여성은 소외되고 추방된다. 이런 현상은 남성과 경쟁하면서도 동시에 여성적이어야 하는 직업여성에게서 두드러지게 나타난다. 정형화되고 표준화된 여성의 아름다움에 대한 요구는 '미 이데올로기'로 정착되며 여성의 미의식과 일상생활까지 통제한다. 한 예로 날씬함은 성공의 필수조건이고 그것은 여성의 육체에 대한 자기감시와 자기교정의 기준이 되고 있다.

여기에서 우리는 현대 미 이데올로기와 전통적인 남성의 여성관의 상관관계를 주목할 필요가 있다. 남성들은 지금도 여성 육체의 주인인 자신들의 권리를 포기하지 않고 있다. 여성의 육체를 대상화하고 볼거리로 삼으면서 동시에 여성의 미적 욕구를 이용해 소비대상으로 공략하고 있다. 육체의 상품화와 물화(物化) 현상이 여성에게 많이 일어나는 이유가 바로 여기에 있다.

  이런 현상의 가속화는 여성 자신들에게도 기인한다. 경쟁 사회에서 살아 남기 위해서 직업여성들은 남성의 미적, 선정적 요구를 받아들이는 것이 우리의 현실이다. 능력이 뛰어난 여성도 자신의 아름다움을 성공의 수단으로 삼는 경우가 많다. 자본주의 사회에서 자신을 상품대상으로 비싼 값에 파는 방법을 이미 터득해서 나름대로의 생존논리를 펴는 여성은 자본의 원리를 더욱 밀고 나간다. 아름다움의 원리는 육체의 모든 구체적인 가치, 즉 에너지적, 동작적, 성적 '사용가치'를 유일한 기능적 '교환가치'로 환원하는 것이다.[22] 따라서 여성의 아름다운 육체는 남자들과의 경쟁에서 이길 수 있는 훌륭한 자본으로서의 가치를 지니며, 결국 경제적인 이윤을 끌어낼 수 있다는 점에서 유효한 투자 대상이 된다. 요약하면 현대 여성의 육체는 주체의 자율적인 목적성에 따라서 투자되는 것이 아니라, 자본주의적 투자와 이윤의 효율성에 의해서 그리고 생산/소비의 원리에 적합한 도구성에 의해서 투자되고 있다.

  따라서 최근 여성들의 '몸 만들기'의 열풍은 단순히 개인의 육체 나르시시즘적 욕망이 아니며, 사회적, 문화적, 이데올로기적 효과들이 함께 관여된 것이다. 그것은 남성중심적 사회 속에서 자리찾기를 위한 여성 자신의 주체성의 포기임과 동시에 기존 질서에 타협한 종속과 나약함의 상징이기도 하다. 그리고 사회가 여성의 아름다움을 능력보다 더 우선시하는 한, 여성의 부자연스러운 멋내기는 계속될 것이다.

---

[22] 장 보드리야르, ibid, p.196.

3) 똑같은 얼굴, 똑같은 웃음

거리를 나가보면 꼭같은 얼굴, 꼭같은 옷차림, 꼭같은 몸매의 여성들과 자주 마주친다. 이런 여성들이 보여주는 몰개성의 유행은 이 시대 여성의 육체가 점하고 있는 사회적, 문화적 지위를 적나라하게 보여준다. 왜 현대 한국여성들은 이런 행태를 보이는가? 대량생산은 모든 여성을 획일화되고 정형화된 미(美)의 유형 속에 가둔다. 개성을 강조하는 시대에 우리가 더 똑같아진다는 것은 지나친 아이러니가 아닐 수 없다.

아름다움을 표현하려는 여성의 욕구는 지극히 자연스럽고 건강한 욕구이다. 그 욕구를 자유롭게 실현할 수 있을 때, 여성의 육체는 개인의 만족을 넘어서 푸코가 말하는 기존의 문화에 저항하는 수단으로 기능할 수 있다. 그러나 사실상 우리의 건전한 욕구는 자본과 대중매체가 만들어내는 '멋'이라 총칭되는 상품에 농락당하고 있다. 애초에 여성이 지닌 다양한 미적 욕구와 미의식은 획일적인 요구와 기준에 종속당한다. 우리가 어떤 아름다움을 느끼기 전에 먼저 상품이 개발되고 여성잡지나 여타 대중매체는 이를 재빨리 광고한다. 자본과 매체의 결합으로 여성은 자기 고유의 아름다움을 창조하거나 선택하기가 어렵게 되었고, 여성의 창조적인 멋내기가 지니는 긍정적인 기능은 사라져버렸다. 개인의 내부에서 우러나오는 독창적인 미의 창출은 기대하기 어렵게 되었고, 기껏해야 우리는 외부에서 정형화된 취향을 우리 육체 위에 나열하고 조합할 뿐이다. 미에 관한 과도한 규격화는 자본주의의 대량생산, 소비문화, 대중문화라는 연쇄고리 안에서 짜맞추어진다. 그리고 자본주의의 무한한 이윤추구라는 속성은 여성들의 실제 삶과 동떨어진 미의 허상들을 만들어 여성의 정력과 시간을 낭비하도록 부추긴다.

　미의 획일화의 문제에서 반드시 짚고 넘어가야 할 것이 있다. 그것은 우리의 결핍된 주체성의 문제이다. 현대 한국여성의 미의 기준은 서구의 미이다. 서구의 미는 더 나아가 미의 지향점이 되고 있다. 머리의 염색부터 시작해서 큰 눈과 높은 콧대를 연출하는 화장법, 하체를 길어보이게 하는 옷, 높은 굽의 구두, 작은 얼굴과 풍만한 가슴과 긴 팔다리를 한 팔등신의 체형, 한 마디로 말해 우리의 몸은 머리 끝에서 발 끝까지 서구화가 이루어 지고 있다. 우리는 스스로 자문해보아야 한다. 동양에는 미인이 없었는가? 과연 동양의 미는 시대에 뒤떨어지는 것인가? 여러분은 동양 미인의 얼굴을 머리 속에서 얼마나 구체적으로 그려낼 수 있는가? 우리는 우리의 미를 잊어가고 있다. 우리를 잃어가고 있는 것이다. 마음의 창인 눈까지 푸른색이나 회색의 렌즈로 갈아채우는 우리는 과연 누구인가?

　진정한 미의식은 확고한 자기 정체성에서 비롯된다. 앞에서 살펴본 바와 같이, 육체를 관리하는 방식이 점차로 전문화되고 세분화됨에 따라 이제는 육체의 자유로운 변형까지도 가능한 단계에까지 이르게 되었다. 그리고 우리 시대에 와서 이렇게 자신의 육체를 새롭게 변형시키려는 욕망이 상당 부분 현실적 가능성을 보장받는다는 것을 고려할 때, 이런 육체 변형은 직·간접적으로 주체의 정체성의 형성에 영향을 줄 것이라고 짐작할 수 있다. 주체의식이 단지 관념의 체계가 아니라면, 외부의 물질 세계의 직접적인 통로가 되는 육체는 주체의식을 구성하는 하나의 중요한 요소일 것이다. 그러므로 육체변형의 일반적인 방향은 주체성의 형성과 밀접한 관련을 맺고 있으며, 그것은 물질적인 장치들로 이루어진 다양한 사회제도들과 이데올로기 안에서 결정된다. 따라서 획일화와 서구화로 특징지워지는 현재 우리의 미의식은 우리 주체성의 결핍을 보여주는 단적인 증거가 될 것이다.

4. 맺는 말 : 새로운 시각을 기대하며

역사적으로 볼 때, 지금까지 여성과 육체가 예속 상태에 놓여 있다는 관념에서, 여성의 해방과 육체의 해방은 긴밀하게 연관되어져 왔다. 즉 여성의 해방은 곧 육체의 해방이었다. 지금 일부 여성운동에서 일고 있는 육체의 해방 역시 이런 사고를 잘 반영해 준다. 그렇지만 이런 해방운동에 있어서도 '여성은 곧 육체'라는 통념은 오늘날에 와서도 조금도 극복되지 않고 있다. 다시 말하자면, 육체의 해방을 통해 불평등한 성으로부터 해방되는 듯하지만, 실상은 이 통념은 극복되기는커녕 자본주의 소비문화 속에서 갖가지 형태로 점차 더 고착화되고 있다. 그것은 육체해방을 통한 여성해방이 진행됨에 따라, 여성이 자신을 육체 그 자체로 잘못 아는 경향이 점차 심해지기 때문이다. 표면적으로 육체로만 해방된 여성이 자신을 역시 표면적으로만 해방된 육체와 혼동하는 것이다. 따라서 진정한 여성해방은 우선 여성 자신의 전면적인 의식의 전환에서 비롯되어야 한다.

이제 더 이상 타자의식은 여성의 전유물일 수 없다. 왜 여성은 남성과의 관계 속에서만 의미지워지는가? 왜 언제나 남성은 감상하는 '주체'이고 여성은 보여지는 '객체'인가? 지금까지 여성은 자기 육체와 그 육체의 아름다움을 자신의 고유한 시선으로 보지 못했다. 자신의 육체가 세계 속에서 직접 습득한 감각적인 경험 그리고 고유한 성욕으로 자기 자신을 느끼거나 표현하지 못했다. 여성이 거울을 통해 자기를 들여다 볼 때조차 남성의 시선이 작용하는 현실 속에서,

여성은 자기의 아름다움에 대한 모든 확신을 남성의 인정에 내맡겨 버렸다.

그런데 왜 남성은 여성의 시선을 의식하지 않는가? 분명 타자의 식은 고대로부터 지금까지 여성에게만 강요된 형식으로 남아 있다. 남성은 본질적인 존재, 완전한 인간, 인간의 대표로 자부해 왔다. 이런 주체의식은 남성의 우월한 의식을 대표했다. 그러나 남성은 전체의 일부이고 그가 존재하기 위해서는 다른 일부가 필요하다. 그는 여성과 마찬가지로 '전부가 아닌 존재'이다. 그런데 여성에게서는 전부가 아닌 존재라는 의식이 너무나 뚜렷해서 과장되었고, 남성에게서는 '전부인 존재'라는 의식이 잘못된 관념으로 확대되었다. 특히 육체에 대한 관념에 있어서 이런 현상은 더욱 두드러진다.

감상하는 권리가 우선되는 남성의 본능과 보여줄 의무에 사로잡혀 있는 여성의 본능, 이런 '본능의 이분화'는 이제 통합되어야 한다. 이성에게 아름답게 보이고 싶고 그렇게 보임으로 이성을 끌어당기고 싶은 욕구는 인간의 자연스러운 본능이다. 그리고 이성의 시선에 비친 자신의 아름다운 모습에서 자기만족을 느끼는 것 또한 건강한 욕구이다. 그러나 여성에게 있어 이런 건강한 욕구의 이면에 또 다른 의미, 즉 소극성, 부정성, 결여성, 대상성 등의 요소가 있다는 사실을 간과해서는 안된다. 이제 우리는 이런 그릇된 관념에 대한 각성을 통해 나의 미의식에 새로운 전기를 마련해야 된다. 나는 남에게 보여주기 위한 존재가 아니라 당당한 하나의 주체이며 새로운 미의 창조자이다. 이런 의식이 결여된 멋내기는 실체를 잃어버린 허상과 같은 것이다.

대상으로서 보여주기 위한 아름다움보다는 주체로서 만족하기 위한 아름다움이 우선되어야 하는 이유가 여기에 있다. 자기만족은 모든 아름다움 추구의 기본요소이다. 물론 타자를 의식한다는 것은 인간에게 너무나 당연한 일이며, 세계 속에서 '타자'와의 직접 대면이 없이는 자기 자신을 '주체'로서 파악할 수 없다. 그러나 나의 존재는 타인에 의해서 보여지는 존재이기 이전에, 나의 시선으로 세계와 타자를 판독하는 주체로서의 존재가 더 중요하다. 여성의 미의식의 발전과정은 바로 이런 주체로서의 내가 결여된 상태에서의 전개였으며, 현재 우리의 시대에는 소비자본주의의 상품화의 거센 물결 속에서 개성이 매몰되는 방향으로 더욱 나아가고 있다. 우리 여성들은 우리의 미의식의 저변에 깔려 있는 불평등한 역사의 긴 잔재와 그 본질을 정확히 간파해야 한다. 그래서 우리는 당당한 미의 주체로서 남성이 만들어 놓은 보이지 않는 미의 굴레를 벗어나야 하며, 또한 우리의 시대가 강요하는 일률적이고 획일화된 미를 거부해야 한다.

그리고 다른 한편으로, 아름다움의 문제에 대해 긍정적인 측면을 살피고 그것을 여성에 대해서만이 아니라 남성도 함께 공유해야 할 문제로 생각하는 의식의 전환이 필요하다. 이제 남녀 모두에게 아름다움을 창조하는 기쁨과 이성(異性)을 통해 그것을 감상하는 기쁨이 평등하게 이루어져야 한다. 남성들이 아름다운 여성을 보며 미적 쾌감을 느낀다면 그리고 그런 기쁨을 요구하려면, 그 역도 정당화되어야 한다. 여성들도 역시 아름다운 남성을 보며 같은 미적 즐거움을 누릴 권리가 마땅히 있는 것이다. 여성은 그 권리를 잊거나 포기할 이유가 없으며, 남성은 자신들이 여성에 대해 아름다움을 감상하는 요구를 하기 위해서는 여성의 동일한 요구를 채워줄 똑같은 의무가 있다. 그런데 우리 주위를 살펴보라. 외모에 전혀 신경을 쓰지 않는 추한 모습의 남성들은, 그것이 마치 남성의 특권인 양 자신의 게으름과 미적 무지함을 자각하지 못한다. 반면에 그런 남자들 주변에는 미 불감증에 걸린 여성들이 오로지 자신의 외모를 가꾸기에만 전념하고 있다.

여성들은 오랫동안 아름답게 보일 것을 불쾌하게 요구하는 남성들의 여성의 멋내기에 대한 지겨운 지적과 묘사에 시달려 왔다. 그러나 그런 간섭을 끊임없이 해대는 남성들은 정작 여성에게 아름답게 보이려는 노력을 하지 않는다. 이런 비대칭적인 멋내기와 여성만을 지나치게 겨냥하고 자극하는 오늘날의 아름다움의 상품화는 남녀의 불평등한 성관계를 심화시키고 있다.

아름다움을 사랑하는 여성들이여, 이제 남성 위주의 왜곡된 성의식이 주도하는 멋내기에 종속되지 말고, 이전의 전통적인 관념 속에서 관성적인 멋내기를 하지도 말며, 성차별의 얼룩진 산물이자 종속과 나약함의 상징인 여성의 멋내기를 배격한다고 하여 우리의 타고난 미감까지 거부하지도 말라. 이제 당당히 남성의 시선을 경유하지 않은 우리의 눈, 우리의 독자적인 미의식을 창조하자. 아울러 미적으로 무지한 남성들을 일깨워 추함은 상대에게 불쾌감을 준다는 것을, 그리고 우리의 시각적 쾌감을 만족시키는 법을 가르쳐 주자. 보고 보여주고, 느끼고 느끼게 하는 요구들이 양쪽 성에서 공평하게 표현되는 사회, 미의 획일화에 휩쓸리지 않고 자신의 독창적인 아름다움을 추구하는 여성, 또한 자기의 외적 매력을 계발하여 여자 동료를 설레이게 하는 남성을 기대하며, 내일은 더욱 아름다워진 그와 그녀를 보고 싶다.

외설과 에로티시즘의 경계
― 현대시를 중심으로

정 순 진

1. 들어가며

　90년대 들어와 성담론이 눈에 띄게 많아졌다. 이것은 우리를 둘러싼 사회 문화적인 지형도가 달라졌다는 사실을 알리는 신호이다. 오랫동안 우리 사회는 성을 공식적인 담론으로 끌어내지 못하였다. 비공식적인 자리에서 은밀하게 즐기는 음담패설로만 이야기되던 성을 공적 담론으로 끌어낸 기폭제가 된 사건은 성갈등을 이유로 재산분할청구 소송을 낸 '95년 5월의 한 이혼소송이었다. 법원은 "부부관계의 횟수보다 서로의 조화가 중요한 일이지만 잠자리를 소홀히 함으로써 결국 혼인 생활이 파탄에 이른 만큼 두 사람은 이혼하고 남편은 부인에게 3천만 원을 지급하라."고 판결했다.
　이 사건 이후 각계 각층에서 성문제에 대한 활발한 토론이 벌어졌고, 정신신경과나 비뇨기과의 성상담은 물론 신문을 비롯한 각종 인쇄물에서도 성상담이 이루어지고, 건강을 이유로 성에 대한 정보가 쏟아져 나왔다. TV 드라마, 영화, 연극, 소설, 광고에 이르기까지 선정성 경쟁이라도 하듯 성애장면을 다루면서 마치 봇물이라도 터진 듯 성담론이 이루어졌다. 이와 때를 같이하여 이재경의 『주부가 쓴 성이야기』, 양은영의 『아줌마는 야하면 안되나요』 등 주부들이 성문제를 이야기하는 책을 내기도 했다. 그러나 이러한 사회 분위기는 남성들에게는 변강쇠 콤플렉스라 이름 붙여질 정도로 정력에 광적으로 집착하는 현상으로 영향을 미치고, 섹스 산업계에는 섹스용품점의 공공연한 영업, 영계라는 이름으로 미성년자를 어릴수록 환영받는 성상품으로 만들기도 했다. 거기에서 더 나아가 올해 우리 사회에서는 청소년들이 이미 만들어진 포르노를 보는 것에 그치지 않고 급기야 중학생들이 포르노를 만든 충격적인 사건까지 발생하였다.

한편 사법당국은 마광수의 『즐거운 사라』에 이어 장정일의 『내게 거짓말을 해봐』에 나타난 외설성을 문제삼아 사법조치를 취했고 이현세의 만화 『천국의 신화』에 대한 음란성 여부를 조사하기도 했으니 성에 대한 태도는 서로 다른 방향으로 치닫고 있는 실정이다. 이러한 모든 현상으로 볼 때 이제 성은 사람들에게 가장 일상적인 행위이며 관심있는 일이며 우리 사회와 문화를 이해하는 필수적인 관건이 되어 버렸다.

이 글은 일상적으로는 누구나 성을 마음껏 향유하는 것 같은 환상을 만들어내고 있으면서도 법적으로는 예술작품에 대하여 외설과 음란을 문제삼는 현재 우리 사회에서 외설과 에로티시즘의 경계가 무엇인지를 고찰하려는 데에 목적이 있다. 이를 위해 성을 다루고 있는 현대시의 긍정적인 가치를 기술한 다음 매매춘 여성을 소재로 한 남성 시인과 여성 시인의 시를 비교하면서 그 상상력에 성차는 없는지 밝혀보고자 한다. 그리고 진정한 의미의 에로티시즘을 위해 여성의 성적 주체성의 현재 수준을 여성 시인의 시를 통해 확인하고자 한다.

2. 성(Sexuality)과 에로티시즘

성이 문제시되기 시작한 것은 서구의 경우 19세기말 성과학과 정신분석이 대두되면서부터이다. 특히 프로이트[1]는 성적인 것을 인간형성의 핵심에 놓아 성적 정체성과 성차를 이론화했다. 프로이트는 본능을 삶의 본능인 에로스와 죽음의 본능인 타나토스로 나누고 성본능은 에로스에 속한다고 보았다. 프로이트는 성본능은 개인을 사회와 결합시키는 성격을 가지고도 있지만 반면 서로 사랑하는 사람들끼리만 충분히 만족하는, 배타적이고 비사회적인 성격을 동시에 가지고 있다고 보았다. 그렇기 때문에 문명은 사회적 조직을 통해 성본능을 생식기적 성욕에 국한시키며 이 배타성이 일부일처제의 원천이 되고 있다고 말해 성의 생물학적, 사회문화적 영역에 대한 논란을 불러일으켰다. 프로이트는 후기 저작에서 에로스를 생명이 지속되고 더 높은 발전이 이룩되도록 살아있는 실체를 더 큰 단위로 형성하려는 것이라고 정의함으로써 생물학적인 충동이 문화적인 충동이 된다고 말하며 본능이라고 생각하는 성이 사실은 사회문화적 개념이라는 것을 알려준다. 한편 성욕이 부분적으로는 상상과 대리행위에 의해 충족된다는 그의 이론은 문학과 예술의 여러 측면에 흥미있는 시사점을 던져 주었다.

마르쿠제[2]는 프로이드의 이론에서 출발하고 있으나 인간의 성이

---

[1] S. 프로이드, C. S. 홀, R. 오스본 지음, 설영환 옮김, 프로이드 심리학 해설, 김영사, 1993. 참조.
[2] 마르쿠제, 김인환 역, 에로스와 문명, 나남출판사, 1989. 참조.

성기중심적으로 국소화되는 것은 생물학적 필연성이 아니라 문화적이고 사회적 산물이며 특정한 지배를 위한 목적으로 인간의 성을 축소시킨 것이라고 말한다. 따라서 그는 인간의 본능적 성 에너지는 직접적인 성감대를 넘어서서 보다 넓은 영역으로 자기 초월을 시도한다는 점에서 동물과 다르다는 점에 주목한다. 이렇게 승화된 에로스적 에너지의 만족 영역은 성애나 성교에 국한되는 것이 아니라 보다 넓은 차원으로 확산되어, 인간의 동지적 결속, 공동체적 유대감까지도 연장될 수 있다고 보았다.

푸코[3]는 프로이트나 마르쿠제와는 달리 성을 권력의 문제와 결부시키고 있다. 후기산업사회는 폭력에 의해 권력을 행사하는 사회가 아니라 성적 욕망을 확산시킴으로써 권력을 행사하고 대중을 통제하는 사회라고 말한다. 이때 권력은 육체와 성을 단순히 억압하고 은폐하는 것이 아니라 끊임없이 육체와 성을 관리하고 통제하며 지속적으로 그에 관한 지식을 생산하고 담론을 증가시키며 쾌락을 유도한다고 말한다. 그는 성의 사회적 구성이 권력에 기초한 것임을 주장해 성에 대한 새로운 시각을 열었다.

시에서 성은 관능적인 이미지와 에로스적 상상력으로 형상화되거나 직접적으로 성행위를 묘사하거나 진술하는 방식으로 나타난다. 성애를 지나치게 묘사한 에로티시즘을 외설이라 부르지만 외설의 형식까지 포함해 에로티시즘은 도덕을 내걸고 지배계층의 미학과 담론의 뒤로 몸을 숨기는 권력의 치부를 겨냥한다. 권력은 성을 에로티시즘과 외설로 이분화시켜 이중구조 안에 가둔다. 하지만 권력을 비판하기 위해, 권력의 간섭으로 잃어버린 부분을 회복하기 위해, 인간의 건강성을 회복하기 위해, 에로티시즘은 지배세력이 금기시하는

---

[3] 미셸 푸코, 박정자 역, 성은 억압되었는가, 도서출판 인간, 1979.

표현으로 성을 다룬다.

바타이유4)는 에로티즘은 아기나 생식 등 자연 본래의 목적과는 별개의 심리적 추구라고 정의한다. 금기를 어기려는 충동과, 금기의 밑바닥에 깔려 있는 고뇌를 동시에 느낄 때 비로소 에로티즘의 내적 체험은 가능해진다는 것이다. 즉, 에로티즘은 위반을 통해 자신의 한계를 극복함으로써 신성에 도달하고자 하는 인간의 욕구로, 금기를 위반하는 형식으로 나타난다고 한다.

그러면 성을 다루고 있는 현대시가 기존 사회의 어떤 금기를 깨뜨려 비판하고 있는 것인지 그 긍정적 의미를 기술해 보자.

> 따서 먹으면 자는 듯이 죽는다는
> 붉은 꽃밭새이 길이 있어
>
> 핫슈 먹은 듯 취해 나자빠진
> 능구렝이같은 등어릿길로,
> 님은 다라나며 나를 부르고…
>
> 强한 향기로 흐르는 코피
> 두손에 받으며 나는 쫓느니
>
> 밤처럼 고요한 끓른 대낮에
> 우리 둘이는 웬몸이 달어…
>
> ─서정주의 「대낮」전문

서정주의 「대낮」은 관능적이다. 시어가 모두 성애와 관련되어 있으면서도 직접적으로 성관계를 드러내지는 않는다. '따서 먹으면 자

---

4) 죠르쥬 바따이유, 조한경 옮김, 에로티즘, 민음사, 1989, pp.9-58 참조.

는 듯이 죽는다는', '핫슈 먹은 듯 취해 나자빠진'은 죽음, 혹은 죽음과 비슷한 것까지 경험하게 하는 에로티시즘의 본질을 연상시킨다. 성행위는 대상을 범하는, 그래서 존재의 가장 깊은 부분을 건드려 와해시키는, 죽음에 가까운 행위5)인 것이다. 이 시에서 '붉은 꽃밭 새이 길'과 '능구렝이같은 등어릿길'의 두 '길'은 여성과 남성의 성기를 암시하기도 한다. 여기에 '다라나며' 부르는 '님'과 '코피'를 받으며 쫓는 '나'는 유혹하지 않는 듯 유혹하는 여성과 그에 강하게 반응하는 남성을 상상하게 한다. 이때 '强한 향기로 흐르는 코피'는 '폭력에 대한 공포와 관계하는 금기6)'로 작용한다. '밤처럼 고요한'은 시의 주체가 되어 있는 '우리'가 하려는 일이 흔히 말하는 '밤일'임을 암시하고 '끌른 대낮'은 관능과 흥분에 들뜬 시적 화자의 감정의 상태를 상상하게 한다. 거기에 '웬몸이 달어...'의 생략은 실제 성행위를 묘사한 것보다 더 풍부한 상상을 끌어낸다.

  이 시의 성은 건강하다. 이런 건강한 성은 당시 문단에 유행하던 모더니즘의 문명 지향과 도시 지향을 비판하는 성격을 띤다. 또한 이런 야성적 생명력의 추구는 당대의 억압적 상황에 대항하는 한 형식으로 해석할 수도 있다. 그때까지 한국의 현대시에는 한 편의 시에 부분적으로 관능적인 표현이 있는 시들은 있었지만 전편이 관능적인 생명력으로 충만해 있는 것은 처음이어서 시단에 싱싱한 충격을 주었다. 이외에도 『花蛇集』에 실린 몇 편의 시에 드러난 관능적 이미지는 강력한 에로스적 상상력으로 건강한 생명력을 추구하고 있다. 지배계층의 권위 있는 담론이 금기시하는 성적 표현을 드러낸다는 것은 피지배계층의 욕망과 본능의 다양성을 드러내는 방편으로, 현실의 여러 모순을 비판하는 기능을 수행한다. 특히 이 시가

---

5) 같은 책, P.17 인용.
6) 같은 책, P.58 인용.

발표된 시기의 지배계층이 누구인가를 생각한다면 이 시에 또다른 의미를 부여할 수도 있다.

80년대 이후 우리 시에는 관능적 이미지나 에로스적 상상력이 아니라 성을 직접적으로 묘사하거나 진술하는 시들이 많아졌다. 그 중 황지우의 시를 읽어보자.

> 최근 그는 머리가 벗겨진다. 배가 나오고, 그리고 최근 그는 피혁의류 수출부 차장이 되었다. 간밤에도 그는 외국 바이어들을 만났고, "그년"들을 대주고 그도 "그년들 중의 한 년"의 그것을 주물럭거리고 집으로 와서 또 아내의 그것을 더욱 힘차게, 더욱 전투적이고 더욱 야만적으로, 주물러주었다. 이것은 그의 수법이다. 이 수법을 보성물산주식회사 차장 장만섭씨의 아내 김민자씨(31세, 주부, 강남구 반포동 주공아파트 11325동 5502호)가 낌새챌 리 없지만, 혹은 챘으면서도 모른 체해 주는 김민자씨의 한 수 위인 수법에 그의 그것이, 그가 즐겨 쓰는 말로, "갸꾸로, 물린 것"인지도 모르지만, 그가 그의 아내의 배 위에서, "그년"과 놀아난 "표"를 지우려 하면 할수록, 보성물산주식회사 차장 장만섭씨는 영동의 룸쌀롱 "겨울바다"(제목이 참 고상하지. 시적이야. 그지?)의 미스 崔가 챈가 하는 "그년"을 더욱더 실감으로 만지고 있는 것이다.
> ─「徐伐, 셔블, 셔블, 서울, SEOUL」에서

황지우의 시는 김수영의 「性」을 연상시키지만 더 확대되어 있다. 김수영의 「性」은 일탈된 성만을 다루지만 황지우는 타락한 성과 함께 오락화된 폭력을 다루고 있다. 성 부분만을 논의해 보면 인용 부분에서는 성을 끼워 팔아 이룩한 수출 지상주의적 경제정책의 허위성, 도구화되고 왜곡된 성문화. 부부끼리건 상품화된 성이건 교감이라고는 전혀 없는 속화된 성, 산업화된 성문화를 욕설과 비속어를 씀으로써 비판적으로 재현하고 있다. 폭력으로 정권을 잡은 독재정권들이 택한 3S 정책이 천민자본주의와 결합하면서 물화되고 속화된 성은 시의 앞부분에 나와있는 것처럼 CM을 통해 우리를 세뇌시킬 정도로 반복되는 일상이다. 시에서 괄호 안에 들어 있는 부분은 시적 화자의 목소리가 아니라 내포 작가의 목소리이다. 내포 작가는 내포 독자에게 이런 질문을 던짐으로써 독자가 시적 화자의 체험에 거리를 두어, 동일시하지 않고 비판하도록 유도한다.

성적 표현은 권위적이고 지배적인 담론에 저항하는 언술이다. 민중의 언어인 욕설과 성적 표현은 지배적인 담론의 금기를 위반하는 것이다. 그러나 이 시에서 그런 욕설이나 성적 표현을 하는 주체는 남성이다. 아내와 하는 성이건, 상품화된 성을 소비하는 것이건 이 시에서 이야기되는 성은 남성만이 주체가 된 성경험이다. 즉, 타락한 성을 통해 권력의 치부를 비판하고는 있지만 철저하게 남성중심적인 시각으로 재현하고 있다.

> 한 부부가 염라대왕 앞에 갔단다
> 염라대왕이 부부를 각각 따로 떼어 놓고
> 자신이 몇 번 간음했는가 절대
> 비밀로 할 테니 말하라고 했고
> 그리고 간음 한 번에 팔뚝에 한 땀씩
> 바느질을 하는 벌을 주기로 했다
>
> 남편은 딱 두 번이라고 고백하고
> 아얏! 두 번 꼬맸다
>
> 다 꼬매고 남편이 아내는 왜 아직 안 오나 몰래 보니
> 아내는 들들들 재봉틀로 누비를 당하고 있었다나
> ─김영승의 「반성 810」에서

김영승은 사적인 자리에서 이야기되는 외설담을 시 속에 전언의 형식으로 삽입하고 있다. 물론 의도하는 것은 자신의 간음을 고백하며 이렇게 부정적이고 자조적으로 살 수밖에 없는 시대와 그 시대를 사는 인간 모두를 반성하고 있는 것이지만 역시 남성의 입장에 서 있다. 또한 시 속에 삽입한 외설담은 성이 이루어지는 현실을 의도적으로 뒤집고 비틀어 여성의 성적 타락을 더더욱 부각시키며 남성들에게 안도와 위안의 웃음을 유발하게 한다. 물론 개인적으로 성적 욕구가 더 강한 여성이 있을 수는 있지만 현실적으로 남편 있는 여자가 재봉틀로 누비를 당할 정도로 간음한다는 이야기는 남성들이 만들고, 남성들끼리 즐기는 음담패설일 뿐이다. 김영승은 이 시에서 자신의 부정적 실존을 반성하는 근거로 어머니의 정확하지 않은 말투를 꼬투리로 어머니의 성생활을 상상하고, 이 외설담을 삽입하고, 자신의 간음 사실을 고백한다. 이 불경스러움이 물론 금기 뒤로 숨은 권위적인 언술의 치부를 드러내기 위한 것이라고는 하지만 지극히 남성중심적이라는 사실만은 지적하지 않을 수 없다.

    잡년아 어제는
    미친년 고쟁이로 펄럭이는 히노마루 깔고
    쪽바리 왜바리 좆대강이 빨더니
    아이고 무서워 아이고 무서워
    월남이라 망국사 못읽게 하더니
    잡년아 오늘은
    피묻은 고쟁이로 펄럭이는 성조기 깔고
    흰둥이 깜둥이 좆대강이 빨더니
    아이고 무서워 아이고 무서워
    베트남이라 해방사 못읽게 하더니
    내일은 또 누구의 것 빨면서

무슨 책 못읽게 할려나 잡년아 썩을년아
—김남주의 「전후 36년사」 전문

위 시는 성이 권력의 결과임을 극명하게 보여준다. 성이 개인적인 취향이나 선택의 문제만이 아니고 권력의 문제임은 주지의 사실이다. 그 단적인 예는 전쟁에서 강간을 필연적인 부산물로 파악하는 태도이다. 이때 강간은 약탈과 마찬가지로 공공정책의 결과이다. 물론 이 시에서 비속어와 욕설로 성을 표현하는 것은 참담한 우리의 역사를 드러내고자 하는 것이다. 하지만 실제 참혹한 역사의 희생이 된 것도 여성인데 마치 그 일이 여성이 자발적으로 원하여 이루어진 일이라도 되는 양 여성의 의사로 이루어진 것이 아닌 성관계를 적나라하게 드러내면서 그 책임을 여성에게만 묻고 있는 시인의 태도는 편향적이다. 구조적인 문제는 접어둔 채 충격적인 현상만 밝히는 것은 정당하지도 않고 진실을 밝히려는 태도도 아니다.

위에서 예로 든 몇 편의 시에서 본 것처럼 "시적 에로티시즘은 정치적 억압을 성억압으로 치환하여 이로부터 벗어나려는 욕망을 객관화시키는 해방 이데올로기7)"라는 지적은 일면 타당하다. 그러나 그럼에도 불구하고 관능적인 이미지로 충만한 생명력을 노래한 서정주의 시를 제외하고는 모두 남성만이 주체가 된 성경험을 남성의 입장에서 말하고 있음을 확인할 수 있었다. 이 사실은 성적 담론 자체가 권력의 산물이라서 성차를 극복하지 못한 에로티시즘은 긍정적인 일면이 있음에도 불구하고 남성이라는 지배계급의 언술일 뿐이고, 그 안에는 남성중심적 허위의식이 포함되어 있음을 증거하는 것이다.

---

7) 송희복, '시와 에로티시즘', 현대시, 1994. 11월호, P.33 인용.

3. 성에 대한 성차별적 신화

 그리스 신화나 성경을 보면 여성의 성에 대해 공포심을 가지고, 여성의 성을 통제하고 있음을 알 수 있다. 그리스 신화에서 헤라클레스는 여성에게 빠졌기 때문에 파멸되었고, 성경에서 삼손도 데릴라의 유혹에 빠져 힘을 잃게 된다. 이것은 여성의 강렬한 성적 욕망과 성적 능력이 남성을 파괴할 것이라는 생각을 드러내는 것이다. 중국이나 우리나라의 전통에도 남자가 힘을 보유해야 할 필요가 있을 때에는 성관계를 갖지 못하게 하였다. 이런 사고는 삼국유사에서 선덕여왕의 슬기를 이야기할 때도 나타난다. 여왕은 백제병사가 여근곡에 숨어있음을 아는 지혜와 더불어 신라군이 백제군을 섬멸할 것임도 예언하는데 그 자리에서 여왕은 여근은 남근을 삼켜버리니 어찌 남근이 살아남겠느냐는 말을 한다. 남성이 여성을 먹는 것이 아니라 여성이 남성을 삼킨다는 사고가 신라시대에만 해도 있었던 것이다.
 성에 대한 성차별적 신화는 가부장제 사회가 공고하게 확립되어 가면서 형성되고, 유포되어, 믿음이 되었다. 그것은 남성의 성은 본래적으로 충동적이고 자제할 수 없을 만큼 강하고, 여성은 선천적으로 성에 대한 관심이나 욕구가 없는 존재라는 신화였다. 이 신화에 근거하여 가부장제 사회는 남성의 성적 수행능력을 남자다움의 중요한 지표로 삼고, 여자다움의 지표로는 성욕이 전혀 없는 것처럼 보이는 것, 즉 순결을 내세웠다. 그리고 남성과 여성 사이의 이 모순을 해결하기 위해 남성의 성은 생식을 위한 성과 쾌락을 위한 성으로 분리하고, 여성은 순결한 여성과 음탕한 여성으로 이분하였다.

생식을 위해서는 순결한 여성을 대상으로 하고 아내라는 지위를 주었으며, 쾌락을 위해서는 축첩과 매음제도를 만들었다. 즉, 과대하게 조장되고 강화된 남성들의 성욕을 위해 축첩과 매음제도를 만들어 놓고도 그 여성들을 음탕하다고 규정하고 천대하였던 것이다.

이런 성차별적 성의 신화를 남성의 입장에서 극단화할 때 포르노가 출현하게 된다. 남성적 에로티시즘은 지칠 줄 모르는 성적 능력과 욕망을 소유하고 모든 여성을 대상화하고 싶어한다. 포르노는 이 환상을 충족시키기 위해 남근은 더 크고 강하게, 시간은 더 길게, 대상과 쾌감은 더 많게 극단화시킨다. 때문에 포르노는 성차별적 성의 신화가 도달하는 당연한 귀착지이다. 이렇게 본다면 "포르노를 소비하는 남성관객들의 (지배적인) 경험은 환상도, 모방도, 카타르시스도 아닌 성적 현실이다. 그것은 섹스 자체가 대부분 이루어지는 현실이다. 여기서 성적 대상을 소유하고 소비하는 쪽은 사회적으로 구성된 남성의 성욕이고 성적 대상으로 소비되고 소유당하는 쪽은 사회적으로 구성된 여성의 성욕이다. 포르노는 성적 대상을 이렇게 구성하는 과정이다.8)"

성 차별적 성의 신화를 유지하는 사회제도인 매매춘에 종사하는 여성을 두고 쓴 남성 시인과 여성 시인의 상상력을 비교해 보자.

> 나이가 마흔이 넘응께
> 이런 징헌 디도 정이 들어라우
> 열여덟 살짜리 처녀가
> 남자가 뭔지도 몰르고 들어와
> 오매, 이십년이 넘었구만이라우.

---

8) 캐서린 맥키논, 이명호 옮김, "포르노, 민권, 언론", 세계의 문학, 1997 봄, P.411 인용.

꼭 돈 땜시 그란달 것도 없이
손님들이 모다 남 같지 않어서
안즉까장 여그를 못 떠나라우.
썩은 몸뚱어리도 좋다고
탐허는 손님들이
인자는 참말로 살붙이 같어라우.

—송기원의 「살붙이」 전문

  늙은 창녀의 고백처럼 들리는 이 시는 그러나 철저하게 남성의 입장에 서있다. 시인의 부드럽고 따뜻한 시선에는 매매춘이 지니고 있는 비인간적인 측면에 대한 고려는 전혀 없다. 싱싱한 몸이 아니라 '썩은' 몸뚱어리도 좋다고 하니까 그 손님들이 살붙이 같다는 진술은 자신을 전혀 주체로 생각해 본 적이 없는 여성의 말이거나 여성을 타자로만 생각하는 남성의 발언이다. 시의 화자인 나이가 마흔쯤 된 창녀는 몸을 사고 파는 일을 하지만 의식은 이 일에서 자유로워 오히려 사는 일이 춥고 허한 사람을 보면 자신을 열어주고 자신도 채워지는 심성의 소유자라서 '꼭 돈 땜시 그란달 것도 없이'라고 독백하고 있다. 그러나 이 말은 남성들이 바라는 환상이거나 허위일 뿐이다. 매매춘은 "영리를 위해서, 또는 영리경영으로서 보상을 전제로 하는 성적 희생[9]"이기 때문이다.

  매매춘이 무엇 때문에 생기고 유지되는지에 대한 인식이 없이 매매춘 여성을 미화하는 일은 여성의 성을 신비화시킬 뿐이다. 매매춘 여성은 인간이 아닌 사물로 존재한다. 자신을 도구로 삼는 인간들과 자신이 단순히 도구가 되는 관계만을 맺을 뿐이다. 그런데 이 시에서는 그녀를 도구로 쓰려고 찾아온 사람과 인간적으로 관계맺는 것

---

9) 막스 베버, 조기준 역, 사회경제사, 삼성출판사, 1977, P.83 인용.

으로 그려져 남성들의 타락과 인간소외를 은폐시키고 있다.
 이 시를 페미니스트의 입장에서 읽자면 자신의 허한 상태를 늙은 창녀를 찾아와 썩은 몸을 탐하면서 풀어야 하는 남성들의 횡포가 두드러지게 드러나 매매춘 행위가 일부 타락한 남성이나 부유층의 현실만이 아니라는 것, 가장 가난하고 소외된 계층이라도 남성은 억압하고 착취할 여성이라는 계층을 소유하고 있음을 극명하게 보여줄 뿐이다. 이 시는 건강, 임신, 육아, 폭력, 정신적 갈등 등 많은 문제에 노출되어 있으면서 아무런 사회의 보호를 받을 수 없고, 성차별 사회에 구조적으로 존재할 수밖에 없는 집단의 문제를 도외시한 채 여성과 모성을 신비화시키고만 있다. 그렇게 짓밟혀도 넉넉한 심성을 가져야만 진정한 여성이라는 이 시의 이데올로기는 여성 억압의 기제일 뿐이다.

> 소금에 절었고 간장에 절었다
> 숏타임 오천원,
> 오늘밤에도 가랑이를 열댓번 벌렸다
> 입에 발린 ××, ×××
> 죽어 널브러진 영자년 푸르딩딩한 옆구리에도 발길질이다
> 그렇다 구제 불능이다
> 죽여도 목숨값 없는 화냥년이다
> 멀쩡 몸뚱아리로 뭐 할 게 없어서
> 그짓이냐고?
> 어이쿠, 이 아저씨 정말 죽여주시네
> ―이연주의 「매음녀 3」전문

 실제 매매춘 여성이었다는 이연주의 이 시는 첫행의 '소금에 절었고 간장에 절었다'만 폭력과 욕설, 모욕으로 얼룩진 매매춘 여성

의 현실을 은유적으로 표현하고, 나머지는 매매춘 여성의 현실을 사실적으로 묘사하고 있다. 이 시에 나타난 여성이 경험하는 성과 송기원의 시에 나타난 여성이 경험하는 성은 판이하다. 이것은 단지 개인차인가, 아니면 성을 바라보는 성차인가?

매매춘 여성의 문제는 사회구조적 차원에서 이해되어야 한다. 가부장적 일부일처제의 모순과 자본주의 경제의 성 상품화, 여성 직업 구조의 모순, 이 사회에 만연한 성차별 현실 위에 존재하는 것이 성의 매매행위이기 때문이다.

성은 인간의 몸과 관련을 맺으며, 쾌락을 위한 흥분과 자극을 동반한다. 그러나 성은 이 두 요소로 완성되는 것이 아니라 쌍방이 소통함으로써 상호 인식이 확산되어야 완성되는 것이다. 프롬이 말하듯[10] 성적 사랑은 두 사람이 하나가 되면서도 각자의 특성을 허용하고 자신의 통합성을 유지하는 것이다. 성차별적 사회에서 이런 성이 이루어지기는 어려운 일일 수밖에 없다. 성적 민주주의를 이룩하기 위해서 남성은 성적 우월주의를 폐지하고, 여성은 성적 주체성을 회복하려는 노력이 요구된다.

4. 여성들의 성적 주체성

여성의 육체와 쾌락은 여성 정체성을 구성하는 기초적 단위이다. 현재 여성들이 어느 정도로 성적 주체성을 가지고 있느냐를 밝히는 일은 상당히 어렵다. 예전처럼 같은 시대를 산다고 모든 여성이 비슷한 삶을 사는 것이 아니라 나이와, 학력, 경제적인 능력, 지역에

---

[10] 에리히 프롬, 황문수 역, 사랑의 기술, 문예출판사, 1988, P.32 인용.

따라 아주 달라지기 때문이다. 이 글에서는 1994년 많은 논란을 불러일으키면서 베스트 셀러가 된 최영미의 『서른, 잔치는 끝났다』와 1996년 출판되어 역시 베스트 셀러 반열에 오른 신현림의 『세기말 블루스』에 나타난 여성의 성적 주체성을 살펴보고자 한다. 이 시집을 대상으로 선택한 것은 다른 여성 시인들의 시보다 이 시집들에 여성의 성적 주체가 되고자 하는 의식이 강하게 나타나 있기 때문이다. 또한 이 시집들이 시집으로서는 드물게 베스트 셀러라는 것도 한 이유가 되었다. 베스트 셀러가 진정한 문학적인 가치가 있느냐의 문제가 제기되는 것도 사실이지만, 일단 많이 팔린다는 것은 많은 독자들에게 수용된다는 사실을 의미하는 것만은 틀림없기 때문이다. 신현림은 시집에 자신의 뒷모습 누드를 싣기도 했는데 자신의 몸에 대한 주체성이 없다면 생각조차 할 수 없는 일이기도 하다.

1) 성관계에 대한 언술

가부장제 사회가 바라는 긍정적인 여성이 순결한 여성이기에 여성은 성관계를 했다는 사실을 말할 수 없었다. 성관계에 대해 말한다는 것은 곧 자신이 더럽혀진 여성, 혹은 음탕한 여성이라는 것을 자처하는 것이기 때문이다. 최영미의 시에는 이런 사회적 문화적 성금기를 위반하고 성관계를 가졌다고 말하는 화자가 등장한다.

>어젯밤
>꿈속에서
>그대와 그것을 했다
>　　　　　　　—최영미의 「꿈 속의 꿈」에서

>살아서 팔딱이던 말들

> 살아서 고프던 몸짓
> 모두 잃고 나는 씹었네
> 입안 가득 고여오는
> 마지막 섹스의 추억
>
> —최영미의 「마지막 섹스의 추억」에서

아주 단순해 보이지만 사회적 불이익을 받을 것이 뻔한 이 사실을 여성이 말해 본 적은 없었다. 그립다거나 기다린다거나 영원히 사랑한다거나 하는 낭만적 사랑이 여성의 몫이라고 인정해 온 사회에서 '하고 싶다'도 아니고 '했다'고 말한다는 것은 커다란 용기를 필요로 한다. 그러면서도 화자는 성을 부정적으로 인식한다. 이것은 우리 사회에서 이루어지는 성관계가 상호이해의 확산으로 완성되는 것이 아님을 암시하고 있는 것이기도 하다. 「꿈 속의 꿈」에서는 '그대에게 가는 마음 한끝'을 '콱!' 깨물어야 하는 현실이 이어지고, 「마지막 섹스의 추억」에서는 '살아서 팔딱이던 말들/살아서 고프던 몸짓'을 모두 잃었다고 고백한다. 성이 삶을 더욱 충만하게 해주는 것이 아니라 살아 있던 말과 몸짓까지 모두 잃어버리게 하는, 삶을 황폐화시키는 기제가 된다는 사실을 추억하는 것이다.

2) 성욕의 인정

성에 대한 성차별적 신화에서도 언급했지만 여성은 선천적으로 성에 대한 관심이나 욕구가 없는 존재로 간주되었다. 그렇기 때문에 여성이, 그것도 미혼 여성이 성욕을 느낀다는 사실을 말하는 것은 그 자체가 금기였다. 그러나 이제는 여성들도 자신의 성욕을 인정하기 시작했다.

올 겨울엔 나도
빨랫줄에 간신히 매달린 흰 치마 같은
금욕의 처절함을 해제하고
이글이글한 정사를 치러볼 것이다

어떻게-----슬픔의 체위를 바꾸면서
어디서-----헤어지지 않을 곳에서
누구랑-----헤어지지 않을 사내랑
왜-----헤실헤실 웃는 아기를 가질까 해서
뭔가 꽉 잡고만 싶어서
　　　　　—신현림의「립스틱과 매니큐어」에서

　이 시에서 여성 화자는 사회의 검열을 통과할 수 있는 '사랑하고 싶다'고 말하는 게 아니라 '정사' 그것도 '이글이글한 정사를 치러볼 것'이라고 공표한다. 그러나 이 시에서 공표되는 성욕은 남성의 성적 상상력과는 다르다. 이 시의 화자가 계획하는 정사는 임신과 결부된 성이기 때문이다. 그리고 '헤어지지 않을 사내랑'이라는 말에서도 가능한 한 여러 대상과 나누는 성을 원하는 남성들의 성적 상상력과는 판이한 여성의 성적 상상력을 볼 수 있다. 사실 쾌락을 위한 성이란 말 자체부터 임신과 출산, 양육에서 자유로운 남성들의 성적 상상력을 대변한다. 프롬은11) 모든 종류의 생산적 사랑에는 다른 사람에 대한 배려와 책임과 존중 그리고 앎과 이해가 필수적인 요소라고 말한다. 성과 임신, 출산, 양육을 긴밀하게 연결시킬 수밖에 없는 여성들은 다른 사람에 대한 배려와 책임을 성과 분리시킬 수 없기 때문에 남성의 성적 상상력과 달라질 수밖에 없게 된다.

---

11) 프롬, 같은 책, pp.2-52 참조.

외설과 에로티시즘의 경계 91

    아, 시바알 샐러리맨만 쉬고 싶은 게 아니라구

    내 고통의 무쏘도 쉬어야겠다구 여자로서 당당히 홀로 서기엔
참 더러운 땅이라구 이혼녀와 노처녀는 더 스트레스 받는 땅 직장
승진도 대우도 버거운 땅 어떻게 연애나 하려는 놈들 손만 버들가
지처럼 건들거리지 그것도 한창때의 얘기지 같이 살 놈 아니면 연
애는 소모전이라구 남자는 유곽에 가서 몸이라도 풀 수 있지 우리
는 그림자처럼 달라붙는 정욕을 터뜨릴 방법이 없지 이를 악물고
참아야 하는 피로감이나 음악을 그물침대로 삼고 누워 젖가슴이나
쓸어내리는 설움이나 과식이나 수다로 풀며 소나무처럼 까칠해지는
얼굴이나
    좌우지간 여자직장을 사표내자구 시발
             —신현림의 「너희는 시발을 아느냐」에서

  위 시에서 화자는 이 땅에서 여자로 사는 것이 얼마나 어려운지에 대해 토로하고 있다. 첫 행은 피로에 지친 샐러리맨을 내세워 광고한 피로회복제 광고를 패로디한 것이다. 샐러리맨만 쉬고 싶은가?, 이 땅에는 샐러리맨보다 더 피곤하게 사는 사람들이 얼마나 많은데, 라는 함축을 담고 있는 이 행은 된소리로 나는 욕설을 예사소리로 길게 늘여 발음함으로써 음가를 완화시키고는 있지만 욕설로 시작된다. 여자가 욕을, 그것도 성과 관련된 욕을 한다는 것 자체가 충격적이다. 이 충격은 자신들은 걸핏하면 욕을 내뱉어도 여성들은 곱고 아름다운 말만 쓰기를 바라는 남성들의 기대를 위반하는 효과를 지닌다. 또한 길 아닌 길도 거침없이 달려가는 자동차로 광고하는 '무쏘'조차 쉬어야겠다고 말함으로써 이 땅에서 여자가 걸어가는 길이 얼마나 험난한지를 은유적으로 암시한다. '어떻게 연애나 하려는 놈들'은 책임과 배려는 외면한 채 쾌락만을 추구하는 남성들의 성에 대한 태도를 지시한다. '그것도 한창때의 얘기지'는 어린 여성일수록

환영하는 우리 사회 성문화를 암시하고 있다. 4행에서는 여성의 정욕과 여성들이 그 정욕을 해결하는 양상이 토로된다. '그림자처럼 달라붙는'은 몸이 있는 한 몸으로 느끼는 소통의 욕구는 존재할 수밖에 없음을 표현한다. 여기에서 '유곽'은 현실적인 유곽만이 아니라 남성들에게만 허용된 모든 성일탈을 포괄한다. 이와 달리 여성은 이를 악물고 참거나, 혼자 누워 젖가슴이나 쓸어 내리거나, 음식을 먹어대거나 수다를 떨면서 풀어버릴 수밖에 없는 것이다. 이 시는 여성으로 살아가기 어려운 점의 하나가 여성의 성욕을 인정하지 않는 사회임을 토로한다. 가장 본능적인 욕구조차 인정하지 않는데 하물며 무슨 권리를 인정할 것인가.

>어쨌든 그는 매우 인간적이다
>필요할 때 늘 곁에서 깜박거리는
>친구보다도 낫다
>애인보다도 낫다
>말은 없어도 알아서 챙겨주는
>그 앞에서 한없이 착해지고픈
>이게 사랑이라면
>
>아아 컴-퓨-터와 섭할 수만 있다면!
>―최영미의 「Personal Computer」에서

이 시는 오늘날 여성이 바라는 사랑이 어떤 것인지를 보여주면서 컴퓨터와의 친애감을 충격적인 단어로 표현한다. '필요할 때 늘 곁에서 깜박거리는'은 PC의 본질이지만 나의 이기적인 욕망이기도 하다. 이 말을 뒤집어 보면 필요하지 않을 때는 없어져 주는 게 좋다는 의식이기 때문이다. 내가 필요로 할 때만 곁에 있어 준다는 점에서 PC는 친구보다도, 애인보다도 나은 존재가 된다. 컴퓨터에 중독된 사람들 중에 사람과의 성관계보다 사이버 섹스를 즐기는 사람이 많아지는 것도 내가 남을 배려하는 것은 싫고 상대방만 내 욕구대로 따라주기를 바라는 이기적인 태도에서 연유한다. '알아서 챙겨주는 그 앞에서 한없이 착해지고픈'도 다시 한 번 음미해 볼 만하다. 가부장제 사회에서 착한 여자가 되라고 강요할 때는 반발하지만 이런 조건을 가지고 있는 대상 앞에서라면 한없이 착해지고 싶다는 바램을 나타내기 때문이다. '씹'이라는 단어는 남성들에게도 공적인 장소에서는 금지되어 온 것이다. 직접적으로 성을 드러낼 뿐 아니라 인간 사회 어디에서나 금기로 삼고 있는 근친상간에서 비롯된 속어이기 때문이다. 최영미의 언어를 '석사학위증을 가지고 있는 매춘부의 언어12)'라고 한 말은 이런 부분에서는 정확하다. 이런 언어를 구사할 수 있는 여자는 매춘부밖에 없다는 것이 가부장제 사회를 사는 남성들의 상식이었으니까. 그러나 그 언어를 '퇴행의 시니피앙'만으로 파악하는 태도에는 사회문화적 성에 대한 고려가 빠져 있음을 지적할 수 있다.

3) 결혼과 무관한 임신

성과 관련된 상상력 중에서 여성이라면 빼 놓을 수 없는 것이 결혼과 임신이다. 그러나 과학의 발달로 여성들은 결혼과 관계없는 임신을 상상하기도 한다.

      내 짝은 없나봐 정자은행이 있다는데
      삼십 넘은 미혼녀가 유방암에 많이 걸린다는데

---

12) 김상태, sex라는 기호를 다루는 사람들, 새물결, 1996, pp.276-316 참조.

더 늦으면 기형아 낳을 위험도 있어
악어 같은 두려움이 우리를 먹어치울지도 몰라

우선은 내가 위안받고 싶어
아이를 도구로 삼는 게 아냐
우리 나이는 미혼모도 아니야
　　　—신현림의 「우리는 한때 미혼모가 되고 싶었다」에서

　여성이 남성과의 성관계 없이 임신하고 싶다는 발상은 '아버지 날 낳으시고 어머니 날 기르시니'를 진리로 믿으면서, 호주제를 고집하는 기성세대에게는 불온하기 짝이 없다. 사랑에서 책임과 배려, 존중과 앎을 제거시킨 성문화 속에서 자란 여성이라도 여성이라면 마땅히 다른 사람을 배려하고 책임지며, 존중하고 이해할 것이라는 기대는 이루어질 수 없는 환상일 뿐이다. 가부장제 사회에서 남성들이 원하던 대로 여성은 거세되고 모성만 남은 1인칭 복수화자 '우리'는 미혼모가 되고 싶어한다. 미혼모라는 사실 자체가 가부장제 사회에서 최악의 조건임을 잘 아는 화자는 '혼자 아이 낳아 기르는 일은 위험해/생각은 생각으로 끝나야 해' 하며 뒤로 발을 빼지만 여성이 자기 몸에 대해 가부장제 사회가 원하는 대로 행동하지 않는 것은 물론 갖가지 금기를 깨뜨리기 시작했다는 사실은 기억해야 할 것이다. 화자가 정말 생각만으로 끝났다면 우리는 그 사실을 알 수도 없을 것이다. 언표화한 생각은 이미 행동이다.

5. 나오며

인간은 사랑의 존재(homo amores)이며 성적 존재(homo sextus)이다. 사랑에서 성애를 제거할 수도 없지만 성애만이 사랑인 것은 아니다. 인간은 정신과 육체의 통합체로 이 통합성이 깨진다면 자기 분열에 시달릴 수밖에 없게 된다.

오늘날 성적 쾌락의 상품화에서 기인하는 성의 만연은 외설과 에로티시즘의 경계를 불분명하게 만든다. 쾌락을 극대화하고자 하는 남성적 에로티시즘은 결국 외설과 닿게 마련이기 때문이다. 따라서 외설과 에로티시즘의 경계를 가를 수 있는 것은 여성적 시각이다. 여성의 성과 육체를 여가와 오락을 위한 소비상품으로 만들면 남성과 여성 모두 성의 노예가 되어 비인간화될 뿐이다. 성을 소비하도록 부추기는 것은 궁극적으로 무기력하고 탈정치화된 존재를 양산하려는 자본주의와 남성 중심의 지배체제이다.

요즈음 거세게 불어닥치는 다이어트 열풍이나 외모 콤플렉스는 여성들의 새로운 감옥일 뿐이다. 여성이 삶을 영위해 나가는 방법이 전적으로 육체와 성에 의존하는 상태라면 결혼과 직업은 다 매음의 성격을 지니게 된다. 여성이 사유의 주체, 성의 주체, 경제의 주체로 거듭날 때만 남녀 모두 이상을 향한 창조적 힘인 에로스를 회복할 수 있을 것이다.

성(性), 금기의 사슬 너머의 자유
― 배수아의「푸른 사과가 있는 국도」, 신이현의『숨어있기 좋은 방』―

송 경 빈

1. 성 영유방식의 새로움과 가능성

가부장제 사회에서 성(性)의 주체는 예외없이 남성들이다. 남성들은 사회적 윤리의 주체로서 항상 성에 대한 앎의 권리와 향유의 권리를 누려왔다. 반면에 여성들은 성이 기본적으로 반작용적, 반응적인 것이며, 일종의 생식 본능에 의해서만 되살아난다[1]는 사회적 조작에 의해 성의 영역 밖으로 밀려난 채 자신들의 성에 대해서조차 인식하지 못하는 삶을 일관해 왔다. 따라서 여성들의 성은 인식되자마자 억압되었으며, 오히려 히스테리아의 병리학적 근원으로 취급[2] 되기에 이르는 등 성으로부터의 부당한 소외를 당해 왔던 것이다. 출산과 관련된 것 이외의 성이란 모두 부도덕하고 불결한, 이른바

---

1) 제프리 웍스, 서동진·채규형 역, 섹슈얼리티 : 성의 정치, 현실문화연구, 1995, p.64.
2) 안토니 기든스, '푸코와 셋슈얼리티' 미셸 푸코 외, 황정미 편역, 섹슈얼리티의 정치와 페미니즘, 새물결, 1995, p.43.

도덕적 해악의 근원으로서 간주되어 왔으며, 그나마 출산과 관련된 성마저도 남성들에 의해 통제되어 왔었던 점을 고려해 본다면 성이야말로 특정계급의 이익과 이데올로기 구축에 기여해 왔다고 할 수 있다.

성에 대해 자유롭게 말할 수 있는 남성들은 성을 주체적으로 활용할 수 있는 데 비해 여성들은 그러한 남성들의 성적 활용의 대상에 불과하다는 인식이 팽배한 문화 속에서 남성의 성적 전유물로서 성에 있어서 배타적인 영역에 놓여 있다.3) 또한 여성들은 묘사의 대상이 될 뿐이며, 남성들은 항상 성의 소비자로서 사회 전반에서 우위를 획득해 왔다고 할 수 있다. 이러한 점이 극단화되어 나타날 때 여성은 오로지 육체만을 가진 비자율적 인간으로 묘사되기도 한다. 물론 이것은 여성을 폄하하는 이미지로 일관하는 포르노그라피 문화에서 두드러지는 특성이기는 하지만, 여성들의 자율적 성의 무시와 가치절하를 당연시 여기는 문화적 풍조는 문학작품들에서도 예외는 아니다. 여성들의 자유로운 성의 추구는 많은 작품들에서 타락이나 세속화라는 부정적 가치관의 전달을 위한 가장 손쉬운 문학적 장치로 활용되는가 하면, 시대적 조류에 편승해 여성의 성개방을 표방하는 작품들에서조차도 여성들의 성은 남성들의 지적·정신적 성숙의 과정에서 하나의 수단에 불과한 것으로 묘사되고 있다. 여성들의 성적 자유로움에 긍정적 시선을 던지기보다는 여성들의 육체를 표면에 내세워 오히려 그들의 정신적 성숙의 불가능성을 제시하는 이러한 편린들은 여성들을 남성이라는 타자의 프리즘을 통해서만 자신의 존재성을 부여받는 피사체4)로서 간주하려는 남성지배 이데올로기에서

---

3) 김수기, '포르노에 대한 다른 시각', 김수기 외 편, 섹스, 포르노, 에로티즘 : 쾌락의 악몽을 넘어, 현실문화연구, 1994, pp.123-127. 참조.
4) 박혜경, '남성작가의 작품에 나타난 여성의 이미지들', 《한국문학연구》 제

비롯된 산물이라고 할 수 있다.

 신이현의 『숨어있기 좋은 방』(살림, 1994)이나 배수아의 「푸른 사과가 있는 국도」(『푸른 사과가 있는 국도』, 고려원, 1995)와 같은 작품들은 여성들의 성에 대한 자율적 추구를 모호한 이중성의 척도 하에서 사악한 것으로 단정하는 억압적 사고에서 벗어나려는 움직임을 제시한다. 여성인물들이 자유로이 성을 향유하고 나아가 남성에 의해 발견되는 여성이 아니라 남성을 비롯한 타자들을 자신의 여성성 안에 포용하려는 낯설은 여성의 삶의 방식을 보여 줌으로써, 남성에 대한 예외적 존재로서의 여성의 소외를 다루는 작품들과는 다른, 새로운 시대의 새로운 시각의 가능성을 보여 주고 있다. 해결되어야 할 근심의 근원으로서가 아닌 욕망의 원리에 주체적으로 대응하는 성 영유방식의 새로움을 통해 현대 여성들의 성적 자율성의 토대를 마련하고 있는 것이다.

2. 집으로 돌아가지 않는 여성들

 신이현의 작품에서나 배수아의 작품에서 주인공인 여성인물들은 20대 여성들이며, 가족으로부터의 일탈 즉 가출이라는 모티프 설정을 통해 성적 자유로움을 누린다는 공통점을 갖는다. 이들은 가족이라는 테두리 속에서 영위되는 일상에의 중압감과 부적응, 불투명한 자신의 미래에 대한 극도의 불안감으로 잦은 외출 혹은 장기적 가출을 감행한다. 여성인물들의 가족개념의 부재는 이들이 자신들에게 내재해 있는 가능성의 세계를 찾아나가는 데 중요한 동기를 부여한

 19집, 동국대학교 한국문학연구소, 1997, p.6. 참조.

다.

『숨어있기 좋은 방』의 주인공 '나'(윤이금)는 일상적 삶에 대해서는 조금의 진지성도 보이지 않는 인물로서 자신이 속한 일상의 공간 - 부성부재의 엄마의 집(결핍의 공간), 남편과 시부모가 영위하는 안온한 가정(완벽의 공간) - 속에서 끊임없이 부유한다. 아버지의 오랜 부재로 말미암아 맏딸로서의 책임감 때문에 원하지 않는 직장에 다니다 실직에 처한 '나'에게는 어머니, 여동생, 남동생의 어두운 삶을 물끄러미 지켜보아야 하는 결핍 투성이의 '집'이 존재한다. 그녀에게는 부담스러울 뿐이며 도망쳐 버리고 싶은 충동을 불러일으키는 공간으로서의 집은 소위 결손가정인 것이다.

　　집으로 가는 길, 내 마음은 발목에 쇠덩어리를 차고 가는 것처럼 무거웠다. 나는 다리를 질질 끌면서 자꾸만 고개를 푹푹 꺾었다. 이 골목에만 들어서면 나는, 내가 해결할 수 없는 커다란 짐을 등에 얹고 있는 기분에서 벗어날 수가 없다. 누군가 나를 데리고 어딘가로 가 주었으면 좋겠다는 생각이 든다. 누군가와 함께 어딘가로. (『숨어있기 좋은 방』, p.66)

일확천금을 기대하며 전재산을 탕진하고, 여러 명의 여자와 여러 명의 이복 동생까지 호적에 올려 놓은 그야말로 '부도덕하고 무책임한 한량'인 아버지, 버림받은 당사자였음에도 불구하고 가장의 역할을 대신하면서 남편이 돌아오기를 기다리는 엄마, '나'가 책임져야 할 동생들, 이 모든 여건들은 '나'의 가출에 필연성을 부여한다.

이처럼 어둡고 답답한 공간에서 벗어날 방법을 모색하던 '나'는 '나'의 욕망을 충족시켜 줄 수 있는 현실에서 완전히 분리된 공간을 발견하게 된다. 자신이 점유하고 있는 일상공간에서 벗어나 본질적인 자아를 찾기 위한 외출에서 주인공은 은둔과 밀회의 주체적 공간인 '오동나무가 있는 여관'을 발견하는 것이다. 오동나무가 있는 여관은 '나'의 현실세계와 그와 대립되는 세계를 구분짓는 표상으로 존재하며, 한 여인의 행복한 미래를 보장해 주는 기다림의 나무인 오동나무가 허름한 여관에 심어져 있으며, 그녀가 이 오동나무에 이끌리게 되었다는 것은 일상의 삶 속에는 그 오동나무가 존재하지 않았다[5]는 것, 즉 행복한 삶의 가능성이 없었다는 것을 의미하기도 한다.

오동나무가 있는 여관에서 주인공은 '태정'과 만나게 되는데 '태정'은 '나'를 만나기 전까지는 사춘기 소녀처럼 여리고 미성숙한 존재였다가 '나'와의 만남을 통해 급작스러운 성장을 보이는 존재라고 할 수 있다. 주인공에게 있어 '태정'과의 만남이 이루어지는 오동나무가 있는 공간은 유일하게 편안히 쉴 수 있고 주체적 자아를 발견할 수 있는 근원적인 존재공간이다. 따라서 주인공의 자아찾기를 위한 외출은 결혼을 한 후에도 지속된다.

> 나는 다시 침대 위에 엎드렸다. 기분이 왜 이렇담. 나는 베개로 머리를 뒤집어 썼다. 어떻게든 집을 떠나고 싶었고, 소원대로 가족들로부터 완전히 자유로워졌다. 그리고 꽤 근사한 나의 집을 새로이 가졌다. 그것도, 손가락 하나 까딱거리지 않고 그저 이 멋진 내 집을 내 집으로 가지게 되었다. 그러면 됐지. 매일, 게으른 공주처럼 침대에 드러누워 천정을 바라볼 수도 있다. 새벽같이 머리감고 돈벌러 달려가지 않아도 되었다. 그러면 됐지. 장롱 속에는 새 옷들이 주렁주렁 걸려 있다. 그러면 됐지. 그 이상 뭘 바래? 그런데 이건 뭐지? 왜 이렇게 우울하담. 이 기분 좀 벗어나 버릴 수는 없을까. (『숨어있기 좋은 방』, p.116)

---

[5] 진형준, '소외된 삶의 존재론적 원형', 『숨어있기 좋은 방』, p.261.

집과 가족들을 떠나 모든 것에서 홀가분해지기 위해 결심했던 결혼에서 파생되는 또다른 일상생활은 주인공에게 완벽한 기쁨을 선사하는 것이 아니라 무언지 모를 자유의 구속감을 느끼게 한다. 처음 완벽한 공간에 들어섰을 때 모든 것들에서 느꼈던 신비로움은 간 곳 없이 사라지고 가정의 안주인으로서의 변신에 일주일만에 진력을 느끼게 된 것이다. 어깨를 짓누르는 가족들에 대한 생각, 그리고 무엇보다도 자신의 의지대로 할 수 없는 새로운 공간에서의 보이지 않는 구속감은 '나'로 하여금 숨겨져 있던 탈출의 유혹을 불러일으키게 한다.

자유롭게 살고 싶은 것이 최대의 목표인 '나'에게 결혼 전에는 아버지가 없는 집이 자유로이 비상하고픈 욕구에의 걸림돌이었다면, 결혼 후에는 권태로운 일상 - 시아버지와 남편의 입에만 맞게 요리된 음식, 무의미하고 지루하기만 한 기도와 설교, 무미건조한 섹스 - 이 다시 현실 공간에서 달아나고 싶은 충동의 원인으로 작용하고 있는 것이다.

더욱이 가출했던 아버지의 출현은 '나'에게 있어 현실적 삶으로부터의 완전한 이탈을 시도하는 데 중요한 동인이 된다. 결혼 뒤 아버지의 귀가 소식에 이제 모든 것이 해결되었다는 안도감을 느끼던 '나'는 거지형상을 하고 있는 아버지를 보면서 마음 속의 오동나무가 쓰러지는 소리를 듣는다. 아무 것도 소유하려 들지 않는 아버지의 모습에서 동류의식마저 느끼게 되는 '나'는 가족처럼 '힘도 들이지 않고 무언가 가져 버리는 것'은 골치 아프고 무거운 짐이 되어 버린다는 사실을 깨닫게 되는 것이다. 소유에 대한 부정은 자신의 아이마저 구속으로 간주하는 감정으로 발전하고, 비일상의 공간을 지향하는 욕구는 점차 확대되기에 이른다.

그런데 이 작품에서는 통념적으로 인식되는 결혼한 여성의 삶의 양태와는 판이한, 현실적으로는 지극히 부도덕하고 무책임하며 문란한 삶을 여성인물의 내면공간에 자리하고 있는 보다 크고 강력한 힘으로서의 근본적인 자아찾기에의 열망으로 형상화시키고 있다. '나'의 외출은 오동나무가 있는 공간에서 '태정'이란 인물을 성숙시키고 그의 삶을 주재하는 주체적 행위로서 제시될 뿐 정형화된 여성 삶의 측면에서의 비난이나 공격은 그다지 설득력을 발휘하지 못하는 것이다. 이것은 성에 있어서 마이너리티로 인식되고 있는 여성의 생경한 삶의 방식을 통해 억압된 성의 주체인 여성을 중심으로 끌어 올리려는 문학적 전략으로 이해될 때 보다 작품의 본질적 의미에 접근할 수 있을 것이다.

신이현의 작품에서 여성인물이 견딜 수 없는 가족에 대한 중압감으로 외출을 시도한다면 배수아의 「푸른 사과가 있는 국도」에서는 여성인물의 가족으로부터의 일탈이 다소 충동적으로 그려지고 있다. 대학생인 주인공은 무료한 여름날 가족들의 무관심과 짜증 섞인 일상을 견디지 못하고 메모 한 장만 남겨 놓은 채 가출을 감행한다. 그녀의 가출은 단 한 번의 귀가도 이루어지지 않은 영구적 가출이다.

> 나는 통계학이 싫었고 오빠가 싫고 뚱한 얼굴로 TV를 보고 있는 부모님이 싫었다. … 중략 … 나는 언제쯤 이 집을 나갈 수 있을까, 나는 수없이 나에게 물어보고 있다. 여자의사나 동시통역사, 하다못해 번듯한 오피스 걸조차도 나는 될 자신이 없다. 그런 여자들을 항상 나는 존경하였고 내가 도저히 갈 수 없는 나라에 살 듯이 우러러 보였다. 아버지나 오빠 같은 남자와 결혼하여서 친정에서 김치를 가져다 먹으며 끊임없이 애를 낳으면서, 시집간 사촌언니처럼 그렇게 살고 싶지가 않았다. (「푸른 사과가 있는 국도」, p.105)

가족들에게 사랑받지 못하고, 공부도 못하며, 따라서 미래에 대한 전망도 불투명하여 자신의 삶에 아무런 확신도 할 수 없었던 주인공은 현실에서의 무료함과 불안감으로 가족들로부터 떨어져 나온다. 다분히 즉흥적이기는 하지만 그녀의 가출은 그만큼 그녀가 가족으로부터 소외되어 있고, 현실에 적응하기가 어렵다는 점을 보여 주는 것이기도 하다. 주인공은 가족과 함께 해야 하는 일상적 현실에서 그려지는 자신의 미래를 상상하면서 부모로부터의 무관심과 남자로부터의 배신과 기다림과 같은 불유쾌한 일들의 연속일 것이라고 단정한다.

주인공에게는 가출 이후에도 미래에 대한 불안감이 뒤따라 다니며 그러한 예감들은 작품 도처에서 발견된다. '내일 일어날 일이 무엇인지 전혀 알 수가 없어 항상 불안'한 '나'는 먼지나는 국도에서 '푸른 사과를 파는 여인들'의 모습에서 자신의 미래를 예감한다.

> 생은 내가 원하는 것처럼은 하나도 돼 주지를 않았으니까. 부모가 사랑하지 않는 어린 시절을 보내고, 학교에서는 성적도 좋지 않고 눈에 띄지도 않는다는 늘 그런 식이다. 그리고 자라서는 불안한 마음으로 산부인과를 기웃거리고, 남자가 약속장소에 나타나기를 한 시간이고 두 시간이고 기다리면서 연한 커피를 세 잔이나 마신 다음에 밤의 카페를 나오게 된다. 그리고 마지막으로는 어느 날의 한적한 푸른 사과가 있는 국도에서 눈 앞을 지나간 고양이는 검은 고양이가 된다.(「푸른 사과가 있는 국도」, p.102)

아무도 사러 오지 않는 푸른 사과를 파는 여인들과 자신의 미래의 모습을 동일시하는 주인공에게서 가출하기 이전의 생활에서 느껴 왔던 현실에의 부적응이 미래에 대한 불안으로 연결되어 증폭되고 있음을 짐작할 수 있다.

단 한 번도 가족을 그리워하지 않았으며, 오히려 사촌이 찾아와 가족의 이야기를 꺼낼까봐 꺼려하는 주인공에게는 가족은 부재하거나 증오의 대상이 되고 있다. 어린 시절부터 가족들에게 떠밀려 다니는 삶의 형태를 지속하다 비로소 자신이 원하는 안락한 생활을 하게 되었다고 생각한 이후에도 엄습해 오는 불안감은 가족에 대한 애정결핍과 타인에 대한 불신이 깊이 뿌리박혀 있는 데 연유한다. 그녀는 가족으로부터의 참을 수 없는 무관심 속에서 성장하면서 자신에게 사랑을 쏟아 줄 누군가가 존재하지 않을 것이라는 확신을 갖는다. 결과적으로 그녀가 추구하는 대타적 관계는 진실한 사랑이 제거된 쾌락과 욕망만이 존재하는 일회적 관계일 뿐이다.

그녀가 추구하는 자유로운 삶의 방식에서 가장 의미있는 것은 그림을 그리는 행위이다. 화가가 아니면서도 남자친구를 위해 무엇인가를 해 주려 하지도 않고 유행을 따라 멋을 내려 하지도 않으며, '비번일 때는 머리도 감지 않은 채 오후 내내 좁아 터진 방에서 나오지도 않고 이젤 앞에서 쟁반에 담긴 사과를 그리고 있는 나'가 주인공의 모습이다. 여러 명의 남성을 만나면서도 그들에게 집착하지 않는 주인공은 타자와의 관계에서 진실이 부재한다는 사실에 슬퍼하거나 괴로워하지 않는다. 그녀는 이미 가족들로부터의 사랑과 관심의 부재에 익숙해져 있으며, 오히려 타인들과의 공존의 질서를 외면하는 데서 오는 자유로움을 향유하고 있기 때문이다.

『숨어있기 좋은 방』에서나 「푸른 사과가 있는 국도」에서의 주인공들은 자신들이 속해 있는 일상공간을 권태와 무기력의 공간으로 인식한다. 이들에게 가족이란 참을 수 없는 굴레이며, 자아를 찾기 위한 시도는 외출 또는 가출이라는 모티프를 통해서 가능해 진다. 『숨어있기 좋은 방』에서 결혼하기 이전의 외출이 결혼한 이후에도 빈번한 외출로 이어지고 있음에 비해 「푸른 사과가 있는 국도」에서는 결혼을 거부하는 여성의 장기적 가출을 다루고 있다는 점에서만 다를 뿐 여성인물들은 모두 자신이 소속된 현실공간에 적응하지 못하며, 일상공간으로부터의 일탈을 실행하고 언제나 미래에 대한 불안감에 시달리면서도 집으로 돌아가지 않는다. 집으로 돌아가지 않는 여성인물들은 끊임없이 누군가를 만나지만 이들의 만남은 영원을 기약할 수 없으며, 여성들은 이들과의 만남에 어떤 의미도 부여하지 않은 채 자기만의 공간 속에 은둔하고 싶어할 뿐이다.

3. 자기규제적 성으로부터의 활공

남성은 보편적인 것으로, 그리고 여성은 그러한 남성의 타자로 규정되는 현실 속에서 성의 자율성은 대체로 남성들에게 집중되어 있다. 포르노그라피에서처럼 남성이 여성의 성활동을 점령하고 육체의 자율권을 빼앗는 극단의 경우를 제외한다 할지라도 남성들에게는 습관적인 상황(성적 흥분)이 여성에게는 예외적인 것으로 받아들여지는 경우는 매우 일반적이다. 그런데 신이현이나 배수아 등과 같은 작가들은 그들의 작품 속에서 남성에 의해 종속적으로 부여되는 성의 모습이 아닌 개인이 의식적·주체적으로 만들어 가는 성이라는 의미를 부각시킨다. 여성들이 자신의 성을 표현할 기회가 신장되었고 여성의 성적 만족을 고무하고자 하는 움직임이 지적된 것은 사실이지만 남성지배문화가 미동도 하지 않는 상황에서 이러한 움직임도 결국 남성들에 의해 정의되고, 남성들 자신의 이익을 위한 무대역할[6])을 할 뿐이라는 점을 인식해 볼 때, 주체적으로 성을 영유하는

---

6) 제프리 윅스, 앞의 책, p.136.

방식을 제시하는 작품들이 부여하는 의미는 자못 크다고 할 수 있다.

바람직한 성은 항상 이성간의 사랑행위이고, 대체로 결혼 속에서 발생하며, 또한 가능한 한 출산을 위한 것7)이라고 주장하는 문화적 보수주의자들의 견해를 빌지 않더라도 성이 책임있고 자기규제적이어야 한다는 것은 불문율처럼 간주되고 있다. 특히 혼인관계에서의 성에서 특정 방식의 성질서의 필요성이 강조되어 왔던 점을 고려해 본다면 『숨어있기 좋은 방』에서 기혼여성인 주인공의 행동방식은 다분히 충격적이다. 최근까지 많은 기혼여성들이 성이란 탐탁지는 않지만 남성들이 재촉하는 것이며, 그저 참고 견뎌야 한다는 것 외에는 사실 성에 대한 아무런 지식이 없었던8) 점에 비한다면, 주인공은 책임있는 성의 준수라는 질서를 위반한 채 상당한 성적인 자유를 향유하는 현실규범의 이단자라고 할 수 있다.

'나'는 일상의 현실공간 속에서는 자신의 삶조차 제대로 추스리지 못하는 현실적으로 무능력하고 파괴적인 인간형이다. 아버지가 부재하는 공간에서는 딸로서의 기본적 책임감도 결여되어 있고, 아내와 며느리로서 가져야 할 최소한의 윤리의식마저 결핍되어 자신이 소속되어 있는 공간을 파괴한다. 그렇지만 현실공간에서 탈출하여 새로운 공간으로 이동하면서 전혀 새로운 면모로 탈바꿈한다. 구속되지 않는 삶을 찾던 중 발견하게 된 오동나무가 있는 여관은 단순한 혼자만의 은둔 공간에 그치는 것이 아니라 '태정'이라는 남성인물과의 의미있는 만남을 연결해 주는 매개체 역할을 해 준다. 이 공간에서 주인공인 '나'는 결혼 이전부터 만남을 지속해 온 '태정'의 새로운 탄생에 영향력을 행사한다.

---

7) 로즈마리 통, 페미니즘 사상, 한신문화사, 1995, p.173.
8) 안토니 기든스, 앞의 글, p.47.

태정의 몸은 처음 만났을 때 그 몸이 아니었다. 여릿여릿하던 두 허벅지엔 거뭇한 털이 오르기 시작했고 소녀의 그것처럼 부드럽던 허리는 흔들릴 때마다 굵은 밧줄 같은 힘줄이 솟아올랐다. 그의 몸은 이제 막 어른티를 내기 시작한 것 같았다. 나는 그의 허벅지에 난 덜 자란 털을 쓰다듬었다.
"네가 심어주고 간 거야……갑자기 모든 것들이 마구 자랐어."
(『숨어있기 좋은 방』, p.124)

'태정'은 '나'의 가랑이 사이에서 새로 태어난 존재로서 '나'에 의해 성숙되고 자신의 존재에 확신을 갖게 되는 인물이다. 더불어 '나'의 내면 속에는 언제나 '태정'의 공간이 자리잡고 있고, 그 공간이 하기 싫은 일들로만 가득 차 있는 책임과 의무의 세계에서 빠져 나갈 수 있는 유일한 통로임을 깨닫게 된다.

'태정'의 방에서 '나'는 다시 '태정'의 가랑이 사이에서 태어남으로써 이들은 분리되었으나 동일한 본질체가 된다. 자신의 또다른 자아가 싱싱한 소녀의 몸으로 태어나 성장하게 된다는 것, 자신이 낳은 몸으로부터 다시 자신이 태어난다는 것[9)]은 두 개의 분리된 존재가 현실 너머에 존재하는 진정한 본질적 자아의 일부로 융화되어간다는 것을 의미한다. 따라서 '나'가 완전한 생활인의 모습으로 살아갈 때에도 내면 속에 끊임없이 궤도이탈의 충동을 안고 살아간다는 것은 무한자유상징으로서의 '태정'이 주인공의 의식세계를 점유하고 있으며, '태정' 또한 주인공에 의해 심리·정신적 영역이 지배되고 있다는 점을 제시해 주는 것이다.

그러나 주인공에게 있어 부분적일 뿐 완전한 의미가 되어 줄 수

---

9) 진형준, 앞의 책, p.273-274. 참조.

없음을 깨닫는 '태정'은 결국 철길에 누워 자살을 감행함으로써 자신의 존재의미를 소멸시키려 한다. '태정'과 주인공이 충실한 동체의 역할을 수행할 수 없게 되자 그는 그 충격으로 자신의 의미를 스스로 부정하게 되었던 것이다.

> 나는 돌아섰다. 무엇인가 내 발 밑에 채여 우당탕거리는 소리를 냈다. 대문을 나온 나는 헉헉거리며 달렸다. 눈물 같은 건 나지 않았다. 슬픔보다 이상한 분노가 기어올랐다. 내 허락도 없이! 나의 전리품이던 그가, 내 허락도 없이 사라져 버린 것이다. 오직 나만의 즐거움이었던 그가, 나에겐 한마디 말도 하지 않고 그 모든 것을 거두어 가버린 것이다. (『숨어있기 좋은 방』, p.219)

자신의 몸에서 태어난 분신, 모든 존재의 의미가 부여되고, 또 자신을 숭배했던 그가 사라지자 '나'는 새로운 존재의미로서의 동체를 찾아 오동나무가 있는 여관에 가게 되고, '태정'과 함께 했던 방에서 세 번째의 남자와 동숙하면서, 옛날 '태정'의 옆방에서 들리던 남녀의 소리들을 만들어낸다. 밀폐된 공간, 흐르지 않는 시간 속에서 창조의 주체인 '나'에 의해 새로운 '태정'의 탄생은 거듭될 것이고, '나'는 여전히 서른이 되지 못한 채 내면공간에의 칩거를 계속하게 되는 것이다.

주인공의 결혼생활에서의 일탈과 책임과 규제성이 강요되는 성윤리의 위반은 명백히 기존의 교양을 해체하는 파격적 행위들이다. 그러나 그녀는 현실규범의 원리에 위배되는 행위들을 일삼으면서도 그다지 죄책감이나 고뇌에 시달리지 않는다. 오히려 남성인물의 삶을 재창조하고 소멸시키는 주체적 존재로서 자신의 존재의미의 발견뿐만 아니라, 타자의 삶까지도 주관할 수 있는 위대한 여성성을 발휘하고 있는 인물인 것이다.

기혼여성이 자유로운 성을 추구함으로써 파생되는 가정의 파괴나 사회윤리의 위반이라는 여성의 주체적 성에 대한 부정적 사고방식은 이 작품을 이해하는 데 별다른 의미소가 될 수 없다. 또한 자아를 찾아나가는 과정에서 발견된 '오동나무가 있는 여관'이라는 문학적 상징화를 통해 낯설은 여성 삶의 방식을 보다 세련된 기법으로 소화해 내고 있다는 점에서도 이 작품은 새로운 방향을 제시한다고 할 수 있다. 성 콤플렉스에서 자유로운 여성인물의 성 이데올로기 해체는 오히려 여성억압에 대한 높은 비판의 목소리가 포용할 수 없는 영역까지 여성의 문제를 확대시켜, 여성이 더 이상 남성의 성적인 대상적 존재가 아님과 동시에 나아가 남성을 소유하는 새로운 방식의 가능성을 역설하는 문학적 효과를 얻고 있는 것이다.
　「푸른 사과가 있는 국도」에서 여성인물은 결혼을 거부하는 미혼여성이면서 남성인물들과 자유로운 만남을 반복한다. 이들 남녀의 관계는 사랑이 배제된 소비적 만남의 형태를 띤다. 작중인물들은 한결같이 욕망의 원리에 따라 행동하며, 섹스는 욕망의 가장 궁극적 대상이자 현실의 원리 속에서 자아를 지탱해 주는 돌파구의 역할을 수행한다.

　　「이렇게 하는 것 싫어하지 않지.」디스플레이어가 묻는다. 우리는 침대 속에 있다. 테이블 위에는 헹켈 주방용 가위가 그냥 놓여져 있다. 누군가 폭죽을 터뜨리는 것 같은 소리가 강으로부터 들려 온다. 누가 폭죽 놀이를 하나 봐. 나는 속으로 생각한다. 「이렇게 하다니, 어떤 것?」
　　「데이트하고 섹스하고 전화하고, 이렇게. 가끔은 쉐라톤워커힐 호텔의 라운지에도 가면서. 이렇게 하는 것 네가 싫어하게 될까 봐. 네가 좋아하는 걸 하고 싶어.」디스플레이어는 내 머리칼을 만지고 그리고 그는 잠이 든다. …생략…(「푸른 사과가 있는 국도」, p.146)

결혼은 원하지 않으면서도 주인공과 디스플레이어와의 만남은 지속된다. 이들이 원하는 것은 외로움을 극복하기 위한 일시적인 만남일 뿐 만남을 통해서 어떠한 미래도 계획하려 하지 않는다.

주인공은 디스플레이어뿐만 아니라 은행원이나 백화점 매니저 등 여러 명의 남성들과의 만남에서도 어떠한 심각성을 제기하거나 만남에 대한 의미부여를 하지 않는다. 그녀는 다만 고민없는 만남을 통해서 불안하고도 예측할 수 없는 20대의 삶을 잊어버리고 싶어한다. 주인공에게 있어 남녀간의 관계란 쉬운 만남과 섹스, 그리고 쉬운 이별이라는 공식 속에 놓여 있다. 가출하기 이전 '가족 이외의 사람을 사랑한다는 상상만으로도 날아갈 듯 기쁘다'고 생각했을 정도로 가족에 대한 애정이 결핍되어 있었던 주인공은 타인과의 만남에서도 진실이 박제되고 애정이 부재하는 관계를 당연하게 받아들이게 된다. '이 세상에 나에게 다정한 남자, 어려운 강물을 손잡고 건네주는 남자, 병들었을 때 생각나는 남자는 내게 영영 없을 듯하다'는 예감은 '봄바람 같고 한여름날의 폭우 같은 사랑' 같은 것은 아예 존재하지 않는다는 확신으로 이어진다.

이 작품에서는 주인공뿐만 아니라 주인공의 친구 '소영'도 주인공과 사고방식이 유사하다.

「나, 아무래도 형준이와 깨질 것 같아. 이제 나에게 싫증이 났나 봐. 이제 우리 회사 사장하고라도 사귀어 버릴까 보다. 아이 재미없어. 나 우울해.」 소영은 뒷좌석에서 슬픈 표정을 하고 있다가 김신오가 내미는 커피잔을 받아들고 이렇게 중얼거린다. 소영은 그때 조그만 무역회사의 경리로 일하고 있었다. (「푸른 사과가 있는 국도」, p.118)

'소영'은 '애정결핍으로 영원한 불치병에 걸린' 주인공과 마찬가지로 이성과의 만남 때문에 기뻐하거나 슬퍼하지 않은 채 즉흥적인 관계를 지속하는 인물이다. 상대에게 싫증이 나거나 부담을 느끼게 될 때 또 다른 상대를 찾아 떠나는 소비문화시대의 신세대식 만남만이 이들의 일상의 권태와 미래에 대한 불안을 잠재워 줄 뿐인 것이다.

'소영'은 '서른 살이고 십칠 평 아파트를 가지고 있는 둘째 아들'과 평범한 결혼생활을 지탱하다 어느 날 주방용 가위로 자살을 하게 된다. 타자와의 관계, 그리고 성 이데올로기로부터의 사슬에서 벗어나고 싶어했던 그녀의 죽음은 주인공으로 하여금 결혼의 무의미성에 대해 깨닫게 한다. 평범하고 모범적인 결혼생활을 유지하는 사촌의 모습을 통해 보았던 '불타는 빰을 가진 소녀'의 생기발랄함이 빠져버린 공허함이 '소영'에게는 죽음이라는 유쾌하지 못한 결말로 남게 되었던 것이다.

「푸른 사과가 있는 국도」에 등장하는 인물들은 대부분 평범한 성인들의 성윤리 의식의 외곽에 위치하고 있다. 이들은 통념적인 결혼관을 거부하며 결혼이라는 제도에 심각한 의미를 부여하지 않는다. 오히려 결혼생활과 가족구성의 식상함에서 불행한 결말이나 허무함을 읽어 냄으로써 결혼과 분리된 섹스만이 이들의 지향점이 되고 있다. 일견 무질서해 보이는 듯한 이들의 만남과 섹스, 그리고 헤어짐은 단순하게 이루어지고 자신들의 미래에 대한 생각조차 거부함으로써 불안감을 감추고 싶어한다. 부모나 주변으로부터의 관심영역에서 제외된 20대의 아이들은 그들로부터 탈출하여 어른들의 관념에서 제외되고 싶어한다. 그리고 이러한 일탈 욕구는 섹스라는 욕망의 추구를 통해 쉽게 산화되고 있다.

그러나 섹스는 이들에게 특히 주인공에게는 타인을 소유하기 위한 방식으로 존재하는 것이 아니다. 섹스 그 자체가 욕망의 실체일 뿐 섹스의 대상에 집착하는 것이 아니기 때문이다. 주인공을 비롯한 등장인물들은 타인의 영역을 소유하고자 하지 않는다. 그들은 성의 교환을 통해 소유를 확인하는 성인들의 세계를 조롱하며 자유의지를 가진 독립적 개체로 존재하고자 한다. '섹스하고 싶어서 미칠 것 같은 고등학교 이 학년의 남자 아이와 애정결핍으로 영원한 불치병에 걸린 여섯 살 아이'가 향유하는 성의 방식은 기존의 성윤리에서 중요시되는 생식이 완전히 배제된 유희로서의 성이다. 그들은 단 한 번의 만남에서도 섹스를 자연스럽게 받아들이지만 그렇다고 해서 섹스의 기쁨과 사랑의 감동을 느끼는 것은 아니다. 다만 미래에 대한 견딜 수 없는 불안감을 잊기 위한 돌파구로서의 섹스인 것이다.

「푸른 사과가 있는 국도」에서는 자신의 충동에 몸을 맡기는 쾌락주의적 가치를 선호하는 젊은이들의 타인과의 교류가 이루어지지 않는 삶을 다룬다. 등장인물들은 자신의 관심을 타인에게 강요하려 하지 않으며, 오히려 자신의 관심영역이 간섭받을까 꺼려한다. 고립을 즐기는 이러한 개인들이 선택한 섹스라는 창구는 다분히 물신화되고 소비적 형태의 성이지만 등장인물들이 기존의 성규범에 얽매이는 모순을 범하지는 않는다. 이들은 섹스의 교류에 있어서 대등한 관계를 유지하며, 여성으로서 강요되는 성역할에 있어서도 무관심한 편이다. 삶에 대한 회의와 반항으로 행복하지 않다. 그렇지만 자유롭게, 그리고 평등한 성을 즐기는 이들은 적어도 남성과 여성의 위계관계에서 남성편향적인 어른들을 닮지 않고 있다는 점에서 불행하지도 않다.

4. 자율로서의 성을 찾아서

『숨어있기 좋은 방』은 착한 딸도 될 수 없고, 정숙한 아내와 공손한 며느리도 될 수 없는 한 여성의 진정한 자아찾기의 과정을 그린 소설이다. 이 소설을 제대로 이해하기 위해서는 일상의 삶 속에 존재하는 보편적인 기혼여성의 전형에서 크게 벗어나 있는 여성인물을 부도덕한 여성이라 비난하기에 앞서 오히려 그녀를 주체적인 무한 자유지향체로 바라보는 시각이 필요하다. 왜냐하면 그녀는 결혼제도에 도전하는 단순한 성윤리의 해체자에 그치는 것이 아니라 하나의 생명을 주관하는 막대한 영향력을 행사하면서 자신의 내면세계에 잠재해 있는 존재론적인 의미를 찾아나가는 자율체이기 때문이다.

「푸른 사과가 있는 국도」는 가족에게서 일탈된 즉, 가족의 개념에 저항하는 이 시대의 젊은이들의 일회적이고 소비적인 성을 다루면서 그들의 고립과 무질서 속의 개인화된 경험들을 다루고 있다. 이 소설에 등장하는 인물들은 대부분 타인과의 관계에서 진실을 강요하지 않으며, 상대방을 소유하려는 욕구도 없다. 이들에게 중요한 것은 자유로운 만남과 평등한 관계의 성을 주고받으며 자신들의 불안한 미래를 잠시 잊는 것이다. 따라서 이들에게는 지배도 없고 종속도 없다. 섹스란 스스로의 욕망의 원리에 충실하기 위한 자율적 행위이자 자신들의 상처를 감싸안는 행위이기 때문에 타인의 눈을 의식하거나 세속의 윤리에 그들 자신을 맞출 필요가 없는 것이다.

『숨어있기 좋은 방』이나 「푸른 사과가 있는 국도」에서 주인공들이 추구하는 성의 방식은 통념적으로 볼 때 명백히 일탈되어 있다. 결혼한 여성의 무분별한 외출과 남편 이외의 남성과의 관계, 가족의 개념을 무시한 채 결혼을 거부하는 젊은 여성의 분방한 만남과 헤어

짐, 그리고 돌발적 성유희 등은 보편적인 사회원리에서는 용납하기 어려운 행위들이다. 그런데 더욱 충격적인 것은 등장인물들이 금기를 위반하는 이단자들이면서도 그러한 사실들에 대해 자책감이나 죄의식 등과 같은 고뇌를 하지 않는다는 것이다. 그들은 적응할 수 없는 현실과 불안한 미래에 대한 예감 속에서 자아를 찾아나가고 지탱해 나가기 위한 버팀목으로 성을 추구하며, 자신들이 즐기는 성의 향유방식을 통해 자아와 타자의 존재의미를 규정하고 있을 뿐이다. 또한 그들에게 성이란 더 이상 남성과 여성을 구분짓는 의식의 산물이 아니며, 페니스에 상관되는 처녀지를 문제삼지도 않는다.10) 다시 말하자면 그들은 남성/여성, 능동적/수동적, 주체/대상이라는 위계질서를 파괴하고 있는 것이다. 그들은 최소한 지배와 종속의 원리를 섹스에도 그대로 적용하는 기성사회의 우를 범하지 않고 있는 것이다.

우리 시대의 성문화에서 여성에게 가장 강요되는 결정적인 특징 중의 하나는 바로 성적 대상으로서의 여성이라는 역할기대이다. 이러한 역할기대의 촘촘한 그물망 안에서 여성들이 남성에는 비견될 수 없는 성적 대상으로서의 기대를 강요받고, 여성들은 몸짓, 외모, 의복을 통해 바로 그런 기대들을 충족시켜야 한다.11) 일반적으로 성적 대상을 소유하고 소비하는 쪽은 사회적으로 구성된 남성의 성욕이고, 성적 대상으로 소비되고 소유당하는 쪽은 사회적으로 구성된 여성의 성욕12)이라는 점을 고려해 본다면 우리 사회에는 남성우월적 성욕이 제도화되어 있다고 볼 수 있다.

---

10) 우찬제, 타자의 목소리, 민음사, 1996, p.117.
11) 이성은, '성희롱 : 폭력의 희열과 죽음에의 의지', 김수기 외 편, 앞의 책, p.152.
12) 캐서린 맥키논, '포르노, 민권, 언론', 이명호 옮김, ≪세계의 문학≫, 1997, 봄호, p.411.

그러나 신이현이나 배수아의 작품들은 이러한 사회적 통념들에 무관심하다. 이들 작품 속의 등장인물들은 남성에 의한 여성의 억압이나 여성의 순결을 무시한다. 오히려 이들은 하나의 성이 또 다른 성을 소유하고 억압하는 방식에 분노하거나 목소리를 높이지 않으면서 사회의 금기를 자율적으로 위반하고 그것을 통해 여성 자아를 확장시켜 나간다. 이들은 또한 도덕적 단죄에 대해서도 부담을 느끼지 않으면서 자신들이 해체해 놓은 성 이데올로기 하에서 자신을 끌어안고 타인을 수용한다. 신비화된 여성 이미지의 창조와 그것을 통해 남성의 환상을 투영시키려는 모순도 일어나지 않으며, 등장인물들은 타자의 고유영역을 인정하는 대상화되지 않은 대등한 인간으로서 만나고 있는 것이다.

자신의 신체에 대한 소유권으로부터 주체적인 자유로움을 지향하는 여성들에게 과연 도덕의 잣대를 들이미는 것만이 능사가 될 수 있는지, 그리고 이러한 여성들의 출현을 단순한 감수성의 변화에 기인하는 것이라고 단정할 수 있는 것인지에 대한 재고가 필요할 때다.

낙태, 섹슈얼리티 그리고 반란 : 여성주의 영화를 향하여

―〈더 월〉, 〈여인의 초상〉, 〈바운드〉

강 소 원

　남성이 지배하는 영화 산업에서 페미니즘이 인식한 최초의 문제는 여성이 잘못 그려지고 있다는 점이라기보다는 여성의 존재 자체가 부재한다는 점이었을 것이다. 영화가 탄생한 1895년부터 페미니즘이 도래한 1970년대 이전까지 영화사의 수많은 영화들에서 여성은 남성 주인공들의 보조물이거나 혹은 하나의 미장센이었다. 70년대를 거치면서 문제에 대한 인식은 생겼으나 그후로도 오랫동안 영화는 퇴행적인 여성의 이미지를 팔아먹고 번창했다.
　그러고 보면 여성 운동에 있어 영화는 참으로 무감하고 시대에 뒤떨어진 매체인 셈이다. 역사적으로 각계 각층에서 다각도로 진행된 사회 운동이 영화에 적극적으로 반영되고 수정되는 동안에도 영화 속의 여성의 이미지만은 지독하게도 그 틀을 고수했다. 미국의 경우만 보더라도 영화에서 흑인 운동, 학생 운동이 그 효력을 효과적으로 발휘하고 있는 와중에도 여성 운동만은 소수의 비주류 영화(주로 독립 영화)들을 제외한 주류 영화들에서 주도면밀하게 재현되지는 않았다. 여성 감독들의 수가 극히 적다는 점도 하나의 이유가 되겠지만 그보다 여성주의 시각은 영화의 상업성을 망치는 데(?) 적격이라는 의식이 더 크게 작용했을 것이다. 이미지로서 여성을 바라보는 관음주의적 시각 쾌락증은 영화가 관객에게 안정적으로 제공하는 최대의 매혹이었고 어두운 극장은 그 은밀한 욕망을 죄책감없이 사고 파는 합법화된 시장이기도 했기 때문이다. 따라서 거의 대부분의 영화는 이러저러한 의미에서 '남성' 영화라고 할 수 있다.

이 글은 그러한 '남성' 영화들 속에서 여성의 모습을 그나마 제대로 재현해 낸 영화들을 는 일로부터 시작되었다. 완전하지는 않지만 하나의 가능성을 여는 데 일조한 영화들, 그 텍스트로 〈더 월〉, 〈여인의 초상〉, 〈바운드〉를 제시하고자 한다.

낙태에 관한 담론: 여성의 성을 규제하는 미끼-〈더 월〉

성을 규제하는 문제는 보수주의자들의 윤리 리스트의 첫번째 항목이었다. 특히 여성의 성을 규제하는 일은 남성의 성과는 달리 억압의 성격을 띠고 있었다. 그것은 인간의 역사를 통해 여러 가지 방식으로 행해졌는데 예컨대 중세 시대의 마녀 사냥도 엄격히 말해 여성의 능동적인 성을 규제하려는 암묵적인 합의에 의한 것이었다고 할 수 있다.

그 중 공적인 차원에서 논쟁이 가장 많이 이루어졌던 문제는 낙태에 관한 법 조항일 것이다. 무수한 세월에 걸쳐 이루어진 낙태에 관한 찬반 논쟁은 좀처럼 합의에 이르지 못했고 어쩌면 그것은 대립되는 양 진영의 논리적 토대를 보건대, 애초에 의견차를 좁힐 수 있을 소가 여성의 삶을 가장 잘 드러내는 표징이라고 생각한 걸까. 아니면 불행이 여성의 정체성 찾기의 필수 불가결한 과정이라고 생각한 것일까. 그 어느 것이든, 사랑과 결혼에 대한 들뜬 희망은 소녀 시절의 실체없는 미몽일 뿐이라고 생각한 건 분명하다. 이번에 제인 캠피온의 화살은 사랑과 결혼의 미혹을 향해 있다.

영화가 시작되면, 헨리 제임스의 원작과는 무관하게, 현대의 소녀들이 등장한다. 그녀들은 미래에 대한 설렘으로 자신의 내밀한 욕망을 털어놓고 있는 중이다. "키스를 할 때 가장 좋은 순간은 남자의 얼굴이 내 얼굴에 닿기 직전이야." 키스는 소녀들이 상상할 수 있는 최대한의 성적 욕망의 표현이다. 어떠한 사랑이 자신을 찾아올지 궁금해 하는 소녀들의 얼굴에는 오직 들뜬 희망뿐이다. 관객을 당황시키는, 영화를 여는 기대에 찬 소녀들의 클로즈업은 제인 캠피온의 서문인 셈이다. 오프닝에 등장한 익명의 소녀들은 소녀 시절을 보낸 혹은 보낼 여성 일반이기도 하고, 젊은 날의 제인 캠피온 자신의 모습이기도 하다. 그 소녀들의 미래는 헨리 제임스 소설의 19세기 유럽을 배경으로 펼쳐진다. 곧 이어지는 본론은 그 소녀들에게 보내는 제인 캠피온의 대답이다.

화려한 레이스와 치렁치렁한 치맛단, 얼굴의 베일. 보기에는 아름답지만 신체를 옭아매는 19세기식 드레스가 여성을 억압하던 시절. 19세기 유럽은 의복만큼이나 퇴폐적이고 가식적이며 허위에 차 있는 듯하다. 오프닝의 현대에서 설정 쇼트없이 건너뛴 19세기 영국. 자유분방하고 진취적인 미국인 처녀 이자벨 아처는 지금 막 구혼을 받았다. 그러나 그녀의 두 눈은 눈물로 일렁거린다. 그녀 앞에 서 있는 남자는 거의 완벽한 조건을 가지고 있다. 흔들리기 전에 집안으로 도피해야 한다는 생각이 그녀의 발걸음을 재촉한다. 결혼으로 다른 기회를 놓치고 싶지 않은 것이다. 이자벨의 성적 욕망을 자극하는 또다른 구애자도 있다. 그도 이자벨의 방에서 내쫓긴다. 개인적인 야망에 더 관심이 있었기 때문이지만, 곧 이어지는 상상 시퀀스는 이자벨의 딜레마를 내비치면서 그녀의 단호함을 흔들어 놓는다.

상상 시퀀스는 두 번째 구혼자 굿우드가 그녀의 뺨에 작별 인사를 하고 떠난 이후 그녀가 성적인 욕망에 들뜨는 혹은 시달리는 모습으로 전개된다. 이 신은 굿우드를 사랑하는 이자벨의 감정을 드러내는 게 아니라 여성이 가진 성적 욕망 그 자체에 대해 말하고 있다. 자신의 손으로 얼굴을 어루만지며 성적 환타지를 느끼는 이사벨을 보여주다가 쇼트가 바뀌면 그 손이 남자의 손길로 바뀌어있다. 화면이 점점 넓어지면서 여러 명의 남자가 한 번에 보인다. 방금 거절당한 두 명의 남성이 침대에 누워있는 이자벨의 옷을 벗기면서 애무하고 있고 그녀의 사촌 랄프가 그 모습을 옆에서 지켜보고 있다. 한 화면 안에 있는 네 명의 인물 중 욕망의 주체는 이자벨이다. 그녀의 사랑 받고 싶은 욕구 혹은 스스로 통제할 수 없는 섹슈얼리티에 대한 갈망은 남성 감독이라면 몰랐거나 인정하고 싶지 않아 영화 속에서 생략했을 부분이다. 왜냐면 그러한 것들은 자연스럽지 않아 보이기 때문이다. 그것을 부자연스러운 것으로 인식시킨 점은 분명 남성 위주의 산업인 영화에서 남성 감독들이 행한 틀에 박힌 재현 방식에 기인하는 바 크다.

영화사를 통해 남성 감독들이 지속적으로 형상화한 여성의 성은 남성의 욕망에 종속된 부수적인 성이다. 이때 여성을 시선의 대상(성적인 구경거리)으로 남성을 시선의 주체(능동적으로 보는 자)로 이분화한 기존의 입장은 여성의 성적 쾌락을 배제하고 있다는 전제에서 출발한다. 섹슈얼리티의 주체로서의 여성은 남성 감독의 주류 영화에서는 불온하고 비정상적인 여성일 뿐이다. 일반적으로는 그조차 생략되어 있지만.
  하지만 여성이라고 해서 자신의 성적 욕망을 모두 긍정하는 것 같지는 않다. 역사적으로 남성들뿐만 아니라 보수적인 여성들이 도덕적인 이성을 향한 움직임에 앞장섰는데 그들이 내세운 새로운(?) 여성 모델은 성적 욕망이 없는 정숙한 아내로서 스스로를 이상화한 것이었다. 그들은 자신의 성적 욕망을 내보일 수 없었고 있다 하더라도 없는 척해야 했고 그게 바로 이상적인 여성의 모습이라고 생각하였다. 따라서 여성은 오랫동안 성관계에 있어서 철저히 수동적인 위치에 머물러 있어야 했다. 정상으로 간주되는 금욕적이거나 무감한 여성 이외에 자신의 성적 욕망을 드러내는 여성은 모두다 직업적인 창녀이거나 타락한 여성 혹은 비정상으로 간주된 것이다. 그러나 이 신에서 보여진 이자벨은 지극히 아름답고 자연스러운 욕망의 주체로 그려져 있다. 놀라울 정도로. 헨리 제임스의 소설을 훌쩍 뛰어넘어, 제인 캠피온이 자신이 이름을 영화 속에 각인시키고 〈여인의 초상〉을 여성이 생각하는 여인의 초상으로 재창조했다면 그것은 이러한 부분들에서 기인할 것이다.
  영화의 도입부 상상 시퀀스 외에도 여성의 성적 쾌락 혹은 욕망을 드러내는 신은 영화 전반에 걸쳐 다른 형식으로 반복적으로 심어져 있다. 잘 정돈된 매끄러운 서술 전개 사이사이에 도발적인 제인 캠피온의 발언들이 불쑥불쑥 튀어나와 놀라게 하고 감탄하게 한다. 이자벨이 극동을 여행하는 중에 접시 위의 음식에서 사랑을 고백하는 오스몬드의 입술 환각을 보는 장면이나 이자벨의 벗은 몸을 표현주의적인 양식으로 제시한 신은 섹슈얼리티에 대한 자각을 강박에 가까운 형태로 보여준다. 엄격히 말해 영화적 재현의 형식이 생물학적인 의미에서든 존재론적인 의미에서든 성에 따라 달라지는 것 같지는 않지만, 여성의 성적 욕망을 남성의 욕망처럼 이처럼 지극히 자연스러운 것으로 드러내는 경우는 카메라 뒤에 선 감독의 여성성에 영향을 받았음에 분명하다.

이처럼 자신의 욕망에 대한 아름다운 주체인 이자벨이 무너져내리는 계기는 로맨스와 결혼으로 인해서였다. 여성의 정체성 발견과 결혼은 근본적으로 충돌할 수밖에 없는 요소라는 것은 아니지만 때때로 로맨스와 결혼에 대한 지나친 환상은 여성의 정체성을 밟고 일어서는 결과를 낳는다는 것조차 부정할 수는 없을 것이다. 모든 발전이 비판 의식에서 비롯되듯이, 여성의 자의식이 강하면 강할수록 종속과 의무를 강요하는 사회 제도들은 점점 의심스러워진다. 이때 결혼은 억압적인 사회 제도의 목록 중 맨 꼭대기에 놓여져 있다. 영화의 전반부에 보여지듯이 결혼이 가져올 여성의 자유와 권리 포기를 철저히 경계하는 이자벨도 로맨스는 피해갈 수 없었다.

로맨스는 깨어지기 쉽고 기만에 가득찬 것이지만, 그것이 〈피아노〉에서 여성의 정체성 회복에 대한 하나의 대안으로 제시되었듯이, 제인 캠피온은 로맨스 자체를 거부하지는 않는다. 그것은 남성 인물의 성격 설정으로 분명해진다. 이자벨과 로맨스에 빠지고 그녀와 결혼하는 이는 그녀의 재산을 노리고 전략적으로 접근한 교활한 남자 길버트 오스몬드이다. 그는 이사벨을 가족과 사랑, 희생이라는 전통적인 덕목의 감옥 안에 가둬두고 결혼이 가져다준 가부장적인 전권을 추상같이 휘두른다. 이 점은 갈등을 드러내는 몇몇 장면에서 분명해진다. 이자벨의 치맛단을 뒤에서 밟아 넘어뜨리고 소파에 쿠션을 쌓아 놓고 그 위에 그녀를 안아서 올려 앉혀 놓고 야단치고 이자벨이 항변하는 구절마다 손등을 신경질적으로 때리다가 급기야는 뺨까지 때리는 행위는 그것을 부부 싸움이 아니라 마치 자의식 없는 아이에 대한 체벌로 보이게 한다. 곧이어 나오는 신은 모욕적인 싸움 이후에 화해의 제스춰를 취하는 척하고 그를 받아들이려고 하는 만한 것이 아니었는지도 모른다. 말을 하지 못할 뿐 생명을 가진 태아의 권리, 이미 현실적인 삶을 영위하고 있는 여성의 권리. 이 두 권리 사이를 오가는 논쟁은 낙태 반대자의 주장처럼 도덕이나 인권, 책임과 생명존중 등의 지고지순한 이상만으로 단순히 재단될 문제가 아니다.

논쟁은 지금도 계속되고 있고 〈더 월〉은 민감하고도 첨예한 이 논쟁의 한가운데로 카메라를 가져간다. 카메라는 다큐멘터리의 눈처럼 객관적인 것처럼 보이지만 사실은 여성의 눈으로 우리에게 말을 건다. '생명을 존중하는 당신은 물론 낙태를 반대하겠지만 이 문제로 인해 여성들이 겪은 역사를 아느냐'고. 〈더 월〉은 시대의 변화에 따라 낙태의 문제를 둘러싼 세 여성의 구체적인 삶을 제시하면서 그 문제에 관한 논의를 다시 제기한다.

1952년, 낙태는 불법이었다. 간호사인 클레어는 남편이 전사한지 6개월도 되지 않아 시동생의 아기를 갖게 되었다. 도덕적인 문제와 현실적인 정황을 보아 이 아기는 도무지 낳을 수가 없다. 그러나 합법적으로 아기를 지울 방법도 없다. 클레어는 불법 시술사에게 수술을 받는다. 도움을 청하기도 전에 흥건한 피 속에서 그녀는 그렇게 죽어간다.

그녀의 임신은 물론 혼자만의 임신이 아니었지만 남성의 도움을 받을 수가 없었다. 상황도 상황이지만 예기치 못한 임신은 언제나 여성의 책임 혹은 여성만의 문제였다. 물론 육체적인 고통을 감당해야 하는 것도 여성이다. 클레어가 처한 상황의 고통이 스크린을 뚫고 관객에게 고스란히 전달되면서 여성을 인간으로 간주하지 않는 폭력적인 사회적 제도에 대한 분노가 배가된다. 그 법은 불법 낙태 시술자의 살인처럼 그 자체가 살인이다. 첫번째 에피소드는, 낙태 금지법은 여성에게 가하는 육체적인 폭력과 다를 바 없다는 것을 처절하게 시각화하면서 새삼 충격을 던져준다.

1974년. 이제 합법적으로 인공유산이 가능하다. 뻔한 살림에 이미 네 자녀를 둔 바브라 앞에 느닷없이 임신이라는 문제가 닥친다. 게다가 그녀는 이제 막 문학 공부를 시작한 참이다. 엉겨 사는 가족도 가족이지만 이제 시작한 공부를 포기할 수도 없고 그렇다고 해서 뱃속의 아기를 차마 없앨 수도 없다. 결국 낳기로 결정한다. 슈퍼우먼이 되면 되니까.

이 에피소드는 자아 성취의 목표를 추진시키려는 페미니즘 세대의 욕망과 가족의 울타리를 탄탄하게 영위하려는 책임을 가진 가정 주부의 욕망 사이에서 그녀가 느끼는 덫의 의미를 극화한다. 자신이 논문 주제로 잡은 여류 작가의 가정 생활이 엉망이었다는 사실에 실망감을 느끼면서 양쪽 모두를 훌륭하게 이뤄내고 싶은 바브라는 어느 측면에서나 그리 특출한 여성은 아니다. 평범한 가정 주부라도 가질 수 있는 일과 가정에 대한 욕망을 바브라 또한 가지고 있을 뿐이다. 최종적인 결정으로 인한 그녀의 희생은 자신의 두려움 때문이지만 또 부분적으로는 여성으로 하여금 가정의 지배에 종속되도록 강요하는 사회 제도의 잘못 때문이기도 하다는 것을 이 영화는 희미하게나마 암시한다.

여하튼 생활비를 지금보다 훨씬 더 많이 벌어야 한다는 압박에 고민하는 남편과 북적거리는 동생들 때문에 자신의 대학 진로가 불투명해진 것을 걱정하는 큰딸의 반대에도 불구하고 바브라가 출산을 결정하는 것은 현명한 선택 같아 보이지는 않는다. 그럼에도 그녀로 하여금 그러한 결정을 내리도록 사회적으로 강요하는 무엇이 있다는 것이다. 여성의 위치는 가사 노동과 유아 양육에 귀속된 것이며 그로 인해 더 큰 짐을 떠맡는 것조차 여성의 자연스러운 기능이라는 사회적 인식이 그것이다. 그것의 남녀 성차에 의한 역할의 강압적인 고정화이기도 하다. 비록 약한 어조이기는 해도 직설법 대신 돌려 말하면서 일과 가정 사이에서 압박을 느끼는 여성의 전통적인 위치에 대해 반성적으로 재고해 보자는 의도가 읽혀진다.

 1996년. 세월이 흘렀다고 낙태라는 문제가 가벼워진 건 아니다. 그 무게는 여전하다. 대학생인 크리스틴은 지도 교수의 아기를 임신하지만 이제 그는 떠나고 남은 건 그가 쥐어 준 돈 봉투 하나다. 낙태를 반대하는 친구의 만류에도 불구하고 크리스틴은 병원으로 향한다. 병원 앞엔 낙태 반대 시위가 한창이다. 수술을 무사히 마친 순간 들이닥친 극렬 낙태 반대주의자의 총탄에 의사는 쓰러지고 그녀는 절규한다. "도와줘요."

 크리스틴은 대학 교육을 받은 지적이고 유능한 여성이지만 임신과 낙태라는 문제 앞에서는 그저 한 명의 여성일 뿐이다. 농락당한 희생자로서의 여성은 사실 선택의 여지가 없는 셈이다. 그녀가 병원으로 향하는 것은 그래서 당연해 보인다.

 이 에피소드는 예외적으로 주인공이 두 명이다. 전반부를 이끄는 크리스틴의 고뇌가 후반부 낙태 시술 의사의 수난으로 자연스럽게 넘어가면서 감독이 말하고자 하는 전언이 다소 또렷해진다. 크리스틴이 남성의 희생자라고 한다면 이 단락을 만든 감독이자 의사역을 맡은 셰어는 보수주의의 희생양이다. 그녀가 살해당하는 마지막 신은 순교의 분위기마저 띠면서 관객에게 질문의 화살을 던진다. 도대체 누가 진짜 살인자인가?

 낙태를 둘러싼 논쟁에서 보수주의자들은 낙태 금지를 근본주의적인 종교적 가치로의 복귀로 옹호하였다. 다시 말해 그들은 파시즘의 성격을 띤 종말론적인 조류와 연합했던 것이다. 얼핏보기에 그들의 이상은 숭고해 보인다. 그러나 그것이 얼마나 강압적이며 한 쪽의 권리를 무시한 반휴머니즘적인 주장인가 하는 것은 실제 개개 여성의 삶에 현미경을 들이대 보면 자명해진다. 물론 그렇다고 해서 낙태를 모두다 정당화할 수는 없을 것이다. 무엇보다도 낙태에 관한 논의는 일련의 낡아빠진 보수적 가치로 성적 도덕적 질서를 복구하는 일이란 불가능하다는 사실을 인정해야 한다는 수준에서 이루어져야 할 것이다. 〈더 월〉도 거기까지이다.

〈더 월〉은 낙태라는 민감한 소재를 두고 할리우드의 힘있는 여성들이 모여서 벌인 설득력 있고 짜임새 있는 집회 같다. 엄밀히 말하면 시위의 성격이 없잖아 있지만 그들은 목소리를 높이지도 다양한 견해차를 배제하지도 않는다. 그러면서도 그들이 원하는 바를 얻어낸다. 그(녀)들은 여성주의 시각을 포석으로 깔고 있으나 목소리 높여 어느 한 쪽을 주장하기보다는 양쪽에 귀기울이는 진중함을 보여준 것이다. 그리고는 관객에게 질문을 던진다. 임신과 출산, 낙태를 둘러싼 여성의 삶을 깊이 생각해 본 적이 있느냐고. 〈더 월〉은 그 질문에 반성적으로 답해야 하는 우리를 위한 보고서이다.

2. 여성 섹슈얼리티의 증명 - 〈여인의 초상〉

〈여인의 초상〉은 〈스위티〉, 〈내 책상 위의 천사〉, 〈피아노〉를 통해 여성의 삶과 정체성을 재발견해 온 제인 캠피온의 네 번째 영화이다. 이번에도 그녀의 관심은 여전히 그런 것들이다.

그러나 이번엔 훨씬 더 고통스럽고 어둡다. 신경증적인 스위티, 열등감에 사로잡힌 자넷 프레임, 침묵 속의 아다에 비하면 아름답고 지적이며 야망에 찬 이자벨 아처는 거의 완벽해 보인다. 그럼에도 그녀는 이들 중 가장 불행해 보인다. 제인 캠피온은 불행이라는 요이자벨을 다시 기만하는 장면이다. 이때 성적인 접촉 혹은 그것에 대한 거부는 가장 모욕적인 방식의 권력 행사다. 오스몬드를 만나기 이전에 고고하고 강인했던 이자벨은 오스몬드와의 이러한 사도마조히즘적인 관계에서 차츰 정체성을 잃어간다. 그걸 다소 고통스럽게 지켜봐야 하는 관객은 영화가 길을 잃고 결국은 미로에서 빠져나오지 못하는 게 아닐까라는 의심마저 갖게 된다.

그도 그럴 것이 오스몬드라는 덫에 걸린 이자벨의 초상은 점점 눈물로 얼룩지고 활기없이 창백하고 냉정하게 굳어진다. 셀 수 없이 많이 나오는 눈물로 얼룩진 얼굴 클로즈업이 제인 캠피온이 말하고자 한 여인의 초상일까. 잔인하지만 소녀 시절의 미혹을 깨는 데는 성공한 것으로 보인다. 그럼에도 영화는 끝까지 풀어지지 않는다. 일반적으로 형식적인 결말(로맨스 영화일 경우 결혼, 그 외 영화에서 결혼의 파탄 그 결과에 대한 원인 책임자로서의 여성의 처벌-불행한 삶)은 여성에게는 실내와 가정의 영역이 가장 잘 어울린다는 식의 주제 의식을 환기시키는 역할을 하기 마련이다. 다시 말해 닫힌 결말의 서사 완결은 여성과 관계된 그 어떤 것도 이후에는 존재하지 않음을 암시하는 기능을 은연중에 수행한다. 결혼의 파탄으로 불행에 빠지게 된 여성은 거기서 그녀의 삶은 끝장났다는 느낌을 관객에게 안겨주고, 밀고 당기는 감정 싸움을 하던 연인들이 영화의 마지막에 결혼을 하게 되면 그 전에 그들의 성격이 얼마나 충돌했었던가와는 상관없이 그들의 이후 삶은 영원히 핑크빛일 거라는 확신을 안겨준다. 영화 속 여성의 삶은 결혼과 로맨스 성사의 여부에 달려 있다. 관객 또한 그 이후는 생각지 않는다. 그러나 제인 캠피온은 형식적 결말을 피해 결혼의 파탄과 사랑의 상실이라는 통로를 거친 이자벨 아처의 삶을 불안하게 열어 놓고 끝낸다.

마지막 신. 결혼의 감옥에서 가까스로 빠져나온 이자벨에게 또다시 구혼해 오는 이가 있다. 그녀는 또다시 집으로 달려가지만 문은 완강히 잠겨 있다. 닫힌 문 앞에 선 이자벨. 그녀 앞엔 자신의 얼굴만큼이나 창백한 겨울의 냉기만이 가득하다. 꿈꾸고 있기에는 너무나 추운 현실이다. 불투명한 그녀의 미래는 나아질 것도 없고 더 이상 나빠질 것도 없지만, 도도하고 엉뚱하고 꿈만 꾸던 소녀적 감성에서 벗어나 자신의 정체성만은 그 작은 손 안에 단단히 쥐고 있는 듯하다. 〈여인의 초상〉은 여성의 성적 욕망에 대한 아름다운 선언이자 자아를 찾기 위한 길고도 고단한 여행이었다.

3. 시선 주체의 회복 혹은 남성 장르에 틈새 내기 — 〈바운드〉

70년대와 80년대에 서구에서 페미니즘 운동이 여러 형태로 전개되어 가는 중에 가장 급진적인 성격이면서도 가장 순수한 형태라고 불렸던 것은 레즈비언 영화였다. 이들은 남성성 그 자체의 완전성의 신화를 깨고 남성의 지배를 거부하고 여성간의 연대를 그리는 데 레즈비어니즘만이 대안이라고 생각했던 것이다. 그러나 주류 영화에서 레즈비언을 소재로 한 영화를 찾아보기란 쉽지 않은 일이었다. 그것은 그로부터 시간이 꽤 흐른 지금도 마찬가지이다. 주류 영화 속의 레즈비어니즘은 은유적인 방식으로 숨어 있거나(수많은 관객들이 감동적인 영화라고 손꼽았던 〈프라이드 그린 토마토〉의 경우 원작에서 뚜렷하게 제시되었던 레즈비어니즘은 영화로 진입하면서 두 여성간의 우정으로 희석, 완화된 방식으로 드러났다. 그리고 이 영화에 긍정적인 반응을 보인 많은 사람들도 막상 텍스트 하부에 은유적으로

도사리고 있는 레즈비어니즘을 끄집어낸다면 불쾌하게 여길지도 모르겠다. 그럼에도 〈프라이드 그린 토마토〉가 그나마 레즈비어니즘의 형체를 다소 선명하게 드리우고 있다면 〈델마와 루이스〉의 경우는 더욱더 은폐적이다) 그도 아니면 깨끗하게 배제함으로써 아예 존재치 않은 것으로 치부해 버렸다. 그에 비해 남성의 동성애(미국에서 70년대와 80년대에 집중적으로 쏟아져 나왔던, 남성들간의 연대를 그린 '버디 영화'는 여성을 완전히 배제하는 남성 장르 영화였다. 버디 영화는 남성 권력의 환타지를 선포하는 남성성에 대한 찬양이다. 남성은 그 자체로 완전하고 아름답다는 것이다. 버디 영화에서 진정한 로맨스는 남성들 사이에 존재한다. 그러나 동성애에 대한 두려움과 사회적 금지의 효력으로 인하여 그들은 얼굴을 마주 보지 않고 나란히 서는 식으로 내재된 두려움을 은폐시켰다. 그러나 이 글에서 말하는 남성간의 동성애는 은폐된 형태가 아니라 직접적인 경우를 말한다. 예컨대 주류 영화에서 〈필라델피아〉, 〈뱀파이어와의 인터뷰〉 등이 그러한 경우에 속한다)는 현대 영화에서 새로운 소재로 떠오르고 있는 중이다. 왜 게이 영화는 대체로 보편성을 확보하면서 적극적으로 만들어지고 있는데 레즈비언 영화만은 역겨움을 준다는 불편부당한 인식이 생겨났을까. 왜 영화는 남성과 관계하지 않은 여성은 필요로 하지 않는 것일까. 레즈비언 영화에 대한 거부나 은폐가 영화 속의 남성의 질서를 온전히 보존할 최선의 방법이라고 생각한 것일까. 여하튼 그 어떤 배제의 전략에도 불구하고 현실에서 레즈비어니즘은 존재한다. 그리고 극소수이기는 하지만 그것을 긍정하고 인정하는 태도를 보여주는 영화 또한 분명히 있다. 〈바운드〉는 주류 안에서 그것이 가능함을 보여준다. 제 1회 여성 영화제에서 여성 관객의 열렬한 호응을 얻어냈던 이 영화는 폭력적이고 에로틱한 방식으로 남성만의 세계를 깨부수는 쾌감의 레즈비언 영화이다.

우선 장르 얘기부터 시작하자. 〈바운드〉는 전통적인 남성 장르인 갱스터에 스릴러를 가미한 90년대식 페미니즘 필름 느와이다. 필름 느와는 여성을 과도하게 이미지화시키고 남성들만의 세계를 법과 일탈 그리고 파멸을 모티브로 펼치는 장르이다. 여기서 남성 욕망에 의한 물신 숭배의 대상과 절대적인 남성 권력의 수동적인 굴복자로서의 여성은 일견 그 세계에 반격을 가하는 것처럼 보이기도 하지만 언제나 결말은 파멸이다. 이때 여성의 파멸은 죄지은 자의 처벌에 가깝다. 그녀들은 남성을 파멸시키는 요부이자 규칙 위반자, 법의 경계를 이탈하는 자인 것이다. 그래서 필름 느와의 전형적인 여성을 두고 팜므 패탈(femme fetal)로 이름하지만 조금만 더 생각해보더라도 이 용어는 그 자체로 성차별적 이데올로기를 내포하고 있음을 알 수 있다. 말하자면 남성이 질서와 법, 이성의 존재라면 여성은 과도하게 감정적이며 반이성적, 비도덕적 존재라는 것이다. 그러므로 법과 예절의 질서를 위협하는 팜므 패탈을 처벌함으로써 남성의 사회적 권력을 보존하겠다는 것이 필름 느와의 성정치학이다. 〈바운드〉는 필름 느와 양식을 채택하면서 동시에 그것을 정치적으로 뒤집는 데 초점을 두고 있다.

영화는 시카고 어느 아파트에서 시작된다. 이제 막 감옥에서 출감한 전과자이자 배관 수리공인 코키와 마피아 조직원 시저의 정부인 바이올렛은 엘리베이터에서 우연히 만나 사랑에 빠진다. 배관 수리공이라는 직업에 어울리게 낡은 청바지에 러닝 셔츠를 입은 코키는 전형적인 남성적 이미지를 가지고 있는 반면 바이올렛은 몸매를 드러내는 의상부터 시작해서 옆에 서기만 해도 향수 냄새에 머리가 어쩔할 듯한 뇌쇄적인 여성미를 과시하는 요부 스타일이다. 이러한 대비적인 인물 설정은 전통적인 남녀 관계의 로맨스를 연상시킨다. 그것에 관한 논의의 폭을 좀더 넓혀보면 게이, 레즈비언 운동과 성해방 운동은 문화 분야에서 기존의 성별 관계의 구조를 변형시키면서 이성애주의적인 가부장제에 대한 대안을 창출하는 것으로 여겨졌다. 그러나 복장 도착자들과 이성전환자들의 경우 게이, 레즈비언 운동과 여성해방운동을 서로 분열시키는 요인으로 작용하기도 했다. 그것은 그들의 성적 취향이나 다른 방식의 성행위에 대해서라기보다는 현존하는 성별 관계의 상투성을 영속시킨다는 주장이 문제가 되었다. 〈바운드〉의 두 여성은 복장 도착자나 이성전환자들은 아니지만 코키의 남성적 이미지와 바이올렛의 여성적 이미지는 그 자체로 너무 과도해서 이성애주의자들의 성별 관계를 그대로 재현하고 있다는 혐의가 없진 않다. 그러면서도 한편으로는 남성도 아니고 여성도 아닌 성적 위치의 가능성을 열어준다는 점도 눈에 띈다. 그들은 어떻게 보면 남성처럼 행동하는 것처럼 보이기도 하고 어떻게 보면 여성처럼 행동하는 것처럼 보이기도 한다. 외형적으로 팜므 패탈의 이미지를 그대로 따르고 있는 바이올렛은 코키에 비해 능동적이고 적극적이라는 점에서 코키보다 오히려 더 강해보이기도 하고 코키는 바이올렛에 비해 좀더 감정적이고 상대에 대해 충실하다는 점에서 전통적인 여성성을 내면에 숨겨 두고 있기도 하다. 이러한 성 역할의 전환은 일반적으로 남성보다 여성에게서 더 쉽게 발견되곤 한다. 왜냐하면 여성은 전통적으로 남성이 독점하였던 재현과 사회화 방식을 극복하려는 과정에 있기 때문이다.

　이 영화에는 로맨스 성립 이전의 전희 과정이 없다. 미묘한 긴장은 감돌지만, 초반부터 두사람은 그들을 지배하는 남성들의 눈을 피해 서로의 육체에 이끌리고 정신적으로 교감하는 사이가 된다. 감정이 깊어감에 따라 자연스레 그들만의 새로운 삶을 꿈꾸게 되고 마피아의 돈 200만 달러를 훔쳐낼 계략을 짜면서 영화의 플롯은 점점 복잡해진다. 본격적으로 남성의 세계에 반격을 가하기 시작한 것이다. 그러나 돈 가방을 빼돌리는 데까지는 성공했지만 그들 생각만큼 남자들을 따돌리기가 쉽지는 않다. 사건은 자꾸 꼬여들기만 하고 그 사이에 서로에 대한 배반의 불안감도 꿈틀댄다. 남성의 권력, 법의 질서를 파괴하려는 여성들은 팜므 패탈의 운명에 따라 처단될 것인가. 〈바운드〉는 처음부터 끝까지 필름 느와의 공식을 의도적으로 깨뜨리면서 페미니즘 느와의 틈을 만들어낸다. 그 틈에서 새어나오는 빛은 유혈이 낭자한 갱스터의 세계에서 그녀들을 구원한 것이다. 영화는 그녀들의 열정적인 키스 신으로 끝난다.

〈바운드〉는 과격하거나 노골적인 것을 솔직하게 재현하는 데는 한계가 있는 주류 영화의 틈바구니에 있지만 대충 '척'하는 식으로 넘어가려는 얄팍한 술수를 부리지는 않는다. 그들의 관계는 우정이 아니라 사랑이고 따라서 성적인 관계가 분명히 있음도 밝힌다. 서로를 욕망하는 그들의 시선은 서로를 향하고 있고 이 시선의 교환에는 주류영화의 관음적인 시선과는 분명 차원을 달리 한다. 여기서 페미니즘과 영화적 시선에 관한 연구를 살펴보는 것은 어느 정도 유용해 보인다.

일반적으로 페미니즘 연구가 대부분 '시선'을 중심으로 전개되는 경향이 있다면 이러한 관점의 연구는 레즈비언 영화를 전적으로 배제한 상태에서만 적용 가능하다고 할 수 있다. 왜냐면 레즈비언 영화에서 '시선'은 시선의 주체로서의 남성 관점을 철저하게 소멸시키면서 여성의 보기만으로 영화를 이끌어가기 때문이다. 〈바운드〉 또한 코키와 바이올렛의 시선으로 서사가 진행된다. 여기서 한가지 지적하고 넘어가야 할 점은 이제까지 페미니즘 영화 이론은 이러한 시선의 문제를 시원하게 해결하지 못한 탓도 있겠지만 레즈비언 관점을 체계적으로(?) 배제함으로써 페미니즘 영화 이론의 왜곡을 가져왔다는 점도 인정해야 할 것이다. 「점프 컷」의 『레즈비언 특별 단락』에서 남성 관음주의에 집중된 페미니스트 영화 이론의 한계를 지적한 여러 페미니스트들의 말은 경청해 볼만하다.

"여성 동성애에 대한 진실한 인식은 여성이 남성들 사이에서 교환되는 피할 수 없는 대상이거나, 여성을 이성애에 근거한 '성적 차이'라는 영원한 함정에 고정된 것으로 여기는 관념에 진지하게 도전한다. 스크린 상의 모든 여성들을 남성 욕망의 대상으로만 보는 페미니스트 이론 - 의미상 레즈비언까지를 포함해서 - 은 부적절하다."

〈바운드〉는 페미니즘 서사에 레즈비언을 적극적으로 도입하여 필름 느와의 틀에 박힌 여성성과 영화 속의 시선의 문제를 통쾌하게 뒤집어 놓는 데 성공한 것으로 보인다. 말하자면 이 영화는 남성 장르에 틈새를 만들어낸, 페미니즘의 새로운 통로로 기억될 것이다.

영화 속의 성 그리고 여성
— 영화 〈산부인과〉, 〈301·302〉를 중심으로

송 명 희

1. 머리말

 페미니즘이 이 시대와 문화예술의 핵심적 담론의 하나로 떠오르면서 80년대 이후 문학, 미술, 연극, 영화 등 제분야에서 페미니즘을 표방하는 문화와 예술이 만들어지기 시작했다. 어떤 의미에서 본다면 페미니즘은 상업성을 지닌 상품이 되기 위한 중요한 조건으로 부각되고 있다고도 말할 수 있다.
 페미니즘 영화는 여성운동 집단에서 뚜렷한 목적성을 갖고 남성적 영화형식과 남성적 담론을 거부하는 소위 교육용의 필림들이 제작된 바 있다. 〈꿈의 나라〉, 〈작은 풀에도 이름 있으니〉, 〈굴레를 벗고서〉, 〈아시아에서 여성으로 산다는 것〉과 같은 영화들은 영화를 통한 여성운동, 문화운동의 차원에서 비상업적인 목적성에 의해 제작되었지만 운동성을 벗어나 영화적 완성도나 대중성 확보라는 차원과는 거리가 영화였다. 그러나 이들이 영화를 통해서 추구한 목적의식은 상업적인 충무로 영화에 일정한 영향을 미쳤다고 말할 수 있을 것이다.

왜냐하면 80년대 이후 우리의 영화에는 피해자로서의 여성의 숙명을 다룬 최루성 여성영화나 여성의 육체를 상품화한 포르노성 영화가 아닌, 여성이 주체적 삶을 찾아가는 영화들이 등장했기 때문이다. 즉, 상업적인 대중영화에서도 남녀의 역할 변화에 따른 갈등과 여권신장의 사회적 분위기를 반영하면서 남성지배사회의 피해자나 종속적 존재로서의 전형성을 벗어나 주체적 자아를 회복해가는 새로운 여성상을 그려내기 시작했다.

남성감독이면서도 페미니즘 담론을 자신의 영화에서 핵심적 주제로 취급해온 영화감독으로 박철수, 이현승 등을 생각해 볼 수 있다. 〈안개기둥〉, 〈어미〉, 〈산부인과〉, 〈301·302〉 등 소위 페미니즘 영화로 불리워질 수 있는 영화들은 박철수 감독의 작품이다. 그는 80년대부터 페미니즘 계열의 영화를 꾸준히 만들어 왔다고 할 수 있다. 대체로 남성감독이 만든 영화는 페미니즘 영화가 되기 어려움에도 불구하고 박철수 감독은 〈그대 안의 블루〉, 〈네온 속으로 노을이 지다〉를 감독한 삼십대의 이현승 감독과 함께 페미니즘 영화를 지속적으로 만들어 왔다.

박철수 감독은 최근작 〈301·302〉, 〈산부인과〉 두 편에서 여성문제를 나름대로의 성실한 문제의식을 갖고 접근하고 있다. 특히, 그가 남성감독으로서 여성문제에 대해 지속적으로 영화적 정열을 보여준다는 것은 여성계에서는 환영해야 할 일이라고 할 수 있다.

영화 〈산부인과〉는 여성성기가 그대로 노출되며 아이가 자궁을 빠져나오는 출산장면을 몇 차례나 보여주었고, 산부인과에서 여성들이 내진을 받을 때에 의사가 성기를 들여다보는 장면을 너무도 적나라하게 공개함으로써 깊은 충격을 주지만 그것은 남성적 시선에 의해 만들어진 포르노물과는 다르게 출산과 관련된 여성의 성을 진지하게 다루었다는 평가를 가능하게 한다. 즉, 여성의 성기에 대한 적

영화 속의 성 그리고 여성 137

영화 〈산부인과〉의 한 장면

나라한 노출에도 불구하고 그것이 결코 남성의 관음증적인 시선에 노출된 성, 남성의 대상화된 성으로 해석되지 않는다는 데에 박철수 감독의 페미니즘에 대한 진지함이 있다. 한편, 〈301·302〉는 일종의 심리주의적 영화로서 살아있는 애완견과 사람을 죽여 음식의 재료로 삼았다는 점에서 컬트적 요소가 가미된 페미니즘 영화로 받아들여지고 있다.

2. 향유하지 못하는 여성들의 성 －〈산부인과〉

영화 〈산부인과〉는 산부인과 병원을 중심공간으로 설정하고 두 명의 산부인과 의사(황신혜와 방은진 분)를 중심축으로 하여 출산뿐만 아니라 낙태, 피임, 불임, 인공수정, 강간, 매춘, 여성구타, 자위 등 다양하게 성과 관련된 문제들을 마치 다큐멘터리처럼 가감없이 드러낸다. 〈산부인과〉는 일정한 내러티브 구조를 갖지 않은 채 성과 연관된 여러 개의 에피소드가 나열되며, 에피소드들 사이에 인과관계는 존재하지 않는다.

산부인과는 임신과 출산을 관장하는 기관이지만 우리는 그곳에서 오히려 우리 사회의 성풍속도를 집약적으로 들여다 볼 수 있다. 즉, 정상적 결혼제도내에서 이루어지는 임신과 출산을 돕는 기능 이외의 비정상적으로 왜곡되고 타락화된 성과 만날 수 있다. 우리 사회에서 성은 일부일처제의 결혼제도내에서 이루어져야 하며, 이성애를 정상적 규범으로 간주한다. 하지만 〈산부인과〉에서 이러한 정상적 규범을 벗어난 수많은 비정상적 성과 만날 수 있다. 결혼제도내의 출산과 사랑과 대화의 표현으로서의 성, 주체적 경험으로 향유되는 쾌락이 아니라 혼외정사, 성폭력, 지배와 정복, 타락된 쾌락으로 얼룩진 성과 만나게 된다. 즉, 성적 영역에서 이루어지는 우리 시대의 성적 타락상과 함께 여성의 소외와 비인간화, 그리고 여성을 차별하는 가부장적 사회구조가 어김없이 노출된다.

프랑스의 페미니스트 안니 르끌렉은 여성의 월경, 임신, 출산, 수유와 같은 여성의 육체가 겪는 실제적이면서도 은유적인 경험들이 항시 남성에 의해서 우롱당해 왔으며, 거기에 대해서 말하는 것조차 금기시되어 왔다고 지적한다. 그녀는 남성의 사고와 말에 의해서 왜곡된 여성 고유한 신체적 경험을 우월성과 향유로 반전, 복귀시켜 성의 향유, 육체의 향유, 여성으로 존재하는 그 자체의 향유에서 시작되는 육체의 글쓰기가 이루어지는 여성문학을 주장한 바 있다. 그녀는 여성 자신의 사고와 경험과 말에 의한 여성문학으로 말미암아 남성에 의해서 모멸당하고 고통받아온, 즉 남성에 의해 식민지화된 여성의 육체는 쾌락과 향유와 자유의 축제 공간으로 복원될 수 있다고 『이제 여성도 말하기 시작한다』에서 주장했다. 안니 르끌렉의 이론대로라면 산부인과 병원이야말로 월경, 임신, 출산, 수유와 같은 여성의 육체가 겪는 축제적 경험을 향유해야 할 가장 신성한 장소일 것이다.

그런데 스크린 위의 '산부인과'는 처음부터 끝까지 축제로서의 여성의 경험이 재현되기보다는 장면 하나 하나가 악다구니를 쓰고 전쟁을 치루듯이 전개되고 있었다. 영화는 아직도 남성의 식민지치하에서 벗어나지 못한 채 고통받는 여성의 육체, 가부장제 사회에서 신음하고 있는 여성의 몸을 표현하고 있었던 것이다. 무엇 때문에 영화는 축제로서의 여성의 경험을 표현하지 못하는가?

그것은 말할 필요도 없이 영화의 문제가 아니라 여성의 삶 그 자체가 행복한 향유가 되지 못하는 우리의 여성현실에 대한 사실적 반영에 다름아니다. 그렇다면 여성으로서의 삶이 결코 행복한 향유가 되지 못하는 이유는 어디에 있는가? 그것은 남성이 여성을 지배하는 사회, 남성이 여성의 육체의 소유권을 가진 가부장제 사회의 구조에서 기인한다.

우리 사회의 성규범은 성관계와 출산을 결혼제도내에서만 허용한다. 이러한 성적 통제는 주로 여성을 향해서 요구되며, 남성들은 지배자답게 이러한 성적 통제로부터 벗어나 자유를 추구하는 이중규범의 모순을 우리 사회는 범하고 있다. 하지만 남성만의 성적 자유라는 이중규범의 모순은 아이러니컬하게도 그 파트너인 여성의 성적 자유와 타락을 초래하지 않을 수 없다. 아홉 번이나 낙태를 하고서도 다시 낙태수술을 원하며 결혼을 하기 위해 처녀막 재생수술을 요구하는 여성, 혼외의 임신을 남편의 정관수술이 잘못되어 임신되었다고 말해달라고 애원하는 여성 등을 볼 때에 결혼제도와 상관없이 혼전과 혼외의 관계를 통해서 자유롭게 추구되는 성을 볼 수 있다. 남성이 성적으로 자유로움을 향유하고자 한다면 당연히 그 성적 파트너로서의 자유로운 여성이 존재할 수밖에 없는 것이다.

그런데 습관적으로 낙태수술을 하고 처녀막 재생수술을 원하는 여성에게서 우리는 단지 성적으로 자유로워진 여성의 모습만을 볼 수 있는가? 그렇지 않다. 성관계는 남녀 두사람에 의해서 이루어진다. 즉, 성적 쾌락은 남녀가 공유하지만 아무런 책임감도 없이 순간적 배설처럼 이루어지는 성관계로 인해서 여성만이 원하지 않는 임신에 대한 책임을 홀로 져야 한다. 피임도 하지 않은 채로 한두 번도 아니고 아홉 번이나 낙태를 해온 여성은 순간의 쾌락을 위하여 자신의 육체를 함부로 방기함으로써 돌이킬 수 없는 건강상의 손상을 입을 것이다. 이 때 그녀의 성적 자유는 진정으로 향유된 자유요, 쾌락이 되지 못하고 쾌락의 대상으로 전락된 타락된 자유, 착취의 대상이 된 가짜 자유로서 해석되어진다. 뿐만 아니라 이 여성은 처녀막 재생수술을 하고 마치 순결한 처녀처럼 결혼하고자 한다. 이 여성은 우리 사회를 지배하고 있는 순결 이데올로기에 사로잡혀 있는 것처럼 보인다. 그러나 달리 생각해보면 그녀야말로 처녀막 신화에 사로잡힌 남성을 마음껏 조롱하고 야유하고 있다는 생각이 든다. 순결이라는 문제를 처녀막이라는 성기중심적으로 생각하는 사고에 고착화된 우리 사회의 유치하기 짝이 없는 성의식을 그녀는 조롱하고 있다. 성적 자유를 추구하면서 동시에 남성중심사회가 요구하는 순결 이데올로기를 처녀막 재생수술로 간단히 충족시키고자 하는 여성을 통해 우리 사회를 지배하고 있는 순결 이데올로기의 허구성을 보지 않을 수 없는 것이다. 순결 이데올로기는 남성의 여성에 대한 성적 지배와 통제의 한 양식인데, 현대와 같은 성의 자유화의 물결 속에서 '순결'은 단지 허위의식으로서만 존재할 뿐이라는 생각을 갖게 한다.

또한, 기혼여성이 혼외의 관계에서 임신을 하였으면서도 남편의 정관수술이 잘못되어 임신한 것처럼 해달라고 애원하는 모습에서 일부일처제의 결혼의 규범은 파기했으면서도 결혼 자체는 유지하고 싶어하는 모순된 욕망을 볼 수 있다. 결혼제도의 편안함과 성적 자유를 동시에 추구하고 싶은 모순을 조화시키는 묘안은 무엇일까? 그것은 서구의 일부 급진주의자들이 주장하는 개방결혼일까, 아니면 모순 속에 갇혀 있는 일부일처제 결혼제도를 개혁하는 길일까, 그도 아니면 결혼제도 자체를 아예 없애는 것일까 하는 여러 생각들이 교차하지 않을 수 없었다.

영화 〈산부인과〉의 한 장면

밀린 집세 대신에 자신의 몸을 바치고 만삭의 몸으로 산부인과를 찾아온 소녀가장을 통해서 우리 사회에 만연된 성폭력의 실상이 잘 드러나고 있다. 성폭력이 모르는 사람에 의해서 행해지는 우발적 사건이 아니라 주위의 아는 사람에 의해서 일어나는 일상적인 일임을 이 에피소드는 보여주고 있다. 만삭이 되도록 아무의 도움도 받지 못하다가 친구와 함께 찾아와서 분만한 아기를 입양기관에 넘겨야 하는 소녀, 이 소녀는 우리 사회의 취약한 복지 보호

기능에 대해서 생각하지 않을 수 없게 만든다. 더구나 나이 어린 소녀의 인생이야 어떻게 되든 말든 강간을 함으로써 임신을 시킨 성인 남성의 타락되고 추악한 욕망을 보지 않을 수 없었다.

영화 〈산부인과〉에서 여성의 육체는 남성의 성적 쾌락의 대상으로, 또는 아이 낳는 도구로, 특히 가계를 계승할 남아를 출산해야 할 강요된 임무를 띠고 있는 철저히 타자화된 모습을 보여준다. 딸을 넷 둔 후에 분만이 가까워 오자 이번에도 역시 딸이라고 낙태를 요구하다 거절당하자 옥상에 올라가서 왜 자신의 몸을 자신이 마음대로 할 수 없는가 하고 자살시위를 하는 여성을 통해서 여성은 자신의 몸으로 임신을 할 뿐 자신의 육체에 대한 의사결정권이 없는 타자화된 존재라는 것이 명백히 드러난다. 낙태금지법은 생명의 존귀함을 내세우지만 여성의 육체에 대한, 특히 임신과 출산에 대한 여성의 자기결정권을 포기하게 만들고, 남성권력이 이를 통제하도록 만드는 법률이다. 더구나 극중 여성의 낙태 요구가 자기결정권의 행사가 아니라 남아선호사상에 의한 것임을 생각하면 여성은 자신의 육체도, 정신도 자신의 것으로 소유하지 못하는 타자임이 극명하게 드러난다.

가부장제 사회의 비인간화는 몇대 독자집안에 시집을 와서 딸만 거듭 낳다가 또다시 딸을 낳자 자신이 낳은 딸을 목졸라 죽이려는 여자의 에피소드를 통해서 폭로된다. 남아선호는 여아에 대한 낙태와 영아살해와 같은 끔찍한 비인간화를 초래하는데, 비인간화는 여기에서 끝나지 않는다. 종손이 태어날 날짜와 시간을 미리 정해서 그 시간에 맞추어서 분만을 지연해야 한다는 에피소드는 여성을 철저히 가계계승의 아들을 낳는 도구로 여기며, 자연의 법칙을 거슬러 좋은 사주에 집착하는 비합리주의의 단면을 보여준다. 산모와 태아의 생명이야 어찌되든 사주가 좋은 시간에 맞추어야 한다는 미신적 사고방식은 건강하고 즐거운 향유가 되어야 할 임신과 출산의 경험을 철저히 객체화 타자화시켜 버리고 마는 것이다.

임신과 분만의 체험을 교과서에서 일러준 대로 여성만이 경험할 수 있는 축복받은 체험이라고 의식화되어 왔음에도 막상 진통의 순간에는 남편을 욕하고 그의 머리칼을 뜯는 모습에서 모성체험을 신비화해온 교육의 허구성은 여지없이 깨어지고 만다. 고통스럽게 경험하는 분만, 더욱이 극중의 산모처럼 아이를 낳고나서 죽을지도 모르는 매우 위험한 경험이 실제와는 분리되어 신비화되었던 것이다. 만약 출산이 여성만이 고유하게 겪는 경험이 아니었다고 하더라도 오늘날까지 여성 자신의 목숨과 맞바꾸어야 하는 위험한 일로 그대로 방치될 수 있었을까? 생명에 대한 복제나 여성의 몸을 통하지 않고도 생명을 출산할 수 있는 사이버네틱스에 의한 의학기술의 시대에 아직도 분만을 하다가 여성이 목숨을 잃어야 하는 것은 그 일을 여성만이 전담하고 있기 때문이 아닌가. 더욱이 영화에서 자신의 출산과정을 비디오카메라에 생생하게 기록하다가 결국은 자신이 죽어가는 최후의 순간까지 기록하게 된 아이러니는 보는 이를 착잡한 심정에 빠뜨린다.

산부인과라는 공간이 여성들의 축제의 공간이 되기 위해서는 여성이 홀로 월경, 임신, 출산, 수유를 축제의 경험으로 받아들인다고 해서 가능해지는 것이 아니다. 그것은 안니 르끌렉이 제시했듯 여성이 우선 자기의 육체와 화해를 한다고 하더라도 그 화해를 가로막는 남성중심사회의 견고한 벽이 존재하는 한 여성은 자신의 육체와의 화해도, 쾌락의 향유도 진정한 의미에서 불가능하다는 것을 영화 〈산부인과〉는 재삼 인식시켜 주었다.

영화 〈산부인과〉는 아이 낳는 도구로 인식되는 여성의 몸, 남아출산이 강요된 여성의 몸, 쾌락의 도구가 되었다가 낙태로 손상되는 여성의 몸……, 자신의 육체에 대해 아무런 권리를 행사하지 못하고 남성권력의 행사장이 되고 만 여성의 몸을 간단없는 에피소드를 통해서 보여주었다. 여성의 몸이 출산이란 생명 재생산의 경험 속에 놓이든 아니면 낙태란 생명살해의 비인간적 경험 속에 놓이든 그것을 결정하는 것은 여성 자신이 아니라 남성이며, 남성권력의 가족제도와 사회구조임이 영화 〈산부인과〉에서 여실히 드러났다. 남아선호 사상이 잔존하는 한, 여성들은 여아를 살해하는 낙태를 자신의 육체에 대한 학대를 통해서 감행하지 않으면 안되고, 순결 이데올로기가 잔존하고 남녀평등이 이루어지지 않는 한 여성들은 함부로 성적 자유 속에 자신을 내맡길 수 없다. 책임있는 남성의 여성의 육체에 대한 배려가 없는 한 피임은 여성이 혼자서 짊어져야 할 짐으로 남을 수밖에 없으며, 미혼모를 차별하는 사회에서 여성들은 낙태를 하거나 자신의 아이를 낳고서도 그 아이에 대한 양육권을 포기해야만 하는 비인간화를 받아들이지 않을 수밖에 없는 것이다. 여성 자신의 말과 논리에 의한 육체의 글쓰기를 넘어서는 외적 제도적 혁명이 이루어지지 않는 한 여성은 자신의 성을 주체로서 향유하지 못하고 끝없는 타자의 길을 갈 수밖에 없는 것이다. 산부인과에 온 환자나 여의사나 그들이 여성인 한 타자성의 운명에서 그 누구도 자유롭지 못한 존재인 것이다.

3. 레즈비어니즘의 은유 -〈301·302〉

영화 〈301·302〉는 음식에 대해 상반된 태도를 가진 두 여성을 중심으로 남성중심사회의 피해자로서의 여성의 삶을 그려내고 있다.

영화 속의 성 그리고 여성 145

　새희망 바이오 아파트 301호에 이사온 송희(방은진 분)와 그녀의 맞은편 〈302〉호에 살고 있는 윤희(황신혜 분), 두 여성은 여러 면에서 대조적이면서 동시에 많은 공통점을 지니고 있다. 송희와 윤희는 거식증(巨食症)/거식증(拒食症), 비만/빈약, 육체/정신, 요리/원고, 섹스 탐닉/섹스 거부 등으로 표현할 수 있을 만큼 여러 면에서 대조적이다. 하지만 남편으로부터의 애정결핍을 거식증(巨食症)으로 표현하는 송희, 어린시절 의붓아버지로부터의 성폭행의 깊은 상처로 인해서 신경성 식욕부진증, 즉 거식증(拒食症)에 시달리는 윤희, 둘은 남성중심사회에서 피해자로서의 경험을 공유했다는 점에서 공통점을 지니고 있다. 너무 많이 먹는 거식증(巨食症)과 아예 음식을 거부하는 거식증(拒食症), 이처럼 음식에 대해 극단적으로 상반된 이들의 태도는 모두 남성으로 인해 생긴 병적 증세이다. 송희가 이혼하기 전에 남편의 애정결핍으로 너무 먹는 거식증과 비만이 생겼다면, 윤희는 어린 시절 의붓아버지로부터 당한 성폭행의 정신적 상처로 인해 음식을 거부하는 거식증과 빈약이 생겼기 때문이다.

　송희는 이 사회가 여성에게 요구하는 대로, 아니 여성을 교육시켜 온 대로 열심히 살아온 여성이다. 그녀는 남편에게 패스트푸드나 인스턴트는 절대 먹이지 않는다는 신념하에 매일 매일 새로운 요리를 만들기 위해 열심히 장을 보고, 새롭고 맛있는 요리를 정성껏 만들어 남편의 '맛있다'는 한 마디를 듣기 위해 사는 여성이다. 그리고 그것에 대한 보상처럼 제공되는 섹스……. 그들에게는 음식이 '맛있느냐'는 질문과 '그렇다'란 답변, 그리고 격정적인 섹스는 존재하지만 그밖에 다른 대화는 존재하지 않는다. 요리와 섹스가 송희 부부를 연결시켜 주는 유일한 통로이다. 그런데 그 통로가 남편이 싫증을 내자 막혀버리고 만다. 그러나 과연 남편은 그녀의 음식과 남편에 대한 집착 때문에 그녀에게 싫증을 낸 것일까? 아니다. 그는 다른 여성과의 외도가 입증하듯이 자신의 외도에 따른 죄책감을 엉뚱하게도 아내인 송희에게 전가시키는 것이다. 그녀의 음식은 바로 남편에 대한 애정표현이다. 그런데 그는 그것을 부담스럽다고 말한다. "이 여자는 집안에서 할 수 있는 일이라고는 섹스를 생각하거나 오로지 먹거나 음식을 만드는 일밖에 없……"에서 보듯 여성으로 하여금 집안에서 요리나 하며 남편의 사랑을 갈구하도록 만든 것은 남성인데도 동시에 그 점 때문에 경멸과 혐오의 대상이 되는 것이 여성이다. 이는 바로 남성이 여성을 지배하고 통제하는 법칙이기도 하다. 갑자기 애정의 통로가 막혀버린 송희는 먹는 것으로 남편에 대한 분노를 삭히며, 애정결핍을 보상받으려고 하다가 급기야 비만증에 빠진다. 그녀는 남편이 아끼는 애완견만큼도 자신이 사랑받지 못한다고 생각하자 애완견을 요리하여 남편에게 제공하고 이혼을 해버린다.

우리 사회는 여성에게 현모양처라는 이상적 여성상을 설정해왔고, 송희는 그 이상적 여성상에 따른 삶을 착실히 살아왔다. 그런데도 그녀에게 주어진 것은 사랑받는 아내란 자리 대신에 남편의 배신과 폭식에 따른 비만증만이 남았을 뿐이며, 결국은 이혼에 이르게 된다. 무엇이 잘못되었는가?

우리는 송희를 통해서 남편에게 경제적 심리적으로 종속되어 주체성을 잃어버린 여성상, 남편의 애정에 신경증적으로 집착하는 종속적 여성상을 발견하지 않을 수 없다. 그녀는 편집증처럼 요리에 대해 집착함에도 불구하고 그 요리는 한번도 자신을 위해서 만들어지지 않았다. 그녀는 항상 남편을 위해서 음식을 만들어 왔고, 이혼 후에는 〈302〉호의 윤희를 위해서 음식을 만들었다. 그녀는 음식을 통해서도 주체성을 표현하기보다는 타자에게 봉사하는, 그리고 타인으로부터 인정받고자 하는 의존적이고 종속된 존재로서의 자아만을 나타낼 뿐이다. 여성은 음식을 만드는 존재로 사회화되지만 이 사회는 자신을 위해 음식을 만들라고 가르친 것이 아니라 남편을 위해, 아이들을 위해 만들라고 가르쳤다. 즉, 타인에게 봉사하기 위해 음식을 만들라고 교육시켜 왔다. 뿐만 아니라 자신을 사랑하기보다는 남을 사랑하라고, 아니 여성은 남자를 사랑하기 위해 운명지워진 존재라고 사회화시켰다. 세련된 식기와 다양한 조리기구로 채워진, 일류 호텔의 화려한 주방을 연상시키는 그녀의 부엌……. 하지만 그녀는 정작 그 부엌으로부터 소외된 존재이다.

왜냐하면 그녀는 그 속에서 자기 자신을 위한 요리, 자기 자신을 위한 노동이 아니라 타인에게 끝없이 봉사하고 타인으로부터 인정받기를 원하는 소외된 노동을 하기 때문이다. 그녀는 심리적으로 홀로서기가 안되기 때문에 이혼 후에는 남편 대신에 윤희에 대해 집착하고, 윤희를 위해서 음식을 만들지만 끝내 그 음식은 거부된다. 음식은 송희에게 타인으로부터 자신을 인정받기 위한 도구였다.

따라서 상대방의 음식에 대한 거부는 단순히 음식을 거부하는 것이 아니라 음식을 만든 그녀에 대한 거부로 받아들여지는 것이다. 송희는 윤희의 음식 거부를 그녀 자신에 대한 거부로 받아들이고 분노한다. 하지만 윤희로부터 과거의 의붓아버지로부터 당한 성폭행의 정신적 상처로 인해서 만성 신경증 식욕부진증에 시달리고 있다는 고백을 들었을 때, 이제는 정말 그녀가 먹을 수 있는 음식, 신경성 식욕부진증을 치료할 수 있는 음식을 만들기 위해 필사적 노력을 하지만 실패하고 만다. 그리고 마침내 윤희의 간청에 의해서 그녀를 새로운 요리 재료로 삼아 처음으로 자신을 위한 요리를 만들어 먹는다.

윤희는 일찍이 의붓아버지의 성폭행의 피해자가 됨으로써 음식 거부뿐만 아니라 남성의 사랑을 받아들일 수 없는 신경증 환자가 되는데, 그녀의 전화기의 자동응답기를 통해서 흘러나오는 젊은 남성의 구애에 대한 무응답을 통해서 그녀가 이성애를 거부하는 여성임이 드러난다. 그녀의 음식거부는 남성에 의해 더럽혀진 자신에 대한 혐오감의 표현이며, 남성에 대한 거부이며, 궁극적으로는 이성애에 대한 거부로 해석할 수 있다. 윤희가 살고 있는 302호를 배경으로 한 화면에서 가장 빈번하게 표현된 것은 그녀가 원고를 쓰는 장면이 아니라 송희가 가져온 음식에 대해서 구토증을 일으키며 화장실로 달려가 토악질을 하는 장면이다.

그녀의 구토증은 표면적으로는 음식에 대한 거부감으로부터 발생한 것으로 설정되어 있지만 그녀의 무의식의 심층에서는 남성에 대한, 이성애적 섹스에 대한 거부감, 남성중심의 이 세계에 대한 거부감 때문에 구토증을 일으킨다고 볼 수 있다. 남성의 성적 만족을 위한 대상으로, 특히 성폭력의 대상으로 살도록 강요하는 사회, 이성애제도에 대한 구토증으로 해석이 가능하다. 윤희는 자신의 몸을 송희의 요리 재료로 제공함으로써 구토증 자체로부터 벗어났으며, 궁극적으로 구토증을 일으키는 세계로부터 완전히 벗어나게 된다.

사람을 새로운 요리재료로 삼아 음식으로 만들어 먹는다는 컬트적인 내용은 매우 충격을 준다. 그러면서 영화를 본 많은 사람들은 그것이 주는 메시지가 무엇인가 의아해 한다. 윤희의 인신공희(人身供犧)는 여성의 여성에 대한 사랑을 표현했다고 생각된다. 윤희는 자신의 육체를 남성이 아닌 송희에게 제공함으로써 그녀와 일체화를 꾀하는데, 그것은 다분히 레즈비어니즘에 대한 은유로서 읽혀진다. 즉, 윤희는 송희가 이제껏 그녀에게 보여준 자신의 거식증을 치료하기 위해 기울인 헌신적 노력에 대해서 송희가 가장 원하는 것, 즉 새로운 요리의 재료가 됨으로써 보답한 것이다. 그것은 남성중심 사회의 피해자인 여성이 이성애를 거부하고 서로가 서로를 사랑하는 극단적인 방식으로 읽혀진다. 송희는 남성을 위해 음식을 만들다가 윤희란 여성을 위해 음식을 만들었고, 마침내는 윤희를 재료로 해서 그 자신을 위한 음식을 만들어 먹음으로써 자신의 주체성을 찾는다. 윤희는 자신의 몸을 송희에게 제공함으로써 송희의 요리행위가 타자화에서 주체화가 될 수 있도록 기회를 제공했고, 그것은 윤희의 송희에 대한 최대의 애정표현이었다. 그리고 그것은 자신의 육체가 남성의 욕망의 대상이 될 기회를 차단해버린 가장 확실한 길이었다.

대체로 남성중심사회의 성적 규범은 결혼제도내에서 이루어지는 이성애와 생식을 목적으로 한 성에 국한된다. 그런데 정작 송희를 통해서 보여주는 결혼제도와 이성애가 과연 바람직한 모습을 보여주었는가? 송희 남편의 외도는 일부일처제 결혼의 규범은 남성에 의해 언제든지 쉽게 파기될 수 있고, 이성애제도의 주도권은 항시 남성에게 주어져 있음을 보여준다. 즉, 결혼과 이성애는 남성중심적인 제도로서 여성을 소외시키고 통제하며 그 안에서 여성이 결코 행복을 누릴 수 없음이 송희의 이혼으로 종결된 결혼생활을 통해서 드러났다. 송희의 결혼은 그녀가 만든 음식을 포함하여 그녀 자신이 음식이 되어 항시 남편에게 먹히기를 기다리는 불공정한 제도였다.

윤희의 부모가 보여주는 결혼생활 역시 마찬가지이다. 재혼이란 형태로 구성된 윤희 어머니와 의붓 아버지, 그리고 윤희로 구성된 가족은 어머니와 딸로 구성된 편모가정보다 외형적으로 나아 보일 수 있다. 그러나 그 안에는 돈만 밝히는 어머니, 의붓딸을 상습적으로 성폭행하는 아버지, 의붓아버지의 성폭행이 죽기보다 싫은 윤희로 구성된 가족관계 속에 이미 사랑도 윤리도 존재하지 않는다.

번치(C. Bunch)가 섹스는 사적인 것이 아니다. 섹스는 억압, 지배, 세력의 정치적 문제이다. 레즈비언만이 진지한 페미니스트가 될 수 있다고 했듯이 윤희가 남성 아닌 여성에게 자청해서 먹히기를 원하는 것은 여성과 사랑을 나누기 원한다는 은유로서 해석 가능하며,

레즈비어니즘을 통해서 남성의 지배와 폭력을 벗어나 자유를 갈망한 것으로 읽을 수 있다.

정신과 육체의 이분법에서 항시 정신은 남성의 영역으로 구분되었고, 육체는 여성의 영역으로 또한 여성의 영역이기에 당연히 열등한 영역으로 차별되었다. 윤희는 글쓰는 일을 통해서 이 사회의 이분법적 법칙에 대해 저항하고, 차별받는 피해자로서의 여성의 역할에 저항한 것이라 해석된다. 독신생활과 자유기고가란 직업은 윤희로 하여금 의존적인 삶 대신에 주체적인 삶을 살도록 만들어주는 조건처럼 보여진다. 그녀는 자신의 글이 대중적 여성지 대신에 순수한 문학잡지에 발표되기를 원하지만 그녀의 글은 게재되지 못한다. 대신에 「이상적. 성생활의 조건」이니 「눈 뜨면 모닝섹스로 직행하라」, 「다이어트」와 같은 이성애제도와 이 시대의 성풍속에 영합하는 글을 쓸 때에만 그녀의 글은 팔린다. 그녀는 글쓰기를 통해서도 주체성을 표현할 수 없는 이 사회에 대해 환멸을 느낀다.

집안 전체를 하나의 식당처럼 꾸며놓고 요리가 그녀의 인생의 전부였던 301호의 송희, 집안 전체가 작은 도서관처럼 커다란 책장과 책상, 그리고 컴퓨터로 채워진 윤희의 방 302호, 두 방의 빛깔도 탐욕적인 붉은 색과 창백한 하얀색의 대비를 보여준다. 남성중심사회가 요구하는 대로 살아온 송희든, 이를 거부하며 살아온 윤희든 그들은 남성중심사회의 피해자들이며, 그들의 대안은 남성에 대한 거부와 여성끼리의 사랑의 소통, 즉 동성애적 관계이다. 동성애만이 그들에게 자유와 주체성을 가져다 준다. 이것이 여성이 여성을 요리 재료로 삼아 먹는 컬트적 은유의 숨겨진 의미인 것이다.

싸우던 남성과 여성이 화해하고 결혼이란 해피앤딩으로 귀결되는 수많은 남성영화들과는 다른 결말을 보여주는 이 영화는 다분히 급진주의적 페미니즘의 메시지를 함축하고 있다. 그러나 이러한 영화의 메시지는 관객들에게 충분히 전달되지 못했고, 설령 전달되었다고 하더라도 공감을 불러일으키지 못했을 것이다. 왜냐하면 아직도 이 사회는 남성중심의 사회이며, 이성애만이 정상으로 취급되는 사회이기 때문이다.

제 2 부

여성의 성과 법적 지위

오 경 희

1. 머리말

　90년대 문화계는 '성'을 소재로 한 작품이 다량으로 생산된 시기라고 볼 수 있다. 이런 현상은 외설적 작품이라는 이유로 사법적 규제를 받은 마광수나 장정일의 소설로 대변되는 문학계뿐만 아니라 연극, 영화, 비디오 산업, 만화 등 여러 분야에 걸쳐 나타나고 있다. 이들 작품들은 우리 사회에 존재하고 있는 성도덕에 도전하고 해체할 정도의 노골적인 묘사를 시도하고 있다. 또한 성관련 산업의 성장과 함께 성폭력 범죄의 발생률 또한 급증하고 있는 시기가 90년대이기도 하다. 여중생의 출산, 소녀가장을 마을 어른들이 상습적으로 성폭행한 사건, 의붓딸을 강간한 의붓아버지 등 성폭력 범죄에 대한 보도를 자주 접하게 되었다. 최근에는 강간당하고 자살한 여대생에 대한 사건이 보도되기도 했다.
　'성'을 소재로 한 최근의 작품들은 내용면에서 볼 때 예술적 가치보다는 '성'에 관한 노골적이고 구체적인 묘사만을 주로 하고 있어서, 이들 작품들이 단순히 돈벌이를 목적으로 하는 상업적 생산물에 불과하다는 비판도 거세다. 문화계내에서도 창작활동에 대한 사법당국의 개입에 거부감을 나타내면서도 작품의 과도한 외설화 경향에 대해서 비판하기도 한다. 더구나 출판물과 대중매체에 무방비한 상태로 노출되어 있는 청소년들의 성관념을 혼란스럽게 하고, 성폭력 범죄의 발생률을 증가시키는 등의 사회문제까지 유발하는 요인으로 지적되기도 한다.

성관련 산업이 청소년들의 성도덕을 왜곡시켜서 성폭력 범죄를 급증시키는 등의 심각한 사회문제를 유발한다면 성폭력 범죄로 인한 피해자를 줄이고 사회질서를 바로잡기 위해서 이들 작품에 대한 규제와 검열이 불가피할 수도 있을 것이다. 그러나 사회질서의 유지라는 이유로 가해지는 사법당국의 규제는 창작과 예술의 자유, 표현의 자유에 대한 심각한 도전이라는 면에서 문화계와 일반인들의 거센 반발을 받고 있다. 더구나 사법당국의 규제는 외설물을 판단하기 위한 구체적이고 객관적인 기준이 없기 때문에 더 문제의 소지가 있다.

외설물에 대한 논의는 표현의 자유에 대한 규제의 문제뿐만 아니라 또 다른 문제점도 가지고 있다. 성폭력 범죄의 피해자는 대개의 경우 '여성'일 수밖에 없다는 점을 생각해 보자. 여성은 남성의 성적 욕망을 만족시키는 도구로 존재한다. 대량으로 쏟아져 나오고 있는 '성'을 소재로 한 작품들이 여성의 성을 여전히 대상화하고 상품화하고 있는지의 여부에 대해서도 생각해 볼 문제이다. 오늘날 '성'의 개방화는 여성에게 성적 대상으로서의 상품화를 끊임없이 요구하고 있다. '성'에 관한 한 여성은 주체로서의 '성'이 아닌 객체적이고 대상화된 '성'으로서 또 다시 피해자가 될 여지가 있을 것이다.

일반적으로 성에 관한 도덕적 판단은 엄격하고 보수적이며, 법의 영역에서도 마찬가지이다. 특히 여성에게는 사회적으로 남성보다 더 보수적이고 불평등한 기준이 적용되어 왔으며, 부계호적제도를 근간으로 하고 있는 가족법체계와 형법에서도 이러한 모습을 볼 수 있다.

이 글에서는 외설물에 관한 표현의 자유에 관한 문제와 여성의 '성'을 법의 영역에서는 어떻게 바라보고 있는지에 관하여 살펴보려고 한다.

2. 외설물과 표현의 자유

예술의 자유는 모든 국민에게 보장되고 있는 헌법상의 기본권으로, 침해될 수 없는 국민의 권리이다. 예술과 창작의 자유는 소재선택의 자유와 표현의 자유까지 포함하고 있다. 그런데 우리 헌법은 예술의 자유를 인정하면서도 "타인의 명예와 권리 또는 공중도덕이나 사회윤리를 침해하여서는 아니된다"고 하고, "국민의 모든 자유와 권리는 국가안전보장 질서유지 또는 공공복리를 위하여 필요한 경우에 한하여 법률로서 제한할 수 있다"라는 기본권의 내재적 한계에 관한 규정을 두고 있다. 즉, 공중도덕이나 사회윤리를 해치는 예술의 자유는 허용할 수 없고 처벌할 수도 있다는 입장을 취하고 있다.

예술의 자유와 사회윤리라는 이 두 가지 이데올로기는 서로 대립되어 충돌과 마찰을 거듭하고 있다. 장정일의 소설 『네게 거짓말을 해봐』에 대한 사법부의 외설시비와 이현세의 만화 『천국의 신화』에 대한 음란성 여부의 조사에서 이 문제는 심각하게 대립하고 있다.

우리 형법 243조, 244조는 "음란한 문서, 도서, 필름 기타 물건을 반포, 판매 또는 임대하거나 공연히 전시 또는 상연한 자와 이러한 행위에 제공할 목적으로 음란한 물건을 제조, 소지, 수입 또는 수출한 자는 1년 이하의 징역 또는 500만 원 이하의 벌금에 처한다"고 규정하고 있다.

헌법의 보장기관으로서 국민의 최후의 기본권 보장기관인 우리나라 헌법재판소의 입장도 예술과 창작의 자유에 대하여 한계를 두고 있는 이러한 규정들을 타당한 것으로 받아들이고 있다. 헌법재판소는 배우자 있는 자가 배우자 아닌 자와 간통했을 때 처벌하도록 규정하고 있는 형법의 간통죄 처벌조항에 대하여 '개인의 성적 자기결정권의 보장'이라는 가치보다 '가정의 보호와 사회윤리'를 보호하여야 할 가치로 보고 있으며, '예술표현의 자유'도 '공중도덕과 사회윤리'를 지키기 위하여 규제할 수 있다는 입장을 지키고 있다.

[판례]
헌법재판소결정 1990.9.10 <89헌마82>
: 개인의 성적 자기결정권도 국가적, 사회적 공동생활의 테두리 안에서 타인의 권리, 공중도덕, 사회윤리, 공공복리 등의 존중에 의한 내재적 한계가 있는 것이며, 따라서 절대적으로 보장되는 것은 아닐 뿐 아니라…(형법제241조-간통죄의 처벌에 관한 규정)

헌법재판소결정 1993.5.13<91헌바17>
: 예술표현의 자유는 무제한한 기본권은 아니다. 예술표현의 자유는 타인의 권리와 명예 또는 공중도덕이나 사회윤리를 침해하여서는 아니된다.

결국 사회윤리를 해치는 성적 자기결정권은 인정되지 않으며, 그러한 표현의 자유는 허용되지 않으며 처벌할 수 있다고 보는 것이 법의 최종적인 입장인 셈이다.

그러면 어디까지 벗어야, 어디까지 표현해야 법에 걸릴까……

사법당국이 음란물을 단속, 처벌하기 위해서는 먼저 법률상 '음란물'에 대한 구체적인 기준이 제시되어야 한다. 그리고 그 기준에 대한 문화계와 일반국민의 공감대가 형성되어야 하는데, 이러한 기준이 객관적이고 구체적으로 마련되어 있지 않기 때문에 음란물에 대한 사법적 처리는 문화계, 학계 및 일반 국민들 사이에서도 번번히 상당한 논란을 불러일으킨다.

우리나라 법원의 경우는 '음란'에 대한 구체적인 기준이 적용되고 있다기보다는 사건마다 재판부마다 '음란물'에 대하여 서로 다른 해석을 하고 있다. '음란물'을 판정하는 우리 법원의 태도는 구체적이고 일관된 기준이 적용되지 않았다.

1966년의 영화 〈춘몽〉은 우리나라에서 법원으로부터 처음으로 사법적 제재를 받은 작품이다.

이 영화는 변태성욕자가 젊은 여인을 폭행, 전기고문 등 가혹행위를 일삼으며 자신의 성적 욕망을 만족시킨다는 내용을 줄거리로 하고 있다. 당시 문제가 되었던 장면은 여인이 음부를 노출한 채 남자에게 쫓기어 2층에서 아래층으로 달아나는 장면으로 영화에서 6초간 나오는 장면이었다. 당시 재판부는 외설보다 예술성을 강조하는 변호인측의 주장을 받아들이지 않고 '음란성이 있다'고 판결했다. 재판부는 예술성과 음란성은 서로 차원이 다른 별개의 개념으로 예술성이 있다고 해서 음란성이 없는 것은 아니라고 보았다.

1970년의 명화 〈마야부인〉의 성냥갑 전재사건도 유명한 사건이다.

당시 재판부는 "비록 명화집에 실려있는 예술작품일지라도 예술 등 공공의 이익을 위해서 이용하는 것이 아니고 시중에 반포할 목적으로 나체사진을 복사, 제조했으면 음란성을 인정해야 한다"며 성냥갑에 실린 명화 〈마야부인〉은 음란물이라고 판시했다.

1969년에 문제가 되어 7년간의 법정시비를 일으켰던 소설 『반노』는 위와는 다른 판정을 받은 작품이다. 당시 2심 항소부에서는 『반노』의 저자 염재만 피고인에 대한 선고 공판에서 "'음란'문서란 과도하게 성욕을 자극하고 보통사람의 정상적 수치심을 해치며 선량한 성도덕관념에 반하는 것인데 문학작품의 음란성 여부는 작품의 어떤 일부분만을 따로 떼어 논할 수 없고 그 작품 전체와 관련시켜 판단해야 한다"며 "반노는 성교장면이 나오기는 하나 인간의 성행위의 향락적이고 유희적인 면을 없애고 성에 대한 권태와 허무감을 깨닫게 하여 성의 노예성을 딛고 일어나 새로운 자아를 발견하는 것을 주로 다뤘기 때문에 음란물로 볼 수 없다"고 판시, 유죄를 선고한 1심을 깨고 무죄를 선고했다. 이 작품은 대법원까지 올라갔으나 결국 음란성이 없는 것으로 결론이 났다. 즉, 소설의 경우 일부분이 음란성이 있다고 인정할 수 있다 하더라도 전체적으로 보아 음란성을 인정할 수 없다면 '음란물'이 아니라고 본 것이다.

1995년에 마광수의 소설 『즐거운 사라』에 대법원의 판결문에서는 "음란한 문서라 함은 ― 그 시대의 건전한 사회통념에 비추어 그것이 공연히 성욕을 흥분 또는 자극시키고 또한 보통인의 정상적인 성적 수치심을 해하고, 선량한 성적 도의관념에 반하는 것이라고 할 수 있는가의 여부에 따라 결정되어야 한다"며 "즐거운 사라는 선정적 필치로 노골적이고 자극적으로 묘사하고 있는데다가 그러한 묘사 부분이 그 구성이나 전개에 있어서도 문예성, 예술성, 사상성 등에 의한 성적 자극 완화의 정도가 별로 크지 아니하여 주로 독자의 호색적 흥미를 돋구는 것으로밖에 인정되지 아니하는 바, ― 작가가 주장하는 '성논의의 해방과 인간의 자아확립'이라는 전체적인 주제를 고려한다 하더라도 음란한 문서에 해당되는 것으로 보지 않을 수 없다"고 판시 음란물로 판정하였다.
 이와 같이 음란의 기준은 시대마다 재판부마다 다른 기준을 적용하고 있다. 성의 표현에 대한 사회적 허용의 정도는 시대와 사회에 따라 달라질 수 있는 상대적인 것이다. 정조를 여자가 지켜야 할 최고가치로 보던 조선시대와 비교할 때 요즘 사회의 시각은 판이하게 다른 것이다.
 우리 사회에서 성문제에 관하여 공유하는 도덕은 어디까지일까. 현대 사회는 범람하는 대중매체로 인하여 '성'에 관한 정보에 무방비로 노출되어 있다. 최근에는 누드스타 이승희를 탄생시킨 인터넷 등으로 인하여 일반인들의 '성의식'도 급속하게 개방되었다. 급격하게 증가하고 있는 성범죄 등으로 인하여 성교육에 대한 중요성이 강조되고 있으며, 성담론이 공적인 자리에서도 행해질 만큼 성은 일상적인 것이 되었다. 이런 상황에서 '사회윤리와 공중도덕'을 지키기 위한 사법당국의 외설물에 대한 규제는 급변하는 사회현상을 따라가지 못하는 시대착오적인 것으로도 보여 진다.
 법은 원래가 사회질서의 유지와 확립을 위해 제정되고 적용되며, 기존의 질서를 그대로 유지하고자 하는 보수적인 측면을 강하게 가진다. 보수적인 입장의 법적 체계와 변동적인 사회의 충돌은 불가피할 것이다. 원래 법은 사회적 실험을 통해 다수의 의식으로 공인된 명제와 규범을 '제도화'한다. 오랜 시간에 걸친 수많은 사회적 실험을 통해 타당성을 검증받은 가치만이 법의 이름을 얻고 권위의 칼을 차게 되는 것이다. 잘못된 법이 발생시키는 피해는 너무나 크다. 그래서 법은 사회변동에 비해 항상 더디다. 결국 법은 급변하는 사회현상을 뒤따라가는 입장이라고 해도 과장된 표현은 아닐 것이다. 법은 같은 시대를 살고 있는 사람들이 공유하는 인식과 정의를 반영하는 것으로, 구시대적이고 시대착오적인 법률은 현실적인 효력이 없다. 몸에 맞지 않은 옷은 입을 수 없듯이, 현실을 읽지 못하는 법률이 강제력을 가진다면 그것은 법의 횡포일 것이다.

결국 외설물에 관한 인식도 사회인식이 개방함에 따라 법원의 입장도 개방화된다고 보아야 할 것이다. 우리 사회의 성에 관한 논의는 이미 상당히 개방되어 있다. 그래서 사법당국의 외설물에 대한 규제는 마녀사냥이라는 비판을 면하지 못하고 있다. 즐거운 사라의 작가 마광수의 주장과 같이 예술이냐 외설이냐의 여부는 자유시장의 원리에 맡기는 것이 타당할 것이다. 소설 『즐거운 사라』의 외설성 여부에 대한 항소심 판결문에서는 "언젠가는 『즐거운 사라』가 무죄일 수 있으나, 지금은 유죄다"라고 이야기하고도 있다.

1928년에 출간된 『채털리부인의 사랑』은 출간 직후부터 계속 음란물로 규정되어 출판이 금지되었다가 미국에서는 지난 1959년, 영국에서는 지난 1960년에 해금되었다. 지금 미국에서는 표현의 자유에 관한 문제로 처벌받는 경우는 거의 없다. 작품에 대한 정당한 평가는 당대에 내려지기도 하고, 시간이 흐른 후대에 이루어지기도 한다. 예술작품과 창작물은 단순히 작가 자신만의 작품이 아니라 그 시대의 정신과 사상이 낳은 결과물이므로 이것을 법으로 검열할 수 없다고 본다.

현대사회에서 성은 상업적 가치가 있다. 예술적 가치가 없이 단순히 돈벌이를 목적으로 한 '성'을 다룬 작품들이 쏟아져 나오고 있다는 비판이 거세다. 상품으로서의 성은 여성을 성적 존재로서만 부각시킨다. 광고, 영화, TV, 잡지 등 각종 대중매체는 성적 대상으로서의 여성의 미를 강조한다. 각 시도의 축제행사에는 빠짐없이 미인대회가 행해지고 있으며, TV도 미스코리아 선발대회나 슈퍼모델 선발 등의 미인대회를 떠들썩하게 중계한다. 성적 대상으로서의 여성은 젊음과 외모에 따라 평가된다. 여성은 여전히 주체로서의 '성'보다는 보여주는 '성'으로서 존재하고 있다.

음란물로 법원의 판정을 받은 작품들 중에는 여성의 육체를 성의 대상으로서 노출시킨 작품들이 많이 있었다. 여자누드모델의 원색사진이나 성행위 도중의 여성의 표정을 담은 사진 등 음화의 대부분이 여성을 대상으로 하고 있다.

외설판정을 받은 『즐거운 사라』의 작가 마광수나 소설 『네게 거짓말을 해봐』에 대한 외설시비를 받고 있는 장정일은 그들의 소설을 통하여 우리 사회를 지배하는 성윤리관이 남근중심주의라 보고, 모든 성이 남성의 육체적 쾌락을 위해 존재할 뿐이라는 것을 비판했다고 주장한다. 그러나 이들 소설은 작가의 주장과는 달리 여전히 남근 중심적 윤리관을 토대로 하고 있어서 페미니즘의 비판을 받는다.

성논의의 해방과 인간의 자아확립 등을 주제로 하고 있다는 이들 소설과 또 다른 성관련 창작물들이 여성의 성을 어떻게 바라보고 있는지, 여성의 성을 주체적으로 해방시키고 있는지의 여부에 대한 연구는 관련 분야의 전문가에게 맡기고, 독자들에게 책을 구할 수 있는 자유나 있다면 좋겠다는 생각이 든다.

3. 여성의 '성'과 법적 지위

지금까지 우리 사회를 지배해 온 남성중심적인 성윤리관은 성불평등의 모순을 은폐하고 정당화하는 이념들을 내포하고 있다. 성의 가부장적 요소들을 미화시키고, 성을 통해 가부장적 사회문화 구조가 재생산되는 것을 합리화하는 이념으로 존재해 온 것이다. 이러한 이념은 성을 통한 여성의 억압을 당연한 것으로 여기고 순응하게 한다.

여성의 성을 근본적으로 억압하는 정절 이데올로기와 순결 이데올로기는 가부장제 성윤리관의 산물이다. 남성은 자신의 부를 자신의 혈통에게 물려주려고 여성에게 순결과 정절을 강요하고, 자신은 매음과 축첩을 통하여 성의 자유를 누려왔다.

가부장적 성윤리관은 사회적 현상뿐만 아니라 우리나라의 법률에서도 그대로 나타난다. 남녀 불평등한 가부장제적 성윤리관을 반영하고 있다는 사실은 여러 법률체계에서 찾을 수 있다. 물론 이런 요소는 여러번에 걸친 법률의 개정과 입법화 과정을 통해 많은 부분 사라졌지만, 현행법에서 아직까지 이러한 요소가 그대로 잔존하고 있는 규정을 찾을 수 있다.

우리 가족법은 가부장제 가족제도를 기본이념으로 구성되어 있다. 91년부터 시행된 현행가족법은 이러한 요소가 대폭 개정되었지만, 남자 우선의 호주제도를 그대로 존치함으로써 가부장적 질서를 계속 유지하려는 의지를 보이고 있다. 호주란 가족을 대표하는 사람으로 가족을 통솔하고 지휘하는 지위를 가지는 신분이며 가족내의 지배복종관계를 나타내는 개념이다. 현행법에서는 호주에게 기존에 부여했던 특권을 없애고 있지만, 현실적으로 호주는 여전히 가족의 통솔권자라는 상징성을 가지고 있다.

우리나라의 호주제도에서 호주가 되는 순위는 딸보다 아들이 우선한다. 호주의 승계가 남자로 이어지기 때문에 철저하게 부계혈통의 계승과 유지를 그 목적으로 하는 것이다. 나이 어린 남동생이 누나에 우선하며, 아들이 없는 집에 사생인 아들이 있는 경우 사생인 아들이 적자인 딸보다 우선한다. 이러한 남계혈통을 강조하는 가부장적 가족제도의 지속은 남성중심의 가족윤리를 강화시켜 여성차별을 정당화함으로써 가족내의 양성평등의 실현을 어렵게 하는 가장 핵심적인 요인이 된다.

　조선시대에는 아들을 낳지 못하면 칠거지악이라 하여 집안에서 내쫓김을 당해야 했으며 이것은 딸만 낳은 경우도 무자라 보고 마찬가지로 취급당하였다. 이런 의식은 오늘날까지 계속 이어져 아들 못낳는 죄는 처 혼자 감당하여야만 하는 것이었다. 현행 호주제도에서도 집안의 대를 잇기 위해서는 아들을 낳아야만 하기 때문에 남아선호사상은 시대가 흐른 지금에도 변하지 않고 있다. 오늘날 남아선호사상은 여아낙태라는 심각한 사회문제를 발생시켰다. 우리나라에서 낙태에 관한 문제는 여성 자신이 자신의 신체에 대하여 자유롭게 선택권을 행사할 수 있다는 관점보다는 아들을 낳기 위하여 어쩔 수 없는 선택이라는 문제로 논의된다.

　낙태는 형법에서 범죄로 규정하고 있기 때문에 낙태를 하는 사람이든 시키는 사람이든 다 처벌하도록 하는 조항을 두고 있다. 그러나 형법의 규정에도 불구하고 낙태는 우리 사회에서 공공연하게 행해지고 있으며 낙태로 인해 처벌받는 경우는 극히 드문 실정을 볼 때 남아가 아닌 여아는 살해할 수 있다는 사회적인 동의를 가지고 있는 것으로 보인다. 이처럼 낙태가 대부분 여아에 대해 행해지는 점을 생각하면 집안의 대를 잇기 위한 남자위주의 호주제도는 여아를 살해하는 요인으로 작용하고 있는 제도로 존재하고 있다고 볼 수 있을 것이다.

　부계호적제도를 취하고 있는 우리 가족법은 자녀가 출생한 경우 자녀는 아버지의 호적에 입적하고, 아버지의 성씨를 따르는 것을 원칙으로 한다. 남편에게 혼인외의 출생자, 즉 사생자가 있을 경우 이 사생자를 남편의 호적에 입적하기 위해서는 아내의 동의가 있어야 한다. 그러나 아내가 동의하지 않을 경우에는 법원에 남편의 아이라는 것을 인정해 달라는 신청을 하여 남편의 호적에 입적할 수 있다. 가족법이 개정되기 전에는 아내가 동의하지 않더라도 아내의 의사와 상관없이 남편의 호적에 입적할 수 있었다. 구법이든 현행법이든 사생자라 하더라도 아버지의 호적에 입적할 수 있는데 이것은 남편의 외도가 제약없이 허용되던 전통적인 성관념이 그대로 남아 있는 것으로 볼 수 있다.

이런 제도는 일부일처제에 반하는 것으로 남편의 축첩행위를 인정하던 조선시대의 모습을 그대로 반영하고 있다고 볼 수 있고, 남편의 성적 자유를 간접적으로 허용하고 있는 것이라는 비판을 받아 왔다.

종전에 형법에서는 성폭력범죄의 처벌조항을 '정조에 관한 죄'라는 제목으로 분류하고 있었는데, '정조'라는 말이 여성에게만 강요되는 남녀차별성 등을 이유로 1995년 12월 형법을 개정하면서 '정조'라는 말은 삭제하고 '강간과 추행의 죄'로 제목을 바꾸어 규정하고 있다.

성폭력범죄는 불법한 힘의 행사가 다른 사람의 성적 자기결정권을 침해하는 것으로, 인격적 존재로서의 인간이 자신의 성생활에 관해서 스스로 결정할 수 있는 권리로서 타인으로부터 원치 아니하는 성관계를 강요당하지 아니할 자유를 말한다.

성폭력범죄는 피해자의 고소가 있어야만 가해자를 처벌할 수 있는 친고죄로 규정하고 있다. 성폭력범죄를 친고죄로 하고 있는 이유는 피해자의 인권을 보호하기 위해서라고 한다. 순결과 정조가 강요되는 사회에서 성폭력을 당한 여성은 자신의 피해사실을 주변에 알려서 도움을 청하기 힘들고, 가해자를 처벌해 달라고 고소하기 힘들다. 피해사실을 주변에 알리는 것은 순결과 정조를 잃어버렸다고 광고하는 것밖에 안되는 것으로, 여성에게는 더 불리하기 때문이다.

교장에게 여교사가 성폭력을 당한 사실이 알려지자 일부 학부모들이 그 여교사에게 자신들의 자녀를 수업받게 할 수 없다고 한 사건에서 보듯이 성폭력을 당한 피해자에게는 심리적인 피해뿐만 아니라 현실적인 피해까지 발생시킨다. 또 강간을 당할 때 반항을 미약하게 하면 강간죄 성립이 안되고 성폭력을 당하는 급박한 상황에서 자신을 방어하기 위하여 저항하다가 가해자를 살해하면 정당방위가 인정되지 아니하는 것으로 보고 있는 것이 법의 입장이다. 저항을 미약하게 하면 그 사실을 비난하고, 화간이 아니냐는 비난까지 감수해야 하기 때문에 피해사실을 고소하기는 힘들다.

이처럼 성폭력범죄는 피해자가 처벌해 달라고 고소하여야만 수사를 하고 처벌을 하게 되어 있어서 피해자가 직접 고소하지 않으면 범죄가 있어도 처벌되지 않는다. 그래서 피해자의 인권을 보호한다는 목적을 가진 친고죄는 은폐된 가해자와 피해자를 더욱 양산하게 되는 역기능을 초래하고 있다.

의붓아버지로부터 오랫동안 성폭행을 당해 왔던 김보은양의 남자친구인 김진관군이 그 의붓아버지를 살해하여 세상을 떠들썩하게 했던 사건이 있고 나서 그동안 은폐되어 왔던 성폭력범죄의 심각성을 느끼게 되어 성폭력 범죄의 처벌 및 피해자보호 등에 관한 법률(성폭력특별법)이 제정되었다. 성폭력특별법의 적용을 받는 성범죄, 4촌 이내의 혈족과 2촌 이내의 인척, 장애인, 13세 미만의 미성년자 등에 대한 성폭력범죄는 피해자가 고소하지 않아도 처벌할 수 있도록 하였다.

또 성폭력에 관한 법률의 규정에는 성희롱을 처벌할 수 있다는 조항이 빠져 있다. 성희롱은 성과 관련된 언동으로 성적 굴욕을 느끼게 하는 것으로 성폭력보다는 가벼운 신체적 언어적 정신적 희롱과 폭력을 의미하는 것인데, 성희롱 가해자를 처벌하자는 여론과 성희롱에 대한 법원의 판결이 있음에도 불구하고 97년에 성폭력특별법을 개정하는 과정에서 성희롱에 관한 처벌조항을 입법화하지 않았다. 이것은 성희롱을 성폭력으로 인정할 수 없다는 협소한 사회적 인식에서 비롯된 것이다.

가부장적 성윤리관 속에서 피해자는 언제나 여성이다. 여성의 순결과 수동성이 '현모양처'라는 이름 아래 여성에게 강요된 성의 억압이었다면, 매매춘여성은 '비도덕'의 상징이었다. 남성중심의 사회는 한쪽의 여성에게는 자신의 혈통을 물려받은 적자를 얻기 위해 성적으로 철저히 소외시켜 온 반면, 또 다른 한편으로는 자신의 성욕을 해소하는 성적 도구로 전락시켜 이른바 '사회의 필요악'이라고 묵인되는 매매춘제도를 만들어 냈다.

여성의 순결과 정조를 보호하기 위해 매매춘이 불가피하다고 보는 시각은 결국 여성의 성욕과는 달리 남성의 성욕은 해소되어야 한다고 보는 성의 이중윤리에서 비롯된 것이다. 결국 모든 여성은 남성중심적 성윤리관의 희생자인 셈이다. 성폭력을 당한 여성을 순결과 정조를 잃은 여성으로 보는 시각이나 성폭력이 여성의 화장이나 노출이 심한 옷 등에서 유발된다고 보는 시각 그리고 성희롱을 성폭력의 하나로 취급하지 않는 사회인식은 가부장적 성윤리관을 그대로 드러내고 있는 것이다.

남성중심적 성윤리관은 개개인의 성도덕 문제로 끝나는 것이 아니라 성폭력범죄나 매매춘 등의 사회문제를 일으킨다.

증가하고 있는 성폭력범죄는 여성의 순결관을 교묘하게 이용한 사건들이다. 성폭력 피해자인 경우는 성폭력피해가 알려지면 여러가지 불이익을 당하게 된다. 여성이 성범죄의 피해사실을 숨기려는 이유는 신고한 후 보복에 대한 두려움보다는 순결을 잃었다는 공포 때문이며, 당사자뿐 아니라 가족에게도 수치가 된다는 성도덕 관념 때문이다. 성폭력 피해자의 불이익을 막기 위해서 피해자가 원하지 않으면 공개하지 말아야 한다.

성폭력범죄에 대한 친고죄를 전면폐지하여 성범죄가 발생한 경우에는 피해자의 고소가 없어도 가해자를 처벌할 수 있도록 법을 개정하여야 하겠고, 성폭력범죄 중 친고죄에 대해서는 범인을 알게 된 날로부터 1년 이내에 고소하도록 되어 있는데, 성폭력범죄가 피해자에게 정신적 육체적 후유증을 남기는 범죄의 특성상 고소기간을 연장시켜야 할 것이다. 그리고 피해자의 신분과 사생활 누설금지를 강화하여 이것을 어기는 관련기관과 언론기관 등에 대한 벌칙을 강화해서 피해자의 인권을 보호하는 방안을 마련하여야 하겠다. 또한 성범죄를 '동의하지 않는 성을 침해한 범죄'로서 폭력의 하나로 보는 사회적 인식이 있어야겠다.

4. 결론에 대신하여

성에 관하여 표현하는 예술작품과 창작물은 공중도덕이나 사회윤리를 침해할 수 없으며, 정상인의 건전한 성적 수치심이나 도의관념을 해치는 행위는 법적인 규제를 가할 수 있다는 것이 법의 입장이었다.

성에 관하여 사회도덕이 허용하는 표현의 한계는 어디까지일까. 법적인 규제는 어디서부터 시작할 수 있을까.

법의 영역과 도덕의 영역을 구별하는 기준 또한 명확하게 설명할 수 없다. 더구나 강제력의 행사가 가능한 법률체계에서도 여성에게 적용되는 도덕기준과 남성에게 적용되는 도덕기준이 달라지기도 한다.

 성을 소재로 한 예술과 창작물은 표현의 자유라는 기본권적인 측면에서 보장되어야 하겠지만, 성관련산업에서 여성의 성과 남성의 성이 다르게 취급되어 남성이 항상 주체가 되고 여성은 단지 대상으로만 남아 있게 된다면 또 다시 여성은 성개방에 따른 희생물이 되고 말 것이다. 성을 소재로 한 예술창작활동도 여성을 평등한 성으로 인식하는 입장에 선다면 더 많은 지지를 얻을 수 있을 것이다.

남편의 폭력에 가려진 아내들의 분노와 절망

이 영 희

1. 사랑과 폭력이 공존하는 공간 - '가정'

　1983년 여름 두 명의 가정 주부가 각자의 남편을 폭행험의로 고발하였다. 이 두 사건은 신문 사회면에 크게 보도되었다. 검사는 이 사건을 둘다 기각시켰는데 그 이유는 "아내 구타는 가정문제이고, 가정문제는 가족내에서 해결되어야 한다"는 것이었다.(동아일보, 1983년 7월 17일자)

　여기에 여론은 "아내 구타는 대부분 아내가 남편을 자극하여 구타로 이어지는 경우"이며, "아내는 현명하게 처신하여 남편을 잘 길들여서 얻어맞지 않도록 해야 할 것이다"라고 결론지었다.(조선일보 사설, 1983년 7월 17일자)

　많은 여성들은 아주 어린 시절부터 험한 세상에서 자신을 지켜 줄 따뜻하고 작지만 행복한 보금자리에 대해 막연한 꿈을 키운다. 가족 속에서(특히 아버지로부터) 인정받지 못한 섭섭함을 가슴 깊이 묻어

됐다가, 경제적 어려움으로 불행한 유년기를 보냈거나, 유복한 가정에서 별 탈없이 살아왔거나, 제 각각 이유는 다르겠지만 따뜻한 가정에 대한 꿈은 누구에게나 있다. 그런데 실제로 우리 주위에서 행복한 결혼과 가족에 대한 꿈은 자주 깨져 나간다. 우리 사회의 거의 모든 계층에서 음성적으로 자행되고 있는 심각한 아내 구타 현상을 살펴보면 이러한 가족과 결혼에 대한 생각은 가부장적 구조를 가진 사회와 남성들이 만들어낸 허상에 불과하다는 것을 쉽게 알 수 있다.

    매 맞는 아내들에 대한 조사들을 살펴보면 아내 구타는 어떤 사회계층에서나 다 나타날 수 있다. 어떤 아내는 자기 남편이 대학을 졸업하고 자기 사업을 시작해 매우 성공적인 사업가가 되었으나, 어느 날부터인가 술을 마시고 집에 늦게 들어오기 시작하더니, 급기야는 매우 포악해져서 자기를 때리기 시작하더라고 하였다. 또 다른 여성은 남편이 "남자는 난폭성을 몸 안에 갖고 있어서 항상 자기가 옳고 자기 말에 반대하는 사람이 있어서는 안된다"고했다고 고백하였다. 또 어떤 농촌의 여성은 "우리 남편은 짐승과 다를 바가 없다. 그자는 입이 하도 더러워서 욕만 해대고, 하는 짓거리도 더럽기 짝이 없다. 한 일주일 정도는 꽤 열심히 일하다가도 두어 주 정도는 술만 퍼마신다. 일을 할 때는 열심히 하다가도 술만 마셨다 하면 개처럼 마시고 술주정을 해댄다"고 진술하였다. 또 매를 맞아 이혼한 어떤 여성은 "내 남편은 잘 생기고 모든 사람들이 그를 좋아한다고"하며, 또 다른 여성은 자기 남편은 의사인데, "의대시절에는 아마추어 권투선수였기 때문에 머리만 좋은 것이 아니라 힘도 좋고, 또 돈이 많아서 고급술을 마시고 싶은 만큼 얼마든지 마실 수 있었다"고 고백하였다.

                                                  —델 마틴의 『매 맞는 여자들』중에서

아내 구타 현상이 이렇게 널리 퍼져 있음에도 불구하고, 우리 사회는 여전히 우리의 가정이 사랑의 공간일 뿐 아니라 폭력의 공간일 수도 있다는 인식의 전환을 거부하고 있다. 아내 구타 현상은 몇몇 운 나쁜 여자들에게 국한된 약간의 그늘진 가족들만의 이야기가 아니라 사회 각 계층에 매우 일반적으로 퍼져 있는 현상임을 인정하려 들지 않는 것이다.

이러한 심각성을 통계적 수치로 살펴보면 다음과 같다. 먼저 지난 1990년 7월에서 91년 6월 1년 사이에 서울에 거주하는 20세 이상의 기혼남녀 1,200명을 대상(남자 560명, 여자 640명)으로 하여 한국형사정책연구원에서 실시된 조사에 따르면 지난 한 해 동안에 남편에 의한 폭력이 발생한 가구는 29.4%에 이르며, 이 중에서 심한 폭력이 발생한 가구는 123가구로 전체의 10.6%인 것으로 나타났다. 전체 결혼기간 동안에 남편에 의한 폭력이 발생한 가구는 45.8%에 이르며, 이 중에서 심한 폭력이 발생한 가구는 14.4%인 것으로 나타났다.

똑같은 척도를 사용하여 지난 1992년 6월에서 1993년 5월 1년 사이에 부산에 거주하는 기혼 여성 400명을 대상으로 하여 본 연구자가 실시한 조사에 따르면 지난 한 해 동안에 남편에 의한 폭력이 발생한 가구는 45%에 이르며, 이 중에서 심한 폭력이 발생한 가구는 78가구로 19.3%인 것으로 나타났다. 전체 결혼기간 동안에 남편에 의한 폭력이 발행한 가구는 49%에 이르며, 이 중에서 심한 폭력이 발생한 가구는 21%인 것으로 나타났다.

위의 조사결과에서 알 수 있듯이 아내 구타 현상이 심각한 사회문제로 발전되고 있지만, 앞의 신문 사설 인용문에서 보여주듯이 사회 여론은 이런 아내 구타 현상이 신성한 가정의 문제고, 아내의 잘못으로 발생하는 문제이기 때문에 아내가 현명하게 행동하여 조심한다면 굳이 이 문제가 사회로까지 불거져 나오지 않으리라는 입장을 내세우고 있다.

 이 글에서는 사랑과 평화가 깃든 가정을 이룰 것을 희망하고 결혼한 두 남녀 관계에 어떻게, 왜 폭력이 끼어들게 되며 이러한 관계가 발전하여 분노와 두려움과 증오, 그리고 절망이 가득한 가정으로 변하게 되는가? 아내를 때리는 남성들은 어떤 특성을 가진 사람들인가? 그리고 왜 매맞는 아내들은 폭력이 일상적으로 자행되는 가정에서 벗어나지 못하는가? 또 폭력가정에 머무르는 매맞는 아내들이 어떻게 자신의 삶을 재구성하는가에 대한 의문들을 풀어보고자 한다.

2. 아내를 괴롭히는 남자 그의 정체는 무엇인가

 도대체 어떤 남성이 자신의 아내를 때리는가? 아내를 때리게 되는 개인적, 사회적 원인은 무엇이고, 어떤 것이 이 야만적인 행위를 일어나도록 하는가? 남자들은 모두 천성적으로 난폭한 존재들인가? 아니면 공격적인 행동은 살아가면서 배우게 되는 것인가? 이러한 것들은 매우 중요한 문제이지만 이에 대한 확실한 해답은 없다. 아내를 때리는 남편들은 자기들의 잔인하고 난폭한 행동의 이유를 밝히는 것은 고사하고, 자기들의 행동을 인정하는 것조차 거부하는 것이 보통이다. 이들은 자신의 문제를 '문제'로 인정하지 않기 때문에 자신의 행동에 대하여 다른 사람들로부터 조언을 구하는 법도 없다. 이 때문에 주변 사람조차 이 사람이 아내를 때리는 남편인지를 알지 못하는 경우가 대부분이다. 아내를 때리는 남성에 대해 우리가 알고 있는 사실들의 대부분은 피해자인 아내들에게서 나온 것들이다.

> 아내를 때리는 남성들은 화를 잘 내며, 의심이 많고, 우울해 하며, 딱딱한 성격을 가지고 있다고 그의 아내들에 의해 밝혀진 바 있다. 이런 남성들은 두려운 존재이긴 하지만, 이들 자신도 종종 무기력하고, 겁이 많으며, 미숙하고, 불안해 하기도 한다. 아내를 때리는 남편들은 근본적으로 무엇인가에 '패배한 사람'들이다. 그는 아마도 자기 자신에 대해 화가 나 있을 것이며, 아내에 대하여 자신감을 잃고 있을 것이다. 그는 다른 사람들 앞에서는 점잖고 착한 사람처럼 행동할지 모르지만, 집에서의 사생활에서는 자신의 무력감과 패배감을 감추지 못할 것이다. 직장에서 점점 낙오한다거나 장래성이 안 보일 경우에는 최소한 집에서라도 자기가 주인이라는 것을 증명하고 싶어하는 것이다. 아내를 때리는 것은 바로 자기가 승리자라는 사실을 입증하는 한 가지 길인 것이다.
> ―『매 맞는 여자들』 중에서

「아내폭행자」라는 논문에서 레로이 슐츠는 아내를 죽이려 한 남자들에 관해 기술하고 있는데, 슐츠는 이들과의 대면을 통해 이 남자들이 어머니에게 의존하고 싶은 욕구는 적대감과 의존심 사이에 일어난 것이고, 의존심의 욕구가 채워지는 한은 적대감이 표출되지 않고 있다는 것이다. 이런 유치한 의존심은 아내가 자신에게 모든 관심을 기울이지 않든가, 관심이 새로 태어난 아기에게 가거나, 아내가 다른 남자에게 관심을 나타내거나, 이혼을 요구할 때 공격적으로 폭발해 버리고 만다. 남편들은 물질적, 정신적으로 사랑이 멀어져 가고 있다는 두려움을 인정할 수 없어서, 내재되어 있던 적대감을 폭발시키게 되는 것이다.

아내에게 폭력을 행사하는 남편들의 위와 같은 의존적 욕구는 아내가 자신의 아이를 임신했을 때 강하게 나타난다. 폭력적인 남편들은 아내에게 피임을 하도록 도와주는 법이 거의 없다. 대개 폭력적인 남편은 왜곡된 질투심을 간직하고 있어서, 아내를 눈 앞에 두고 감시하고 싶어하며, 계속 임신을 시켜 포로로 붙잡아 둠으로써 소유권을 확보하려 한다. 그러나 아이러니하게도 어떤 남자들은 자기 아내가 피임약을 복용하였다고 아내를 때리다가 막상 아내가 임신을 할 경우에도 폭력을 가한다. 많은 아내들이 임신 중에 배를 얻어맞고 발로 채이기도 한다. 가끔 이런 식의 구타는 유산이나, 조산, 또는 기형아를 낳는 원인이 된다.

남편은 거칠게 방 안에 들어서더니 텔레비전을 번쩍 들어 나에게 던졌다. 제대로 뒷머리를 강타했다. 머리가 터지면서 피가 벽으로 이불 위로 마구 튀었다. 입고 자던 핑크빛 잠옷은 피로 물들었다. 머리를 맞고 나니 정신이 나가서 돌아버릴 것 같았다. 난 울면서 달려들었다. 차라리 죽여달라고, 그 동안 남들이 알까 무서워 큰 소리로 악을 쓰는 그이에게 말 한마디 못했던 나는 될대로 되라는 식으로 같이 악을 썼다. 그이는 광란에 가깝게 욕을 해대며 잡히는 대로 나에게 마구 던졌다. 그것도 분에 차지 않았는지 피가 흐르는 머리를 또 때리고 따귀도 신나게 후려쳤다. 그리고 발로 허리와 다리를 짓이기며 밟고 찼다. 앞니가 하나 빠지고 옆니가 부러지고 머리에서 피가 줄줄, 입술에도 피가 줄줄, 그러는 사이 다리 사이에도 피가 흘러내렸다. 드디어 옆방에 사는 나이 많은 아주머니가 쫓아왔고 머리에서 피가 너무나 많이 쏟아지니 당황한 아주머니가 사람 죽는다고 소리소리 지르며 사람을 모았고 난 병원으로 실려갔다. 어렵게 생긴 우리 둘의 분신인 아기는 이런 부모에게 일생을 못 맡기겠던지 봉오리도 맺지 못한 채 그대로 흘러가 버렸다. 무엇보다도 아기를 잃은 게 더 절망에 빠지게 만들었다.
　　　―『한국여성의 전화 10주년기념 공모수기』중에서

위와 같은 사례들은 어떤 저질 폭력 영화의 한 장면처럼 보일지 모르지만 이런 일들은 실제로 벌어지고 있다. 여기에서 우리는 적어도 두 가지 문제에 부딪히게 된다. 먼저 왜 폭력남편들은 태어나지도 않은 아기와 임신한 아내에 대해 분노를 표시하는가? 그리고 왜 바로 이 사람들은 피임에 관해 애매한 태도를 보이는가 등의 문제이다.

임신한 아내를 때리는 남편은 새로운 인물인 아기가 등장하는데 대한 질투심과 아기가 가져올 생활의 변화에 대해 분노하고 있는 것인지도 모른다. 그러나 더 큰 의미에서 보면, 그는 결혼했으니 자식을 낳아야 한다는 사회의 압력으로부터 오는 압박감에 대해 저항하는 것일 수도 있다. 사회는 남자가 남편과 아버지로서의 역할을 받아들일 것을 기대하며, 남자가 이런 기대를 얼마나 성실하게 이행하게 되는지가 곧 그의 책임감에 대한 기준이 되기도 한다.

그러나 많은 아내를 구타하는 남편들은 결혼에 대한 책임이나 아버지가 되는 책임 따위에는 관심이 없다. 이들은 속박되는 것을 싫어하며 아기가 하나 둘 늘어가면 당황하여 어쩔 줄 모르게 된다. 따라서 이들은 아내를 계속 임신시켜 자기 곁에 묶어두고자 하는 욕구와 새로 태어날 아이가 가져다 줄 생활의 변화와 부담 사이에서 혼란을 겪게 되고 이것이 태어나지도 않은 태아에 대한 분노로 표출되는 것이다.

아내를 때리는 남편의 특성은 아내에 대한 의존심 외에도 남편의 무분별한 질투심에서 생겨나기도 한다. 남편에게 있어서 아내가 바람을 피우는 행위보다 더 치욕스러운 일은 아마도 없을 것이다. 병적인 질투심, 즉 의처증이 있는 남자들에게는 이 문제가 특히 심각한 양상을 띄게 된다. 아내가 바람을 피우는 증거가 없더라도 만일 그에 대한 의심이 생기기 시작하면 남편은 불안감을 느끼며 상상 속에서 아내의 의심가는 행동을 점점 부풀리다가는 이런 자기의 망상이 현실로 나타나는 것을 막기 위하여 별별 짓을 다하게 된다.

반면에 남편이 바람을 피우는 것은 일종의 남자다운 행위로 받아들여지기까지 한다. 남자들은 아내 이외의 여자를 만나지 않는 것이 오히려 이상한 일처럼 여겨지기도 하는 것이다. 아내에게만 충실한 남자는 부정한 아내를 둔 남편에 못지 않게 멍청이 취급을 받는다.

잭슨 토비 박사는 지미라는 한 죄수와의 인터뷰를 통해 우리에게 여성들에 적용되는 '이중기준'의 단적인 예를 보여주고 있다. 지미라는 이 죄수는 토비 박사에게 다음과 같은 저속하지만 솔직한 고백을 하였다.

> 내가 아는 남자들은 자기 마누라가 바람을 피우면, 바람난 남자놈에게 가서 시비를 벌인다. 나 같으면 그럴 필요없이 마누라를 찢어 죽여버릴 것이다. 이 여자는 내 마누라이고 내 아들의 에미다. 나는 내 마누라가 길바닥에 돌아다니면서 이놈 저놈에게 아는 척 하는 게 싫다. 그놈들하고 잠을 잤을지도 모르기 때문이다. 만일 진짜 그놈들하고 마누라가 오입을 했다면 마누라를 죽여버리고 말겠다. 한 마디만 더 하겠다. 당신이나 나는 여자를 열댓명쯤 만나서 오입을 해도 상관없다. 남자니까 벌거벗고 길거리에 돌아다닐 수도 있고 술이 엉망으로 취해서 길바닥에 드러누워 자버릴 수도 있다. 그러나 만일 여자가 이런 짓을 한다면 가만둘 텐가? 그녀는 끝장이다. 남자는 좀 바람을 피워도 어떤 때는 칭찬까지 듣는다. 남들이 아마 계집을 잘 건드린다고 부러워할 것이다. 하지만 여자가 이런 짓을 한다면 그년은 더러운 창녀다.
>
> —『매 맞는 여자들』중에서

아내에게 상습적으로 폭력을 행사하는 남편의 특성중에서 아내에 대한 의존심과 질투심 다음으로 많이 거론되는 것이 남편의 음주행

태이다. '지킬박사와 하이드씨' 증후는 매맞는 아내들이 밝히는 남편들의 모습을 잘 나타내 준다. 술에 취하지 않았을 때는 '상냥하고 매력적'이다가도 술만 마시면 '괴물같은 깡패'로 돌변하게 되는 모습이 바로 그것이다. 많은 아내들은 남편이 술에 취했을 때만 자신을 때린다고 믿고 있다.

경찰이나 전문가들은 폭력이 개입된 대부분의 부부싸움은 음주와 관련되어 있다는 데 동의한다. 음주는 그동안 쌓여온 언쟁들과 부부간의 불화를 폭력으로 몰고가는 촉진제가 되는 것이다. 그러나 모든 바트 등의 학자들은 음주가 가정폭력의 충동을 유발한다는 주장은 과장된 것이라고 주장한다. 예컨대 할렘지역의 경찰기록에 의하면, 실제로 가정내 폭력에 관한 전화신고 중 신고대상자가 술에 취한 경우는 10%밖에 되지 않았다. 바드 등의 전문가들은 음주가 아내 구타를 발생시키게 한 여러 가지 요인들 중의 하나가 될 수는 있을지 모르지만, 음주 자체만으로 아내를 때리는 이유가 되는 경우는 드물다고 말한다.

겔레즈도 이에 동의하며 음주를 폭력의 주원인으로 보는 것은 매우 위험한 발상이라고 지적한다. 잠재적으로 폭력을 휘두르기 좋아하는 사람은 술을 핑계로 폭력을 휘두를 수 있을 것이란 생각 때문에 술을 일부러 마시고 취해 버리기도 한다는 것이다. 술에 취해서 아내를 때린 후에도 다음날 아침에 일어나서는 "잘 기억나지 않는다"라는 등의 변명을 늘어놓거나, 술에 취해서 한 짓이니 용서해 달라는 말이나 뱉어내는 것이다. 그러므로 술을 핑계거리로 삼으면서, 폭력남편과 그 가족들은 실제로 자기 집에서 벌어지고 있는 일에 대해 자신을 속이고 있는 것이다. 가족 모두가 자기 집은 원래 정상인데 아버지가 술에 취했기 때문에 잠시 비정상 상태가 될 것이라고 생각하는 것이다.

에린 피지는 이 문제에 관해 더 단도직입적이다. 그녀에 의하면, "아내를 때리는 남자들 중 어떤 자들은 알콜중독자이다. 그러나 그들에게 술을 못 마시게 한다고 해서 그들이 아내를 안 때리는 것은 아니다. 이런 자들은 무슨 이유를 대서든지 아내를 때린다. 아내가 자신의 말에 고분고분하지 않는다고 때리고, 아이가 운다고 때리고, 직장에서 불쾌한 일이 있었다고 때리는 등, 온갖 구실로 아내를 때리는 것이다.

3. 매 맞는 아내가 가정을 떠나지 못하는 이유는 무엇인가

1) 공포의 덫

매 맞는 아내들은 자신이 남편을 떠나지 못하는 이유를 여러 가지로 밝히고 있다. 그러나 이 많은 이유들 중 공통되는 점은 바로 공포라는 요소이다. 공포라는 덫은 여자들을 꼼짝 못하게 만들고, 행동을 규제하며, 이들이 내리는 결정을 좌우하고, 결국은 인생을 지배해 버린다.

> 나는 자꾸 말라갔다. 친구라곤 자연밖에 없었지만, 정취를 느끼기는커녕 무섭기만 했다. 개구리 소리, 뻐꾸기 소리는 외로움을 더할 뿐이었다. 이젠 남편도 싫고, 밉고, 죽이고 싶었다. 외딴 곳에다 던져 놓고 남편은 시댁에서 무슨 일만 있으면 쫓아와서 매를 드는데 흉기를 든 적은 없었지만 그 큰 손으로 48Kg의 나를 마구 때렸다. 난 가출을 하지는 않았다. 억울함을 밝히고 싶은 독한 마음만 자꾸 커져 갔다. 남편에게 두들겨 맞은 날은 수면제를 10알이나 타

서 술을 마셔도 잠을 잘 수가 없었다. 밤이 되면 무서우니까 해만 지려고 하면 안절부절못하고 우왕좌왕했다. 너무나 불안한 생활이었다. 남편이 오는 차소리마저 귀찮았고 두려웠다. 이유도 모르고 계속 맞는 생활이 끔찍했다. 자살을 세 번이나 시도했다. 술을 잔뜩 마시고 방에 연탄불을 들여놓기도 했다. 그러나 모진 목숨은 죽지도 않았다. 너무 비참했다. 내가 무슨 이유에 이래야 하는지.
—『한국여성의 전화 10주년기념 공모수기』중에서

만일 자신이 매를 맞다가 이웃집으로 도망가면, 이웃 사람들이 남편으로부터 앙갚음을 당하게 될까 봐 이웃에 도움을 요청하지 못하는 여자들도 많다. 남편이 완전히 분노에 사로잡혀 있는 상황에서는 끼어드는 사람들까지도 닥치는 대로 때릴지 모른다는 두려움을 갖고 있기 때문인 것이다. 즉, 자식들이나 또는 엉뚱한 사람들을 위험에 빠뜨리는 것이 무서워서, 결국 매 맞는 아내는 자신만을 희생시키는 쪽을 택하는 것이다.

경찰에 도움을 요청하는 문제도 이런 여성들에게는 쉽지는 않다. 한 군인 장교의 아내는 매를 맞으면서도 아무 행동도 취하지 않다가, 11일만에 경찰에 찾아갔으나, 경찰이 그녀에게 "무례하였으며, 모욕적이었고, 조롱하기까지 하였다"고 실토하고 있다.

대부분의 경우 남편으로부터 심하게 맞은 아내가 경찰에게 전화까지 할 생각을 하였다는 사실은 그녀가 정말 필사적인 긴급사태에 빠졌다는 것을 뜻한다. 그러나 경찰이 현장에 도착할 때쯤이면 그녀는 너무도 공포에 질려서 사건의 전모를 분명히 밝히지 못할 수도 있으며, 심지어는 경찰을 그냥 돌려보내 버리는 경우도 있다. 경찰이 떠나버리고 나면 여자와 남편이 다시 단둘이 남게 된다. 이제는 남편도 그녀가 '자기 남편을 잡으려고 자기 집으로' 감히 경찰을 불렀었다는 사실을 알고 있다. 어차피 폭력적인 남편이 이 사실을 알게 되었으니, 그가 더욱 더 포악해지게 되리라는 것은 뻔한 일이다. 결국 경찰을 불렀다가 뜻하지 않게 상황을 더욱 악화시켜버렸다는 사실을 알게 된 아내들은, 그 후부터는 경찰을 부르지도 못하고 조용히 남편의 폭력을 참고 견디게 된다.
—『매 맞는 여자들』 중에서

마조리 필즈는 "경찰에서는 그저 남편을 놀라게 해 주고 싶어서 별 필요성도 없이 신고한 여성과 정말로 위험에 처해 경찰을 찾은 여성을 구별할 능력을 갖고 있지 않은 것처럼 보인다"고 〈뉴스위크〉지의 특집기사에서 밝혔다.

만일 아내가 무슨 수를 써서 도망가버리면, 남편은 종종 그녀를 마치 사냥감을 쫓듯이 찾아다닌다. 이웃을 찾아 헤매기도 하고, 친지들에게 사방 수소문하며, 아내가 갈 만한 곳을 샅샅이 찾아가 보는 것은 물론이고, 사설기관이나 탐정까지 동원하는 경우도 있다. 직장을 갖고 있는 여자들은 남편이 직장까지 찾아와 행패를 부려 직장을 잃게 될까봐 두려움에 떨어야 한다. 집을 나온 후 혼자 방을 얻어 사는 경우에도 남편이 언제 들이닥칠지 몰라 항상 공포에 떨며 살게 된다. 자동차 엔진소리, 복도의 발자국 소리, 문 밖의 온갖 소리들을 들을 때마다 여자는 공포에 얼어붙고 만다. 어떤 여자는 임시보호소에 머물다가 결국 남편에게 붙들려 다시 집으로 돌아갔는데, 밤이면 남편이 자기를 찾아 낼까 봐 두려움에 떠느니 차라리 집에서 매를 맞고 사는 게 더 낫기 때문이라고 하였다.

2) 사랑의 덫

남편을 떠나지 못하도록 여성을 묶어놓는 또다른 흔한 핑계는 "그 사람은 제가 필요해요"라는 것이다. 남편이 자신을 때리면 때릴수록, 그만큼 남편은 정신 상태가 악화된 것이고, 그럴수록 자신을 필요로 한다고 믿는 현상이다. 한 마디로 이런 합리화는 단단한 논리적 구조를 지닌 경우가 많다. 즉, 그가 나를 많이 때릴수록, 그의 행위는 상태가 안 좋다는 것을 의미하며, 그럴수록 그가 나를 필요로 하게 된다는 것이다. 가끔 이런 논리는 한걸음 더 나아가 "그가 나를 필요로 하면 할수록 나는 더욱더 그를 사랑해야 한다"는 어이없는 논리로 이어지기도 한다.

  누구에게나 합리화시킬 때가 있는 법이다. 계속 좋은 감정을 유지하고 싶을 때, 받아들일 수 없는 걸 받아들일 수밖에 없을 때, 흔히들 합리화 과정을 통해 자신을 달래려 한다. 괴로운 현실에 그럴싸한 이유를 붙여 그 상황을 받아들이려 하는 것이다. 만약 남자가 항상 화를 내며 괴롭힌다면, 어떤 여자든 몇 번 합리화시키다 지치고 말 것이다. 하지만 평상시에는 매력적인 남자였던 그가 변덕을 부리면, 여자는 그 상황을 잠깐의 악몽이라 생각하고 나중엔 좋아질 거라고 합리화시킨다. 남편의 사랑스런 태도를 보면서 앞으로는 그렇지 않을 거라고 믿는 것이다. 하지만 그건 그 상황에 대한 합리화에 불과하다. 그런 남자는 언제 어떻게 변덕을 부리며 여자를 절벽으로 몰고갈지 모른다.

    하루는 밤에 서로 엄청나게 싸운 적이 있어요. 하루를 아주 힘들게 보냈기 때문에 집에 들어오자마자 잠을 자려 했지요. 하지만 남편이 사랑을 나누자고 하더군요. 나는 너무 피곤하니 그냥 자게 해달라고 했어요. 그랬더니 남편이 갑자기 화를 내며 이리저리 날뛰더니 급기야 장농을 때려부수는 거예요. 아마 내가 자기를 거부하는 것으로 여겼나 봐요. 어쨌든 나는 너무 무서워 벌벌 떨면서 더 이상 이렇게 살 수 없다고 소리를 쳤지요. 그랬더니 그는 갑자기 눈물을 흘리며내 무릎으로 파고들더니, 계속 훌쩍이는 목소리로 앞으론 안 그러겠다며 사정하는 거예요. 너무 힘들게 하루를 보내서 그랬다며, 그러니 제발 자기를 용서해 달라는 거예요. 그러니깐 조금씩 마음이 약해지더군요. 무릎에 기댄 채 울먹이는 목소리로 나를 그 어느 때보다 사랑하겠다고, 다시는 안 그러겠다고 맹세하는 그를 보니 진짜 마음이 약해졌어요. 결국, 그를 껴안고 달래주게 되었어요. 그렇게 돼서 그날 밤에 자연스럽게 사랑을 나누었지요. 이제 그런 일은 더 이상 없을 거라 생각하면서 말이예요.
― 수잔 포워드의 『여자를 괴롭히는 남자, 그 남자를 사랑하는 여자』 중에서

3) 사회적 요인

우리의 문화적 가치기준에 의하면, 여자는 상당히 여러 가지 일에 관심을 가지면서도 행복의 주된 근원을 결혼생활에서 찾아야 한다. 이런 전제, 즉 여자의 행복은 결혼에 있다는 전제를 받아들인 여성은 성공적인 결혼생활을 영위하게 되면 자부심마저 느끼기도 하겠지만, 행복한 결혼생활에 실패하게 되면 모두 자기 탓으로 돌려버리게 된다. 이러한 책임감 때문에 여자는 결혼이 실패하게 되면 수치스럽게 생각하게 되고, 체면을 유지하기 위해서라면 무슨 일이든지 다 하려고 한다.

남편으로부터 상습적 구타를 당해온 어떤 여성은 "우리집에선 폭력 같은 것은 있을 수도 없고, 아무런 문제도 없는 것으로 모두 생각하도록 하기 위해, 저는 애를 많이 썼어요"라고 말한 적이 있다. 이 여자는 사실은 다른 사람들에게만 자기의 결혼생활이 완벽하다고 말한 것이 아니라, 자기 스스로도 결혼에 큰 문제가 있다고 생각하지 않으려고 했던 것이 틀림없다. 그녀는 매를 맞으면서도 침묵 속에서 모든 일이 잘 될 것이라고 자신에게 확인시키고 싶었던 것이다. 이런 상황에서 여자는 남편 때문에 시련에 처했을 때도, 그가 잠시 흥분해서 그러는 것이라고 남편의 폭력을 용서할 것이다. 아

니면 구타가 계속해서 발생할 경우에는, 남편이 언젠가는 마음이
변해서 자기를 때리지 않을 것이라 생각하려 열심히 애를 쓸 것이
다.
—『매 맞는 여자들』 중에서

　우리 사회에서 여성들은 결혼생활의 실패가 여자로서의 인생의
실패라고 믿도록 가르침을 받고 있다. 많은 여성들이 결혼이 그들
인생에 의미를 주고, 남편을 떠나서는 인간으로서의 가치를 지닐 수
없는 것으로 믿고 있다. 결혼생활이 마치 지옥처럼 끔찍해진 경우에
도, 자기 자신을 위해 결혼을 포기하고 과감한 변화를 시도할 생각
을 해 보지도 않으려 한다. 가끔씩은 남편이 잘 해 줄 때도 있을 것
이고, 이럴 때마다 남편이 뭔가 깨달아서 이젠 좀 바뀌겠구나 하는
희망을 가져 보려고 애쓰는 것이다.
　핵가족제도를 바탕으로 하는 사회에서는 아내의 역할이 중심적인
위치를 차지하기 때문에 아내로서 해야 할 일과 하지 말아야 할 일
들이 확실하게 정해져 있다. 학교, 교회, 서적, 잡지, 영화, 텔레비
전, 신문 등 모든 것들이 '좋은 아내'는 어떻게 해야 하는가를 원천
적으로 규정해주는 역할을 하고 있다. 이런 사회에서 자라난 여성이
어떤 형태로든 사회적으로 정해진 좋은 아내의 범주에서 벗어났다고
느끼게 될 때 죄의식을 느끼게 되는 것은 어쩌면 당연한 일인지 모
른다. 남편으로부터 계속적인 구타에 시달려도 사회구조에서 요구하
는 역할에 잘 길들여진 여성은 자기 때문에 남편이 잘못되었다고 죄
의식을 느낀다. 심지어는 자신이 잘못되었다고 죄의식을 느끼게 된
다. 심지어는 매를 맞아도 당연하다고까지 생각하게 된다. 더구나
이런 여성들은 다른 사람의 도움을 받아보려 했다가 도움을 받지 못
하게 되면 상황을 완전히 절망적인 것으로 보게 된다. 완전히 덫에

걸려 버려 이제는 빠져나가려 해봤자 소용도 없다고 생각해 버리게 되는 것이다.

4) 경제적 요인

남편에게 상습적 구타를 당하는 아내가 아무런 방도도 취하지 못하고 폭력 남편에게 매여 사는 또 다른 이유는 그녀의 주머니 사정과 관련이 깊다. 매를 맞을 때 도망가 머물만한 곳이 있는 경우에도, 거기까지 갈 돈이 없어서 포기할 때도 있다. 가사일이란 어차피 숙식밖에 제공하지 않는 직업과 다를 바가 없다. 게다가 상습적으로 아내를 때리는 남편이 아내에게 용돈을 줄 리도 없다. 폭력남편들은 대개 돈 관리를 몽땅 자기가 하는 경우가 많다. 심지어는 식료품이나 잡화까지도 자기가 직접 나가 사는 남성들도 있다.

> 아이들이 우유가 없어서 보채고, 과자를 사주지 않아 먹을 것이 없어도 자기가 쓰고 싶은 곳은 어떠한 돈이라도 몇 십만 원, 혹은 통도 크게 몇 백만 원씩 척척 썼다. 아이들과 나에겐 인색하여, XX같은 년아, XX같은 새끼들아, 오늘 얼마를 썼는데 돈 달라고 하느냐면서 으레하는 버릇처럼, 사기 재떨이를 던졌다. 이틀이 멀다 하고 그러했고 하루가 멀다 하고 그러했다. 시아버지가 돈 관리를 하시다 돌아가셨기에 애들 아빠도 남자가 버니까 남자가 돈 관리를 해야 한다면서 한 번도 돈을 맡기지 않았다. 그러자니 한창 커가는 아이들에게 그 흔한 돼지고기도 몇 달에 한 번 먹일까 말까였고, 싼 과자도 자주 사주지 못했다. 내 몸에 걸치는 옷과 속옷도 남편이 사다 주면 입고, 안 사다 주면 말고, 설마 빈 몸뚱아리는 안되겠지 하는 생각으로 살았다. 그 흔한 화장품을 사주질 않아 화장도 한 번 제대로 못하고, 예쁜 옷 한 번 못 입어 보고, 욕설과 매와 더불어 심한 모욕감으로 자존심마저 짓밟힌 채 나 자신으로서가 아닌 오직 타인의 노예처럼 길다면 길고 짧다면 짧은

5년의 삶을 살아왔다.
　　　—『한국여성의 전화 10주년기념 공모수기』중에서

　이런 궁핍한 경제적 상황은 부잣집 아내라고 해서 전혀 다를 바가 없다. 또다른 어떤 여성은 한 상담원에게 다음과 같이 털어놓음으로써 왜 자신이 폭력적인 남편으로부터 떠날 수 없었는지를 밝히고 있다.

　　저는 대학도 결혼 때문에 중퇴하고 아이들도 다섯이나 되는 걸요. 저는 성공적인 사업가의 아내로서 말도 경우에 맞게 잘 하고, 옷도 때에 맞춰 격식차려 입을 줄 아는 부잣집 부인네였지요. 그런 노릇말고는 할 줄 아는 것도 없는 저를 받아줄 직장이 없었습니다. 게다가 36살이나 되고 아이들도 5명이나 딸린 사람이 친정집에라도 찾아갈 수나 있어야지요. 이혼해 봐야 제가 받는 건 자녀양육보조금 몇 푼밖에 안 될테구요. 이게 바로 덫이 아니고 뭐겠습니까. 그저 저를 때릴망정 남편하고 같이 살면서 이럭저럭 사는 수밖에요. 어쨌든 점점 내가 어떤 존재인지도 모르겠고, 자존심도 다 없어지는 것 같아요.
　　　—『매 맞는 여자들』중에서

　부잣집 남편을 둔 아내들은 남들보다 좋은 집에서 살지는 모른다. 그렇다고 해서 이런 여성들이 경제적 형편이 어려운 아내들보다 재정형편이 나은 것은 별로 없다. 항상 현금이 집에 있는 것도 아니고, 이들 역시 혼자서는 아이들을 키울 수 있는 준비가 전혀 안되어 있는 경우가 다반사이다.
　그러나 모든 아내들이 전적으로 남편에게만 의존하고 사는 것은 아니다. 맞벌이를 하는 경우도 있고, 어떤 경우에는 실제 여자가 혼자 돈벌이를 하기도 한다. 그렇다면 이같이 자기 돈까지 버는 여자가 무엇 때문에 자기가 벌어 먹이는 남편의 구타를 참고 눌러앉아 있는 것일까?

> 한 여자는 다음과 같은 자신의 삶을 털어놓았다. 이 여자는 아이들이 7명이나 있었고, 공장에서 일을 해서 자기 혼자 남편을 포함한 9명의 식구를 먹여 살리고 있었다. 그런데 월급날만 되면 남편은 공장앞에 나타나 월급을 낚아채 갔다. 그는 이 돈의 많은 몫을 술을 마시고 다른 여자들과 바람피우는 데 썼다. 그는 자기 아내를 상습적으로 구타했기에, 그녀는 종종 입술이 찢어지고 눈이 퍼렇게 되어 공장에 일을 하러 가야 했다. 도대체 경제적 능력까지 있으면서 그런 남편하고 헤어지지 않느냐고 물어보았더니, 그녀는 다음과 같이 대답하는 것이었다. 애들을 일곱씩이나 데리고 저 혼자 살아갈 생각을 하면 막막해요. 애들한테는 그이가 필요하고, 저한테도 그이가 있어야 해요.
>
> ―『매 맞는 여자들』 중에서

돈이 한 푼도 없는 여자가 남편을 떠나 혼자 살아갈 결심을 하려면 커다란 용기가 필요하리라는 점을 인정할 수밖에 없을 것이다. 그러나 자기 돈이 있는 여자가 왜 그러지 못하는 것일까? 아내의 돈을 빼앗아가고, 아내의 의지를 짓밟는 남편이 필요하다는 말을 할 때, 여자는 도대체 무슨 생각을 하며 그런 소극적인 말을 하는가? 자기 아내를 착취하기만 할 뿐 아니라 마구 두들겨 패는 그런 아버지라도 아이들에게는 필요하다는 말을 할 때, 그녀는 대체 무슨 생각을 하고 있는 것일까?

사실 이 여자의 그런 생각은 본심에서 우러나온 것이 아닐 것이다. 이런 여자는 아마도 우리 문화가 규정해 주는 여자의 제한적 역할에 대한 선입관을 벗어나지 못하고 있는 것 같다. 다른 역할 속에서 생활하는 자신을 상상할 수가 없는 것이다. 여자가 수행해도 좋다고 사회가 허용한 몇 안되는 역할들은 대부분 제한적이고 범위가 좁다. 앞에서 살펴본 바와 같이, 여자의 가치는 거의 언제나 결혼생활과 관련지어지 평가되며, 여자 자신도 이런 식으로 자신을 평가하게 된다.

그러나 사회가 정해 놓은 이런 여자의 역할들은 이제는 서서히 바뀌어 가야 하리라고 본다. 시집을 못 가거나 이혼하는 것은 인생의 실패를 의미하는 것이라는 식의 사고방식은 사라져야 하며, 우리 사회는 이런 여성들도 온전하며 만족스러운 삶을 영위할 가능성을 가지고 있다는 사실을 인정해야 할 것이다. 아내 구타와 경제적 착취라는 은폐된 문제를 사회 전체의 공적인 문제로 터놓고 다루어야만 폭력적인 결혼생활의 희생양이 되어버린 여성들에게 새로운 생각과 희망을 심어주는 일이 가능해지기 시작할 것이다.

4. 새로운 자신을 찾아서

폭력과 불신, 공포, 힘든 감정상태, 속임수, 상처받은 몸과 자아가 자리잡고 있는 관계의 세계에 묶여서, 행복한 결혼생활만이 인생의 완성이라고 생각하는 그릇된 믿음의 구조 속에서 매맞는 아내들은 자기 자신을 파괴하는 것 외에는 선택의 여지가 없는 삶을 살아가고 있다. 더구나 집을 벗어나기가 힘든 우리의 사회구조 속에서는 더욱 그러한 것으로 보인다.

폭력의 세계에 묶여 있으면서, 매맞는 아내는 조금씩 조금씩 정신적으로 그리고 육체적으로 시들어 가게 된다. 정신 분열 증세로서의 환청, 환상, 불면, 대화소통의 불가능 등을 보이기도 하고, 구타의 후유증으로 평생 두통, 요통, 상처의 흔적, 멍 그리고 우울증에 시달리기도 한다. 매맞는 아내는 필사적으로 남편에 대한 복수를 꿈꾸면서 동시에 일상의 세계로 돌아가려고 한다. 그러나 자신에게 일어나는 일에 대한 객관적 인식이 없을 때 매맞는 아내는 빈번히 그녀 자신이 세운 계획의 희생물이 되고 만다. 그리하여 매맞는 아내의 신음소리는 감추고 싶은 집안의 비밀로 남으면서 닫혀진 대문 저 안쪽에서 분노와 절망으로 맴돌게 되는 것이다.
—조주현의 「매 맞는 아내의 분노」 중에서

자기 생존이란 자기를 보호하기 위해 필요한 행동을 취하는 것을 말한다. 매맞는 아내가 가장 먼저 해야 할 일은 자기의 신체적, 정신적 건강을 돌보는 것이다. 나는 누구이고 나와 아이들을 위해 내 인생에서 내가 할 일은 무엇인가? 이를 생각해 본 후에 여성은 아직도 희망이 남아 있다는 사실을 깨달아야 한다. 꼭 남편이 변해서 자기를 이제는 때리지 않을 것이라는 희망이 아니라, 더 나은 삶을 위해 자신을 자유롭게 할 희망이 있다는 것이다.

외삼촌이 물리고 멍든 손과 툭툭 불거진 머리를 증거로 남편을 형사계로 넘겼다. 경찰서에서 증거물들이 서류로 만들어졌고 순경 아저씨 한 분이 포항까지 가셔서 대구서로 강제로 남편을 끌고 왔다. 그래서 또 다시 서류를 작성하여 법원으로 넘겨서 법적으로 이혼을 하게 되었다. 남편은 이혼을 안하려고 발버둥을 쳤지만 나는 이혼을 강력하게 요구했다. 서너번의 실갱이 끝에 결국 이혼을 하게 되었다. 서운하기보다는 달린 혹을 뗀 것 같은 홀가분한 마음이었다. 언제 매를 맞을지 모르는 불안과 공포에서 벗어날 수 있었고 불안하고 초조한 마음도 차차 사라졌다. 자유인이 된 기분이고 너무 기뻤다. 식당일, 남의 가정부, 떡을 이고 골목골목 다니면서 팔아도 보았다. 그리고 리어카를 구입하여 동대문시장 근처에서 오뎅도 끓여 팔아 보고 오방떡도 구워 팔았다. 나는 어떤 일을 해도 부끄럽지 않았다. 사람을 후라이팬에 다글다글 볶는 남편의 손에서 자유롭게 살 수 있었기 때문이었다. 난 이제 몸이 많이 아파서 얼마나 오래 살 수 있을까 하는 괜한 생각이 들 때가 있다. 남편에게 맞은 것이 골병이 들어 지금도 머리가 울려서 한참을 가만히 안정해야 한다. 남편과 살았던 14년은 너무나 끔찍해 생각하기조차 싫다. 그러나 이젠 상처도 다 아물었고 마음 편하게 살 수 있는 것이 너무나 감사하다.
―『한국여성의 전화 10주년기념 공모수기』중에서

결혼은 반드시 필요한 것이라는 전통 안에서 자란 여성들은 이혼을 결정하기가 매우 어려울 것이다. 이혼을 한다는 것은 혼자 독립해서 살며, 자신의 집안과 재정문제를 혼자 해결하며, 만일 자녀들이 있는 경우에는 이들의 교육을 전적으로 책임을 져야 한다는 것을 의미한다. 혼자 살아본 경험이 없는 사람은 이혼하느니 차라리 힘든 결혼생활이나마 유지하면서 사는 편이 낫다고 생각할지도 모른다. 그러나 매 맞는 일이 계속 일어나고, 그녀가 어떤 노력을 하든 앞으로도 계속 남편이 자신을 때릴 것이 분명하다면, 희망없는 결혼생활을 유지하려고 헛되이 시간과 노력을 낭비할 것이 아니라, 외부의 도움으로 독립해서 살아갈 결심을 해야 한다.

이혼을 결심했다가도 아이들 때문에, 이혼녀에 대한 사회의 비뚤어진 시각 때문에, 집안 체면 때문에, 혹은 혼자 살 경제력이 없기 때문에 등등 이런 저런 이유를 들면서 홀로서기를 주저하고 있다. 그러나 이런 이유들은 모두 평계에 지나지 않는다. 폭력 아버지 밑에서 자라는 아이들은 성격이 삐뚤어지고 문제아, 깡패가 되기 쉽고 정신병도 잘 걸린다. 커서 자신의 아내에게 폭력을 휘두르는 아버지 같은 사람이 되기도 하고 폭력에 꼼짝 못하는 비굴한 사람이 되기도 한다. 차라리 홀로 서서 그 아이들을 폭력 아버지로부터 구출해 내는 것이 오히려 아이를 위하는 길이다. 집안 체면? 체면이 자신의 목숨보다 중요한가? 경제 문제? 구질구질하게 얻어맞으면서 하루 밥 세끼 얻어먹고 살아야 하는가? 파출부를 하면서라도 떳떳하게 사는 인생은 어떤가? 이런 문제들을 냉정하게 생각해 보아야 할 것이다.
― 『한국여성의 전화 10주년기념 공모수기』 중에서

 이혼하느냐, 그대로 맞고 사느냐 하는 결정을 스스로가 내려야 한다. 그 누구도 이 결정을 대신 내려 줄 수는 없다. 이혼해서 홀로 서는 것이 가장 바람직한 일이지만 그렇지 못할 경우도 있다. 그 어느 쪽으로 결정을 하든 자기 인생은 자기가 책임을 지는 것이다. 어떤 길을 선택했든 자기가 선택한 것에 대해서는 확고한 이유와 신념이 있어야 한다. 그래야 어려움을 견디는 힘이 생긴다.
 그러나 매 맞는 여성 개인에게만 자신의 선택에 대한 확고한 신념을 강요해서는 안되리라고 본다. 가정폭력의 문제는 가정만의 문제가 아니라 곧 사회문제로 연결된다는 사실을 여론화시켜 닫혀진 대문 저 안쪽에서 분노와 절망으로 맴돌고 있는 수많은 매 맞는 여성들을 구출해 낼 수 있는 사회적 여건을 만들어야 한다고 본다. 가정폭력의 문제를 가정 안의 문제로 돌려서는 해결의 길이 없기 때문이다. 가정폭력을 해결하고자 하는 움직임은 가정 하나의 문제를 해결하는 움직임이 아니다. 그것은 우리가 모두 바라는 평화로운 사회를 이루고자 하는 커다란 흐름과 맞물려 있다는 사실을 우리 모두가 인식할 때만이 우리가 꿈꾸는 평화로운 가정과 평화로운 사회가 우리 앞에 펼쳐질 것이다.

손창섭 소설에 나타난 성폭력 모티프
— 「인간시세」, 『낙서족』을 중심으로

구 수 경

1. 남성작가의 탈남성적 세계관

손창섭은 50년대 한국 전후문학을 주도한 대표적인 작가 중의 한 사람이다. 작품 속에서 그는 1950년 한국전쟁 중의 피난지 혹은 전후의 도시 빈민 지역을 중심으로 신체적, 정신적 불구자들이 창출해 내는 비참하고 충격적인 삶의 내밀한 풍경들을 주로 다룬다. 거기에는 음습하고 절망적인 분위기 묘사, 작중인물들의 불구성과 기형성, 그리고 그들이 연출해 내는 인간모멸적인 삶의 에피소드들이 잔인할 정도로 적나라하게 그려진다. 그의 대표작으로 논의되는 「사연기」(1953), 「비오는 날」(1953), 「생활적」(1954), 「혈서」(1955), 「미해결의 장」(1955), 「유실몽」1956) 등은 모두 그 범주에 속하는 작품들이다. 위의 작품들에서 작가는 작중인물들의 그런 병적인 무기력과 비상식적인 행동이 전후의 사회적 무질서 및 가치관의 혼란과 불가분의 관계에 있음을 은연 중에 드러내고 있다.

그런데 50년대에 창작된 손창섭의 소설 중에, 한국전쟁을 소재로

한 전후문학작품 계열에서 벗어나 일제 강점기와 해방 전후가 시간적 배경이 되고 있는 두 편의 특이한 소설이 있어 눈길을 끈다. 그것이 바로 「인간시세」(1958)라는 단편과 『낙서족』(1959)이라는 손창섭의 첫 장편소설이다. 위 두 작품에서 보여주는 작가의 상상력 혹은 창작의 발상은 대단히 획기적이며 도발적이다. 왜냐하면 「인간시세」는 일본의 패망 직후 식민지였던 중국에 홀로 남겨진 한 일본인 가정주부가 겪게 되는 충격적인 성폭력의 실상을 그리고 있으며, 『낙서족』은 독립투사를 꿈꾸는 한국인 동경유학생이 일본 여성에게 가하는 비인간적인 성폭력의 행태를 주요 모티프로 설정하고 있기 때문이다. 요컨대 위 두 작품들에는 일제 강점기나 해방 전후를 다룬 기존 작가의 작품에서 으레 발견되던 민족주의적 현실인식이나, 아니면 제국주의자들의 횡포에 의한 경제적 궁핍화, 사회 구조적 모순 등을 고발하는 내용을 전혀 담고 있지 않다. 오히려 피지배국의 남성들에 의해 성폭력을 당하며 정치적 희생물로 전락하는 한 일본-제국주의의 주범국인-여성의 불행에 초점을 맞추고 있는 것이다.

여기서 우리는 위 작품들의 창작의도가 한 국가가 다른 국가에게 가하는 국가권력의 횡포를 고발하고자 한 것이 아니라는 점을 알 수 있다. 바로 작가는 남성중심의 인간사회에서 강자인 남성이 약자인 여성에게 가하는 보편적인 성폭력의 양상을 보다 첨예하게 드러내고자 하는 것이다. 즉, 손창섭은 윤리적 규범과 공적인 관념에 의해 형성되고 이해되는 외적인 성문화 속에 내재된, 남성들의 불순한 성의 권력화와 그 폭력성을 폭로하고자 한다. 그 과정에서 작가는 국가와 정치를 담당하고 있는 남성들에 의해 행해진 전쟁과 식민지 정책, 혹은 그들의 지배 이데올로기에 의해 항상 삶에 치명적 피해를 입고 존재가치를 위협당하는 존재는 여성들이라는 인식을 보이고 있다. 따라서 지배국의 국민인 일본 여성이 피지배국의 남성들에 의해 겪게 되는 성적 수난의 모티프는 강대국에 의한 약소국의 불행이 아니라 남성에 의한 여성의 보편적인 불행을 드러내기 위한 적절한 스토리적 장치가 아닐 수 없다.

남성이자 50년대 작가인 손창섭이 민족적 정체성과 남성중심적 역사 해석에서 벗어나, 국가간의 권력 다툼 과정에서 여성들이 겪게 되는 성적 수난의 비극과 그 의미를 적확하게 포착하고 있는 것은 놀라운 일이다. 그것은 아마도 가진 자의 위치보다는 못 가진 자의 위치에서, 강자보다는 약자의 입장에서 살아야 했던 그의 불우한 삶이 있었기에 가능했던 것이 아닐까 싶다. 그의 자서전적인 소설인 「신의 희작」에서도 그려지고 있듯이, 손창섭은 실제로 어려서부터 불우한 가정환경과 경제적 궁핍 속에서 성장했다고 한다. 그 과정에서 그는 자신을 돌아볼 겨를도 없이 어떻게든 살아야 된다는 생각 하나로 자신을 지탱해 왔다고 한다.

> 진부한 말이지만 이렇듯 기구한 운명과 역경 속에서 인간 형성의 가장 중요한 소년기와 청년기를 보내 온 내가 비로소 자신을 자각했을 때, 나의 눈 앞에 초라하게 떠오른 나의 인간상은, 부모도 형제도 고향도 집도 나라도 돈도 생일도 없는, 완전한 영양실조에 걸린 <육신과 정신의 고아>였다. 이것이 어처구니 없게도 처음으로 내가 발견한 <나>였던 것이다.
> ―<아마추어 작가의 변>에서

즉, 그가 자신을 처음으로 자각하는 순간, 그에게 비추어진 자신의 모습은 남들이 갖고 있는 부모와 형제, 고향, 집, 나라, 돈, 타인의 따뜻한 위로와 격려 등을 하나도 소유하지 못한 육신과 정신의 고아였다는 것이다. 말 그대로 현실 세계의 패잔병이자 아웃사이더였던 것이다. 따라서 살면서 언제나 그에게 돌아온 것은 타인의 멸시와 배척뿐이었다. 그래서 이후 손창섭의 삶은 자신도 가질 권리가 있는 그것들을 타인들과 공유하기 위하여, 그것들을 독점하고 있는 타인들의 세계 속으로 들어가려는 안간힘으로 점철되었다고 한다. 그 격렬한 대인투쟁에서 그는 자신뿐만 아니라 타인에 대해서도 "이기와 위선에 찬 적"으로서 비로소 자각하게 된다.

이와 같은 〈나〉와 〈남〉의 발견은 결과적으로 손창섭에게 인간 및 사회의 모순에 눈 뜨게 할 뿐만 아니라 그에 대한 반발심도 동시에 키우고 있다. 따라서 그의 소설은 "나와의 공존과 공감을 허용하려 하지 않는 기성사회, 기성 권위에 대한, 억압된 나의 인간적 자기발산이 문학적 형태로 나타난 것"에 다름아니다.

이러한 작가 손창섭의 진술은 일차적으로 병자와 불구자와 의욕상실자가 거의 집단적으로 서식하고 있는, 그의 전후 소설에 일관되게 나타나고 있는 모멸적 인간상을 해명하는 데 유용하다. 즉, 그에게 비춰진 인간세상은 그렇게 고상하지도 진지하지도 가치지향적이지도 않다. 오히려 공적인 힘—이데올로기, 전쟁의 논리—에 의해 만신창이가 된 개인의 진실만이 내면의 동굴 속에서 악취를 풍기고 있을 뿐이다.

삶에 대한 그의 이러한 통찰은 자연스럽게 가부장제 사회의 공적인 권력의 독점자인 남성들의 횡포에 대해서도 눈뜨게 하고 있다. 바로 남성임에도 불구하고 손창섭 자신이 현실의 아웃사이더로서 불평등한 사회구조 및 기성 권위에 의한 실질적인 피해자였던 점, 따라서 기존 사회에 대한 냉소와 모순의 폭로가 소설 창작의 원동력으로 작용하고 있는 점을 주목할 때, 남성중심사회가 만들어 낸 성차별 양상은 그에게 대단히 매력적인 모티프였으리라 짐작된다. 요컨대 남성중심적 권위의식에서 탈피하여, 사회현상을 객관적으로 바라보고 그 속에 내포된 강자의 논리를 읽어낼 줄 알았던 작가는, 위

작품들에서 민족적 복수심이라는 미명하에 남성들이 여성에게 자행하고 있는 파렴치한 성폭력의 양상을 냉정한 시각으로 그려나가고 있다.

따라서 본고에서는 일제 강점기를 배경으로 하고 있는 손창섭의 작품「인간시세」,『낙서족』에 나타난 성폭력 모티프를 중심으로, 정치, 이념, 문화 등 역사의 주체는 남성들인 반면 그에 의해 희생당하는 존재는 항상 여성들이 되고 있는 가부장제 사회의 성차별적 논리를 심층적으로 고찰해 보고자 한다.

2. 전쟁의 탈윤리성과 피해자로서의 여성 :「인간시세」

전쟁은 지배와 복종이라는 관계의 불평등 구조를 생산해 내고, 권력의 헤게모니를 장악하려는 인간의 욕망을 가장 첨예하게 드러내는 공적, 집단적인 인간 행위 중의 하나이다. 거기에는 오직 승자와 패자라는 이분법적 인간관계만이 존재한다. 이때 승전국의 모든 이념 및 행위는 절대적으로 정당하고 합법한 것으로 간주된다. 그에 따라 패전국 국민들은 인간으로서의 모든 특권을 포기한 채 억압과 착취로 얼룩진 노예와 같은 삶을 강요받는다. 그런데 그러한 국가간의 지배-피지배 관계가 어떤 이유로든 역전되었을 때, 피지배국의 지배 국가에 대한 복수 및 가학행위는 보다 광폭한 양상을 띤다. 비인간적인 핍박과 억눌림을 당하면서 키워진 분노와 복수심이 한 순간에 폭발하기 때문이다. 따라서 역할만 뒤바뀐 권력의 횡포는 더 공격적이요 극단적인 양상으로 치달을 수밖에 없다. 그럼에도 불구하고 이들의 행동 역시 국가적인 복수심의 발로라는 이름으로 합리화되고 정당화된다. 여기에 전쟁 논리의 범죄성과 아이러니가 자리한다.

「인간시세」는 바로 한때는 지배국으로서 모든 권위와 힘을 행사하다가 패전국으로 전락한 일본의 한 여성이 외지에서 겪는 참담한 불행을 다루고 있다. 주인물 아리마 야스꼬는 무선 기술자이자 군속으로 있는 남편을 따라 3년 전에 만주로 온 일본인 가정주부이다. 그녀는 큰 아들 쿠니오와 어린 딸 히로꼬와 함께 할빈에서 이백여리 떨어진 이멘퍼의 일본인 관사에서 중국인 원주민들을 일꾼으로 부리며 평범하게 살고 있었다. 그러던 1945년 8월의 어느 날, 일본의 패망 소식이 전해지고, 군의 명령을 받은 일본 남자들은 모두 할빈으로 떠나간다. 며칠 후 일인 가족들도 고국으로 가기 위해 전원 할빈으로 집결하라는 명령이 떨어지고, 급히 짐을 챙겨 가지고 나온 야스꼬는 자신의 전재산을 넣은 돈지갑을 집에다 놓고 왔음을 알게 된다. 그래서 아들 쿠니오만 군용트럭에 태운 뒤, 급히 집으로 달려갔으나 지갑은 어디에도 없다. 그 사이 일본의 패망을 알게 된 중국 원주민들이 성난 함성을 지르며 쳐들어 오고 그녀를 기다리던 군용트럭은 히로꼬를 업은 야스꼬만 남겨 둔 채 떠나버린다.

이후 야스꼬의 삶은, 혼자 떨어진 채 엄마를 애타게 찾고 있을 아들 쿠니오에게 가기 위해, 그리고 고국으로 갈 수 있는 마지막 희망의 비상구인 할빈으로 가는 과정에서 겪게 되는 성폭력의 수난사로 얼룩진다. 바로 그녀는 국가의 비호도, 자국 남성들의 도움도 받을 수 없는 상황에서, 민족적 분노와 복수심의 분출이라는 이름 아래 노골적으로 행해지는 외국 남성들의 성적 횡포에 마치 맹수들 앞에 던져진 살코기처럼 만신창이 신세가 되고 만다. 여기서 그녀가 얼마나 비인간적인 방식으로 성 폭력의 희생물이 되고 있는지를 열거해 보면 다음과 같다.

① 사람들의 눈을 피해 도랑을 따라 할빈쪽을 향해 걸어가던 야스꼬는 결국 중국인 사내에게 붙잡혀 강간을 당한 뒤, 알몸으로 벗겨진 채 마을 사내들의 구경거리가 된다.
② 마을 사내 중 며칠 전까지도 야스꼬의 일꾼으로 일했던 장은 주인 사내에게 세간살이 몇 개를 주고 야스꼬를 건네 받은 뒤, 이미 차지한 야스꼬의 집에서 그녀를 범한다. 이후 그녀는 남편과 함께 했던 이부자리에서 밤마다 장의 성욕의 제물이 된다.
③ 장의 감시를 피하여 간신히 관사를 도망친 뒤, 철길을 따라 할빈으로 가던 야스꼬는 고열로 보채는 히로꼬의 울음 소리 때문에 마차를 몰고 가던 마부에게 들키고, 역시 풀밭에서 강간당한다. 그리고 마부는 야스꼬를 뚱뚱보(포주)에게, 히로꼬를 중국인 부잣집에 각각 팔아버린다.
④ 뚱뚱보는 자신이 먼저 야스꼬의 몸을 강간한 뒤, 그녀를 유곽으로 데려가 발가벗긴 채 침대방에 처넣는다. 이후 야스꼬는 하루에도 여러 명의 남자에게 몸을 파는 처지가 된다.
⑤ 남자 손님의 호복을 훔쳐입고 몰래 변소를 통해 도망을 나온 야스꼬는 히로꼬를 되찾기 위해 마부네 집을 찾아 헤매던 중 유곽에서 일하는 장정에게 다시 잡힌다. 그때 길 가던 소련군인이 장정에게 잡혀가는 야스꼬를 가로채어, 시장 골목에서 사람들이 구경하는 가운데 그녀를 강간한다.
⑥ 소련군에서 중국군에게로 인계된 야스꼬는 비로소 국가적인 차원에서 고국으로 이송될 수 있는 패전국 국민으로서의 대접을 받는다. 중국인 장교의 배려로 팔려간 히로꼬를 찾아나선 야스꼬는 그 애가 그날 아침 죽었다는 사실을 알게 된다. 야스꼬와 동행했던 한 병사가 상심하고 있는 그녀에게 다가와 수수밭에서 잠깐 쉬었다 가자고 남성적인 흑심을 드러내자 그녀는 기가 막혀 허탈하게 웃는다.

이상의 내용에서 확인되듯이, 국가와 남편의 보호 속에 단란한 가정을 가꾸며 살아가던 일본인 가정주부 야스꼬는 국가와 남편의 보호에서 이탈되자 한순간에 상대국 남성들의 성적 제물로 화하고 있다. 특히 그녀가 한때는 자신들을 억압하고 지배했던 나라의 국민이라는 사실, 더구나 "젊은 여자일 뿐만 아니라 정돈된 용모와 희고 부드러운 피부를 가지고" 있다는 사실은 그녀를 식민지국 남성들의 복수심과 성적 탐욕을 동시에 충족시켜주는 대상으로 전락시킨다.

야스꼬가 그들에게 성적 폭력과 동물적인 취급을 당하면서 새삼스럽게 확인하는 것은 국가의 권력이 개인에게 미치는 영향이다. 즉, 지금까지 "원주민들이 야스꼬 앞에서 굽신거린 것은 물론 야스꼬 개인의 인격이나 힘에 눌리어서가" 아니라 조국이라는 국권의 발판이 있었기 때문이라는 사실을 새삼 실감하는 것이다. 따라서 발가벗겨진 채 동물원에 갇힌 원숭이처럼 구경거리가 된 자신을 바라보는 부락민들의 시선에서, 그녀는 국권의 붕괴가 곧 그녀의 인간적 존엄성의 파괴로 이어지고 있음을 깨닫는다.

> 그러나 어제까지의 일인은 감히 접근할 수도 없이 고귀한 존재였다. 같은 인간이면서도 그쪽은 금이요 이쪽은 흙덩이었다. 어제까지의 일인은 살아 있는 신의 적자로서 서슬이 푸르른 일등 국민이요 당당한 지배자였고, 이쪽은 보잘것 없는 열등 국민이요 견마와 같이 혹사당하는 피지배자였다. 일인들이란 대공을 나르는 두루미처럼 까마득히 우러러보이는 특권민이어서, 여태껏은 함부로 말도 걸 수 없었던 것이다. 그렇듯 위세가 당당하던 일인을 동등한 위치에서-아니 자기네보다 한층 보잘것 없는 존재로서 눈앞에 붙들어 놓고 함부로 다루고 마음껏 놀려 먹을 수 있다는 것은 아무래도 신기하고 통쾌한 일이 아닐 수 없었다.

위의 인용에서 전지적 서술자에 의해 분석되고 있는 중국 원주민들의 내면 심리는 거꾸로 고귀한 존재에서 굴욕의 대상으로 전락한 야스꼬의 실존적 상황을 환기시킨다. 그 과정에서 국가의 이름으로 자행된 식민지국에 대한 범죄행위는 그녀의 범죄로 치환되고 있으며, 따라서 그녀에게 가해지는 피지배국 남성들의 성폭력과 비인간적인 취급은 당연한 응징으로서 정당화된다. 때문에 한 사회 구성원들 사이에서 행해진 것이라면 파렴치한 범죄로서 윤리적 지탄을 면할 수 없는 악행들이 일말의 양심상의 거리낌도, 죄의식도 내비쳐지지 않는 가운데 상대국의 남성들에 의해 저질러지고 있다.

그런데 야스꼬에게 성폭력을 가하고 그녀의 모성애를 짓밟고 있는 상대국 남성들의 행동이 단지 민족적 울분이나 복수심이라는 공적인 감정에서만 유발되고 있는 것이 아니라는 사실을 주목할 필요가 있다. 즉, 그녀를 강간하고, 유곽의 창녀로 넘겨버리고, 또 어린 딸을 부잣집에 팔아버리는 행위는 그대로 힘없는 여자를 육체적 욕망의 대상으로, 돈벌이의 수단으로 이용하려는, 남성들의 개인적 욕심을 노출하고 있기 때문이다. 헤어진 아들 쿠니오를 만나야 한다는 모성애적 의지 하나로 자신에게 가해지는 온갖 수모를 참아내던 야스꼬가 자신을 유곽에 팔아 넘기기 위해 딸 히로꼬마저 빼앗아가자 그 기막힌 상황에 경악하고 있는 것은 바로 그런 이유에서이다.

> 야스꼬는 마부의 옷자락을 죽어라 하고 그러쥐고 흔들며 펄펄 뛰었다. 독오른 눈은 벌겋게 충혈되어 성한 사람 눈 같지 않았다. 야스꼬의 분노는 마침내 폭발하고야 만 것이다. 그것은 민족적인 감정의 발악만은 아니었다. 남성에 대한 여성의 분노였다. 운명에 대한 모성의 도전이었다. 따라서 신에 대한 인간의 항의이기도 하였다.

야스꼬가 적국의 여성이자 이미 패망한 나라의 국민이라는 사실은 중국인들과 소련 군인에게 있어 자신들의 비인륜적 행동을 합리화하기 위한 편리한 수단 혹은 변명거리에 다름아니다. 즉, 그녀는 일본인으로서 민족적 복수심의 대상이라는 것, 그리고 현재 그녀는 모든 보호막을 상실한 채 적의 나라에 홀로 남겨진 약자의 입장이라는 사실은, 그들에게 그녀를 인격적으로 대우해야 할 어떤 고상한 가치도 발견할 여지를 주지 않는다. 따라서 그들은 거침없이 그녀를 강간하고, 발가벗긴 채 구경꾼들에게 노출시키며, 자식을 팔아치우고, 사람들 앞에서 집단으로 성폭행하는 비인간적이고 파렴치한 행위를 자행하는 것이다.

따라서 이 작품에서 야스꼬의 불행을 단지 민족적 복수심의 희생양으로서 겪는 비극이라고 간단하게 정리하기가 어렵다. 오히려 그것은 어떤 방식으로든지 자기 행동의 합리화와 정당성만 주장할 수 있다면, 아니 행동에 대한 대가보다 자신에게 돌아오는 보상이 크다는 확신만 있다면, 언제든지 주변 여성을 자신의 성욕을 해소하기 위한 성적 도구로 취급할 태세가 되어 있는 남성들의 성심리의 폭력성이 구체화된 비극인 것이다. 즉, 이 세상에서 여자가 아닌 인간으로서 바라보아야 하는 대상은 어머니와 누이뿐이고, 그 외의 모든 여자를 성욕의 대상으로서 그 가능성을 꿈꾸고 있는 남성들의 내적인 욕망의 구조를 이 작품은 적나라하게 표출시키고 있다. 적국의 여성이라는 이유로 인간적 양심이나 윤리의식을 완전히 거세시키고 있는 작품 속의 남성들의 태도와 행동은 근본적으로 남성들이 여성을 인격체로서가 아니라 성욕의 대상으로서 인식하고 있는 성차별의식을 그대로 대변한다. 아울러 국가를 다스리고 전쟁을 일으키며, 다른 나라를 지배하는 주체는 남성임에도 불구하고 그 모든 권력 다툼의 틈바구니에서 언제나 가장 많이 상처받고 희생당하는 대상은 약자인 여성이라는 사실도 이 작품은 새롭게 환기시킨다. 즉, 남성중심적인 국가적 권력의 역학관계 속에서 피지배국의 실질적인 희생양은 언제나 여성의 몫이었던 것이다.

3. 남성으로 거듭나기, 그 허구의 폭력성 : 『낙서족』

『낙서족』은 〈사상계〉가 매호마다 기성작가의 장편소설 한 편씩을 전재하기로 결정한 후, 그 첫 작품으로 1959년 3월호에 실었던 손창섭의 첫 장편소설이다. 이 작품이 발표되자 백철, 김우종, 유종호, 이어령, 김동리 등이 작품세계의 특이성 및 장편소설로서의 성패를 언급하는 작품평을 재빠르게 쓰고 있는 것으로 보아 당시에 상당한 관심을 불러일으켰던 것 같다. 그 평자들은 대체로 『낙서족』이 소재의 특이성이 아니라 관점의 특이성에 의해 문학적 성공을 거두고 있는 작품이라는 데에 일치된 견해를 보이고 있는데 그 중 김우종(〈사상계〉, 1959. 4.)의 글을 인용하면 다음과 같다.

> 그러나 어떠한 사건도 보는 사람의 눈에 따라 다른 형태로 해석될 수 있을 것이다. 지금까지의 손창섭 씨의 작품이 인기를 끌어온 이유는 그 관점의 특이성에 있었다. 올바른 관점이든 아니든 간에 그 특이성은 그로 하여금 한국문단에서 '성공'이라는 명예를 획득하게 만들었다. ― (중략) ―
> '낙서족'이라는 타이틀이 증명하는 것처럼 여기에 등장하는 대부분의 인물들이 낙서족에 속한다. 공연히 요새말로 '국가보안법'에 걸릴 자극적인 용어를 '영웅적'인 기분으로 남용하고 경을 치는 낙서족들의 웃지 못할 희극이 이 이야기의 줄거리를 이루고 있다.
> ―김우종, 「야유의 인생·야유의 문학」 중에서

손창섭의 다른 작품과 마찬가지로 『낙서족』에는 고상한 정신이나 진지한 행동이란 게 아예 존재하지 않는다. 독립투사의 길을 꿈꾸는 한국 유학생들의 이야기를 다루고 있지만 그들의 모습은 결코 민족적 영웅이나 숭고한 지사상으로서 이상화되어 있지 않다. 오히려 확고한 신념도 내적인 역량도 갖추지 못한 인물들이 유행병적인 애국심에 경도되어 철없고 무책임하며 저돌적인 행동을 양산하고 있을 뿐이다. 요컨대 손창섭은 기존의 작품 속에서 민중을 교화시킬 지식인이자 민족을 구원할 애국자로서 전형화된 동경 유학생들의 이미지를 완전히 전복하고 희화화시킨다.

『낙서족』은 도현이라는 동경 유학생이 그의 모친과, 그가 사모하는 상희와 상희 모친, 그를 추종하는 후배 광욱과 그 친구들 등 주변인물들에 의해 타자화된 자신의 이미지를 중심으로 자신의 남성성을 구축해 가는 과정을 그리고 있는 장편소설이다. 이 작품에서 도현은 일본으로 밀항한 한국인 유학생에서 애국심이 강한 독립투사로 대외적 이미지를 구축하는가 하면, 사모하는 상희와 정신적 사랑을 나누는 인물이면서 동시에 그녀에 대한 성적 욕구를 해소하기 위한 방편으로 하숙집 딸 노리꼬를 상습적으로 강간하는 성폭력의 가해자로서 그려진다.

그런데 도현의 투사 이미지는 소설 속의 진실이 온통 과장되고 왜곡되는 과정에서 형성되고 있으며, 그 과정에서 개인적 성폭력 범죄 역시 민족적 복수행위로 정당화되고 있다는 데 이 작품의 희극성이 자리한다. '낙서족'이라는 제목이 말해 주듯이 소설 속의 인물들은 한결같이 자신의 삶을 주체적으로 살지 못하고 낙서하듯 무책임하게 판단하고 생각없이 행동한다. 그리고 그들의 사고와 행동을 조종하고 있는 것은 소위 민족주의나 정절 이데올로기와 같은 외적 관념들이다. 바로 도현을 포함한 그 낙서족들에 의해 도현의 인생은 과장되고 왜곡된다.

먼저 이 작품에서 도현이 일제에 대한 저항의식을 갖게 되고 독립투사로서 거듭나는 과정은 순전히 그 동기가 외발적이다. 즉 그의 부친이 독립투사라는 이유로 도현의 일거수 일투족을 감시하고 통제하는 일본 경찰의 지나친 과잉반응, 독립투사의 아들이라는 이유만으로 그의 인격과 행동을 무조건 애국심과 애국 행위로 읽어내고 있는 상희와 한국인 유학생들의 경박한 민족주의, 그리고 '존경하는' 상희에게 인정받기 위하여 애국투사가 되기로 결심하는 도현 자신의 미성숙한 사랑법 등이 상보작용을 일으키는 사이, 도현은 언제부터인가 타인들에 의해 이미 독립투사로 이미지화되어 있는 자신을 발견한다. 다시 말해 도현은 조선의 식민지 현실이나 독립운동에 대해 진지하게 고민해 본 적도, 자신의 삶의 목표로 검토해 본 적도 없는 인물이다. 그런데 이유없이 일본 경찰의 집요한 감시와 통제에 시달림을 당하면서, 도현은 실제 자신이 대단히 요주의할 독립투사나 된 것 같은 착각에 빠지기 시작한다. 거기에 독립투사의 아들로서 도현에게 보내는 주변 인물들의 존경과 상희의 각별한 기대는 도현으로 하여금 조선의 운명을 걸머쥔 독립투사의 길을 가도록 절대적인 당위성으로 작용한다. 그 결과 도현은 한국 유학생들 사이에는 사내대장부다운 의협심과 공격성, 지도력을 갖춘 존경하는 애국지사로서, 일본 경찰에게는 위험한 요감시인물로서 그의 남성적 이미지를 구축해 가고 있다.

그러나 실제의 도현은 긍정적으로 보아줄 구석이 거의 없는 한심한 인물이다. 장난 삼아 은행협박사건을 벌였다가 반 년 동안 옥살이를 했고, 자신을 감시하는 형사와 경찰 때문에 항상 굴욕감과 패배감에 시달릴 만큼 겁도 많다. 또 화가 나면 순사의 머리를 치받을 만큼 충동적이며, 형사들의 감시망에서 벗어나기 위해 공중변소에서 일주일 동안 숨어지낼 만큼 미련하다. 거기에 교무주임을 〈지끈 딱〉

머리로 받아 넘기거나 천황을 죽이기 위해 다이너마이트를 제작할 계획을 세우는 등 행동은 저돌적이고 생각은 허황되기까지 하다.

그래서 이 작품의 전지적 화자는 작중인물들에 의해 이상화된 도현의 이미지와는 달리, 실제의 도현은 상당히 문제성 있는 인물임을 분석적 서술을 통해 은근히 독자에게 환기시킨다.

그는 언제나 이처럼 <u>맹랑한 속단</u>에서 오는 실수를 잘 저질렀다. 그것은 스스로 자신을 속박하는 결과가 되곤 했다.

도현이 취한 이 <u>무모한 행동</u>은 전교의 조선인 학생에게 순식간에 쫙 알려졌다. 불길 같은 충동을 일으켰다. 그들은 무모를 무모로 알지 않고 용감무쌍한 반항으로 여기고 도현을 재인식했다.

광욱이도 하루 걸러큼씩 찾아왔다. 그는 도현의 손을 꼭 쥐었다 놓았다 하며 어서 건강해져서 나라를 위해 큰 일을 해 달라고 늘 같은 당부였다. 광욱이 오면 공연히 도현도 따라서 흥분했고 <u>터무니없는 영웅심</u>에 취하는 것이었다.

즉, 화자는 시종일관 객관적인 문체로 '낙서족'들이 빚어내는 생의 희극을 묘사하는 과정에서 비판적 의미를 담은 형용어구를 통하여 주인물 도현에 대한 냉소적인 시각을 은연중에 노출시킨다. 바로 이러한 화자의 서술태도에서 이 작품 전체에 퍼져 있는 극적 아이러니의 효과가 발생하고 있다.

그럼에도 불구하고 작품 속의 한국 유학생들은 저돌성과 무모함, 패배의식과 충동성으로 요약되는 도현의 의식과 행동을 일제에 대한 반항의식과 공격적인 용맹성으로 미화하고, 그를 민족적인 영웅으로 우상화하는 현실인식의 미숙성을 벗어나지 못한다. 예컨대 도현이 조선인 학생에 대한 부당한 처벌을 항의하는 과정에서 충동적으로 교무주임을 받아 넘긴 사건은, 스승에 대한 폭력 행위에서 민족적인 저항행위로 그 의미가 굴절된다.

도현의 용맹성은 동경 안에 있는 온 조선인 학생에게 큰 충격을 주었다고 찬양했다. 따라서 조선인 학생들은 모두가 도현을 애국투사로 재인식하고, 존경하고 있다고 광욱은 말했다. 동시에 광욱이 자신 누구보다도 열렬히 도현을 지지하고 존경하고 있음을 언동으로 표시했다.

이처럼 도현은 일본 경찰이 항상 감시해야 하는 조선의 독립투사이자 조선의 운명을 책임지고 있는 민족의 영웅으로서 한국인 유학생들과 고국의 친지들에게 점점 이상화된다. 그 과정에서 외적 이미지와 실제의 도현 사이의 불일치는 점점 커지고 작중의 상황은 심각한 희극으로 치닫는다. 그리고 마침내 도현 자신도 타인들에 의해 형성된 투사 이미지에 스스로 속아 넘어가는 오류에 빠진다.

누가 뭐래도 자신의 길은 이미 확정되었다고 다짐했다. 단지 남아 있는 것은 구체적인 행동뿐이다. 도현은 자기에게 솟구쳐 오르는 힘을 느끼었다. 그것은 무너져 가는 조국과 신음하는 동포 위에 놀라운 영향을 미칠 위대한 힘임에 틀림없었다. 자기가 택한 길이야말로 가장 사내답고 보람 있는 길이라고 자부했다.

즉, 그는 가부장제 사회 속에서 여성들과 동료 남성들 모두의 존경과 지지를 받아낼 수 있는 길은 독립운동이나 정치적 지도자와 같은 공적인 일을 수행하는 것임을 직감적으로 포착하고 있다. 따라서 국가의 독립을 위하여서가 아니라 자신의 존재 확인을 위하여 독립투사의 길을 선택한다. 그런데 독립투사 도현이 그 구체적인 항일행위로서 유일하게 시도하고 있는 것이 일본 여성인 노리꼬를 강제로 추행하는 성폭력이라는 데 이 작품의 도발성이 자리한다.

도현이 남성으로서의 자기 정체성을 찾아나서는 과정은 외적으로는 독립운동에 대한 관심으로 나타나지만, 내적으로는 성(性)에의 눈뜸으로 이루어지고 있다. 소설의 초두에서 방탕한 한상혁과 카페 여급이 옆방에서 매일 벌이는 성관계의 소리를 들으며 도현이 괴로워하는 것은 그 조짐을 암시한다.

> 여자가 옆방에 다녀가고 나면 도현은 자기가 먼저 피로했다. 그 때마다 도현은 새삼스레 자신 속에 성숙한 남성을 발견했다. 열아홉이라는 자기의 나이를 헤아려보고 수긍이 갔다. 자신 속에 눈 뜬 남성이란 도현에게는 주체스러운 괴물이었다.

이렇게 성에 대한 호기심과 욕망이 커갈 때 도현에게 다가온 여성은 고상하고 지적인 상희와 하숙집 딸 노리꼬이다. 먼저 도현에게 있어 상희는 천사와 같이 신성하고 순결한 여인이다. 따라서 도현은 상희가 "어떤 남자와도 결혼해서는 안 될 것 같았"고 "수녀처럼 독신을 지키는 데서만 상희의 신성한 순결은 빛날 수 있다"고, 생각한다. 즉, 그녀는 정신적 존경의 대상이지 육체적 사랑의 대상일 수 없는 것이다. 그럼에도 불구하고 상희를 존경하는 마음과 함께 그녀를 향한 성적 욕망과 성적 흥분도 커가고, 그 때마다 도현의 내면에는 상희에 대한 죄의식과 충족되지 못한 성적 욕구불만이 주체할 수 없을 만큼 쌓여간다.

이때 그의 시선에 포착된 여성이 바로 하숙집 딸인 노리꼬이다. "비육체적인 야릇한 매력"을 풍기는 상희와는 대조적으로, 도현은 노리꼬에게서 "처음부터 어딘가 정신성과 순결을 거부하는 육체만"을 느낀다. 결국 도현은 자신의 주체할 길 없는 성적 욕구를 해소하기 위해 사랑하지도 않는 노리꼬를 강간한다. 그리고 도현은 한 여성의 순결을 빼앗은 파렴치한 성폭력 범죄를 일본인 전체에 대한 민족적 복수행위로서 스스로를 합리화한다.

> 도현은 좀 주저했다. 그러나 이내 알맞은 핑계를 발견했다. 도현은 자기 속에서 일종의 복수심을 찾아낸 것이다. 일본 경찰에 대한 아니 일본인 전체에 대한 복수심. 어쩌면 그것은 단순한 핑계만은 아닐지도 모른다. 도현의 가슴 속에서는 비록 구체성은 띠지 못했을망정 그러한 복수심이 끈기 있게 타오르고 있었기 때문이다. 사건은 결정적이었다. 도현은 자기에게 노리꼬를 정복할-혹은 유린할 권리가 당당히 있다고 생각했다.

결국 이러한 도착된 내면의 논리는 도현에게 남성으로서의 죄의식도 몰아내고 애국투사로서의 자존심도 손상시키지 않으면서 일본 여성에 대한 성폭력을 계속하게 만든다. 즉, 그는 노리꼬뿐만 아니라 일본 경찰의 감시에 협조했다는 이유로 다른 하숙집의 주인과부도 강간을 함으로써 공적인 복수심과 개인적인 욕정을 동시에 충족시키고 있다. 여기서 주인집 과부에 대한 강간은 일회성으로 끝나지만, 노리꼬에 대한 성폭력은 상습적인 양상을 띤다. 즉, 상희에게 성적 흥분을 느낄 때마다 도현은 어김없이 노리꼬를 찾아 간다. 그럼에도 불구하고 그러한 자신의 행동을 일본인 전체에 대한 복수심의 발로일 뿐이라고 언제나 합리화한다. 그리고 그것을 증명하기라도 하는 것처럼 노리꼬를 창녀처럼 취급하고 인격적으로 모욕하는 광폭한 태도를 보인다.

이 작품에서 도현이 독립투사의 이미지를 점점 구축해 가는 것과 노리꼬가 도현의 성적 욕망의 희생물로서 전락해 가는 과정은 평행선을 이루며 도현의 정신적 파탄 및 행동의 분열상으로 조합된다. 즉, 한국인 유학생들에 의해 독립투사로서 추앙받는 외적인 현실의 이면에서, 도현은 노리꼬를 지속적으로 강간하고 마침내는 아이를 배게 만들고, 뱃 속의 아이를 위해 함께 살아달라고 애원하는 그녀를 매정하게 뿌리친다. 비인간적이고 파렴치한 남성의 전형적인 모습을 드러내고 있는 것이다. 결국 보다 훌륭한 애국투사로서의 자질을 갖출 수 있도록 도현을 미국으로 보내기 위한 밀항계획이 유학생들에 의해 구체적으로 추진되고 있는 사이, 노리꼬는 과정이야 어찌됐든 자신의 순결을 가져갔고 아이까지 배게 한 도현이 자신의 사랑을 끝까지 거부하자 자살의 길을 선택한다. 신문에서 노리꼬의 자살 기사를 우연히 발견한 도현은 그 상황에서도 자신을 합리화하려고 애쓰나 결코 떳떳할 수 없다.

「난 복수를 한 거다. 난 일본 연놈은 모조리 짓밟아 주고 싶었던 것이다. 돼져서 잘 했다. 속이 시원하다!」
억지였다. 속이 시원하지 않았다. 도리어 그 반대였다. 도현은 자신을 저주했다.

도현이 뒤늦게 자신의 행동을 저주하고 있지만, 그때는 이미 가부장제 사회의 정조 이데올로기에 자신의 생을 담보했던 한 여성의 비극은 막을 내린 뒤다.
결국 이 작품은 '낙서족'이라는 제목처럼, 삶의 방식에 대한 주체적인 성찰이 없이 상투적인 현실인식과 낭만적인 선민의식에 사로잡힌 동경 유학생들이 민족적 정체성을 확인하는 과정에서 보여주는 의식과 행동의 비진정성을 폭로한다. 아울러 일본 여성에 대한 성폭력을 민족적 복수행위로 위장하는 도현의 남성중심적인 의식에 의해 비참하게 유린당한 한 여성의 불행을 진지한 톤으로 대조적으로 조명하고 있다.

이 작품에서 일본 경찰의 지나친 감시에 의해 도현이 정신적 위축감과 피해의식에 시달리고 있는 상황이나, 그에 대한 반발심리로서 도현이 노리꼬에게 가하는 성폭력은 결국 강자가 약자에게 차례로 가하는 정신적·육체적 폭력의 연쇄반응에 다름아니다. 그 과정에서 공적 권력에 의해 개인의 진실은 왜곡되고, 강자에 의해 약자의 삶이 짓밟히는 파국의 악순환이 계속되고 있다. 아울러 상희에 대한 도현의 이상화와 노리꼬에 대한 도현의 폭력성 또한 동전의 양면처럼 서로 맞물려 있다. 애국심이라는 정신적 특질과 연결된 상희에 대한 존경심은 독립투사로서의 남성적 영웅주의에 대한 숭배의 변형일 뿐이다. 그리고 본능적 충동과 공격성으로 대변되는 노리꼬에 대한 성폭력은 약자인 여성에 대한 남성적 우월의식의 권력적 전시에 다름아니다. 다시 말해 도현은 정신적 성숙과 육체적 성숙, 사회적 자아와 개인적 자아의 조화가 제대로 이루어지지 않은 상태에서, 가부장제 사회가 요구하는 사내대장부다운 삶을 지향하려다가 정신적 파탄과 행동의 분열을 초래하고 있는 인물이라 하겠다.

4. 성폭력, 남성우월의식의 부정적 발현

이상으로 손창섭의 소설 「인간시세」와 『낙서족』에 나타난 성폭력 모티프와 그 의미를 고찰해 보았다.

위 두 작품에서 공통적으로 발견되고 있는 사실은 국가와 국가 사이의 권력 투쟁 과정에서 나타나는 상대 국가에 대한 적개심 또는 자국에 대한 민족주의적 애국심은 가부장제 이데올로기의 변형이라는 점이다. 즉, 그것은 남성들이 약자인 여성을 합법적으로 억압·학대하기 위한 공격적 무기로 작용할 수 있다는 것이다.

「인간시세」의 경우 중국의 남성들과 소련 군인들은 일본 여성 야스꼬에게 비인간적 학대와 강간을 자행하는 과정에서 어느 누구도 그녀에 대한 연민이나 죄의식을 갖지 않는다. 이것은 그들이 민족적 복수심이라는 공적 감정에 기대어, 남성으로서의 개인적 성욕을 해결하기 위한 가장 손쉬운 상대로 적국의 여성 야스꼬를 선택하는 데 암묵적으로 동의하고 있기 때문이다. 실제로 그들은 적의 나라에 홀로 남겨진 상황의 위험성을 환기시키는 협박을 하거나 공포감을 조성할 뿐, 그녀에게 민족적인 분노를 터뜨리거나 국가적인 차원에서의 사과를 요구하고 있지 않다. 그들은 상대국의 국민이기 이전에 한 남성이며, 야스꼬 역시 적국의 볼모이기 이전에 성적 폭력을 행사하기 용이한 여성에 불과했던 것이다. 따라서 민족적 복수심이라는 공적 감정은 그들로 하여금 더욱 잔인하고 야만적인 방법으로 야스꼬를 농락하도록 부추기는 공격기제로서 작용할 뿐이다.

『낙서족』 역시 마찬가지이다. 도현이 하숙집 딸 노리꼬를 상습적으로 강간하는 것은 주체할 길 없는 성적 욕구를 해소하기 위한 방편에 지나지 않는다. 그것을 일본인 전체에 대한 민족적 복수행위로서 간주하는 것은 죄의식이나 양심상의 갈등에서 벗어나기 위한 도현의 변명일 뿐이다. 즉, 노리꼬가 일본 여성이라는 사실은 도현에게 성폭력을 복수행위로 해석할 수 있는 유용한 정보였던 것이다. 거기에 상희와 한국 유학생들, 그리고 도현 자신의 터무니없는 영웅심에 의해 구축된 애국투사로서의 이미지는 그의 모든 행위를 공적인 행위로 의미 부여하고 미화할 수 있는 근거로 작용함으로써 도현의 범죄가 이중으로 삼중으로 은폐되는 아이러니를 낳고 있다. 반면에 노리꼬는 일본인이기 이전에 가부장제 사회의 순결 콤플렉스에 걸려 있는 전형적인 여성이다. 그녀는 자신의 순결을 가져간 남자라는 이유 하나만으로, 그 행위의 범죄성이나 국적의 문제를 떠나서 도현을 자신의 남편으로 받아들이고 있는 것이다. 하지만 도현은 노리꼬를 성적 욕구를 해소하기 위한 수단으로 생각했지 한번도 인격적인 존재로서 인식하거나 대접하려 하지 않는다. 오히려 그녀가 느끼는 사랑의 감정이나 모성애조차 매정하게 묵살하는 비인간적인 태도를 견지할 뿐이다. 그런 상황에서 정절 이데올로기에 사로잡힌 노리꼬가 선택할 수 있는 길은 자살밖에 없었을지 모른다.

결론적으로 이들 작품 속에서 작가 손창섭은 전쟁 혹은 국가간의 권력 다툼이라는 남성중심적인 삶의 현장 속에서 가장 피해를 입고 상처를 받는 존재는 언제나 약자의 위치를 모면할 수 없는 여성들임을 보여준다. 작가가 일본 제국주의의 침략을 받았던 한국인 여성이나 중국인 여성이 아니라 가해국인 일본의 여성들을 성폭력의 피해자로 설정하고 있는 것도, 그것이 자칫 남성들에 의한 여성들의 불행이 아니라 제국주의자에 의한 민족적인 불행으로 읽혀질 위험성을 배제하기 위한 것이라 생각된다. 끝으로 손창섭이 「인간시세」나 『낙서족』에서처럼 탈남성중심적이고 초민족적인 시각에서 남성들에 의한 여성의 수난을 객관적으로 그려낼 수 있었던 것은, 기성 제도나 기성 권위, 이데올로기가 안고 있는 모순과 폭력성을 들추어냄으로써 삶의 적나라한 모습을 형상화하고자 했던 그의 창작 태도 때문에 가능했다고 하겠다.

여성의 에로스에 대한 억압의 철학적 배경
― 로빈 쇼트의 『인식과 에로스』

최 영 희

1. 들어가는 말

　1960년대에 이르러서야 본격적으로 활동을 벌릴 수 있었던 여성해방운동 제2의 물결 이래 페미니즘에 대한 담론은 우리나라에서 현재 활발히 진행 중에 있다. 이 담론들은 주로 정치, 경제, 사회 내지는 심리학적인 측면에서 이루어지고 있어, 성차별에 대한 폭넓은 이해를 위해서는 이에 대한 철학적인 접근이 필요하다고 개인적으로 느끼고 있던 차에 마침 로빈 쇼트(Robin M. Schott)가 쓴 『인식과 에로스』(Cognition and Eros, Beacon Press, 1988)를 접하게 되었다. 『인식과 에로스』에서는 여성의 성을 중심으로 한 존재의 에로틱한 면의 억압을 인식론적 측면에서 심도있게 다루고 있다. 지금도 우리에게 영향력을 행사하고 있는 객관성이라는 근대철학의 패러다임을 특히 칸트철학을 중심으로 저자의 논의가 깊고 넓게 펼쳐지고 있다. 저자는 소위 순수를 목표로 하는 철학적 이념이 인식에서 에로스를 분리할 뿐만 아니라 아예 배제하고자 하였으며, 이는 전문영역과 일상생활 전반에서 행사되고 있는 에로스와 이를 현실적으로 구현한 성으로서의 여성에 대한 억압을 철학적으로 정당화해왔음을 보여주고 있다. 저자는 칸트 철학이 지니고 있는 에로틱한 차원에 있는 존재에 대한 제한적인 이해를 파헤치기 전에, 이와 같은 칸트 철학의 지반이 되고 있는 그리스 철학과 종교적인 관습과 중세의 기독교를 살피고 있다. 필자가 쓰는 이 글은 초기 그리스의 철학과 그 당시의 종교적인 관례 그리고 중세 기독교와 종교개혁자들이 각각 철학과 종교의 이념으로 내세운 순수와 순결의 이름 아래 여성의 성을 얼마나 왜곡시켰으며 동시에 여성을 열등한 존재차원으로 억압하였는가에 시각을 두고서『인식과 에로스』의 전반부를 필자 나름대로 이해해 본 것이다. 초기 그리스의 종교적 관례와 철학자인 플라톤과 아리스토텔레스, 중세 교부철학자인 아우구스티누스와 토마스아퀴나스 그리고 종교개혁 지도자들이 순수와 부정, 이성과 감성, 남성과 여성에 대하여 지니는 각각의 가치관이 이 글에서 논의되고 있다.

2. 성차별의 종교적 기원

여성의 성은 인간의 삶을 부정하게 하고 그래서 인간과 사회적 질서에 위협적인 것이라는 믿음과 인식은 4-5세기의 그리스의 대중적인 종교적 관습 속에 널리 퍼져 있었다. 그리스인들은 에로스를 극히 위험한 힘이고, 성적 만족에 대한 욕구는 육체와 영혼 사이의 건강한 균형을 깨뜨리는 교란으로 인식하였다. 이들에게 에로스는 남녀 모두에게 위험하고 조화스럽지 못한 힘으로서 간주되었지만 성적 행동에 대한 제제는 유독 여자에게만 가해졌다. 이는 여자가 에로스적인 영향에 특히 민감하다고 믿어졌기 때문이다. 남자들은 성을 생식에만 제한하지 않았으며, 그들이 이용만 할 수 있다면 다수의 여자와 성적 관계를 가진 반면에 여자의 성적 만족의 기회는 결혼에서의 성교에 국한되었다. 효과적인 피임방법이 없었기 때문에 여자들로 하여금 합법적인 자녀출산의 울타리 밖에서 성교를 가지지 못하게 확실하게 해두는 것이 이들 남자들에게 필요하였다. 여자의 억제되지 않은 성적 욕망의 '신화'에도 불구하고 성적 만족을 위한 길은 여자에게는 봉쇄되어 있었다. 말하자면, 그리스인들에게 두렵고 절제되어야 하는 것은 성 일반이 아니라 여성의 성이었다.

여성의 성을 위협적인 것으로 취급한 사회적 관례들은 여자를 모든 악의 원천으로 보는 신화적 묘사에 의해서 강화되었다. 판도라의 이야기에서는 여자의 행위를 악과 질병에로 돌리는 것이 인상깊게 펼쳐지고 있다. 모든 여자는 판도라의 행위에 속하는 악의 흔적을 지닌다고 믿어졌다. 여성성에 대한 적대감은 신화에 등장되는 여신들의 이미지 속에서까지 반영되고 있다. 아테나 여신이 아무리 현명하고 강해도 그녀의 힘은 남성신들의 힘에는 결코 비교될 수 없으며, 그리스 신화에 나오는 딸은 그녀가 아무리 강해도 아버지의 권력에는 아무 위협이 되지 않는다. 델피의 신탁자가 여자이었을지라도 그녀는 국가에 대하여 영향력을 휘두르는 남자사제의 도구 역할을 하였을 뿐이다.

신화에 표현된 여자에 대한 평가절하는 그리스 사회의 일상생활에 영향을 끼쳤음에 틀림없다. 초기 그리스인들은 출산 중에 있는 여자와의 접촉은 가장 더러운 부정이며 여성의 생리적인 피는 위험한 피를 포함하고 있다고 믿었다. 정화의식은 이러한 물질적인 더러움을 씻어 버리기 위해서 수행되었다. 남자들은 여자에 대한 그들의 권위를 통하여 그리고 그들 자신의 욕망을 절제함으로써 성적인 오염을 조절하고자 하였다.
 성적 부정에 관한 그리스인들의 이와 같은 부정적인 신념들은 성 특히 여자의 성은 위험한 힘이라는 견해에 근거한다. 이러한 성적 관례들 속에 새겨진 이 두려움의 기원은 도대체 무엇인가? 정통적인 그리스의 정화의식은 성의 영역에서 뿐만 아니라 죽음의 영역에서도 나타나는데, 이는 죽음이 부정의 주요한 원천들 중의 하나로 믿어졌기 때문이다. 죽음과의 접촉을 둘러 싸고 있는 두려움은 성에 대한 그리스인들의 태도 속에도 스며있다. 성은 죽음의 운명을 지닌 새로운 생명을 만드는 행위이기에 죽음의 위협을 은밀하게 지니고 있다고 여겨졌다. 또한 출산은 여자의 부정할 수 없는 역할이기 때문에 여자는 성의 이 같은 두려움 속에 자연스럽게 포함되어졌다.
 그리스에서는 디오니소스에게 바치는 안테스테리아라는 술축제가 행하여졌는데, 이 축제 동안에 다음 해의 농사를 위한 배종이 준비된다. 배종은 죽은 자의 영혼에게 씨앗을 바치는 형식으로 이루어졌다. 그리스인들은 씨앗은 땅밑의 죽은 자에게 속하고, 죽은 자가 씨앗에게 양분을 주고, 대지는 형태를 부여한다고 믿었다. 죽은 자는 그들이 기른 새로운 생명 속에 재생한다라는 믿음은 생의 지속을 위해서는 죽음이 불가결하다는 견해를 전제한다. 이러한 믿음을 바탕으로 수행되는 이 축제는 죽음이 지니는 위협적인 측면보다는 죽음을 통한 삶의 지속에 더 관심을 두고 있다. 땅 밑에서 씨를 배양하는 죽은 자의 역할은 어머니인 대지의 기능으로서 우리들에게는 더욱 친숙해 있다. 모든 것에게 생명을 가져다 주는 것으로서 대지를 인식하는 것은 생식에 있어서 죽은 자의 역할에 대한 이와 같은 초기의 믿음들로부터 나온 것이다. 죽음은 생명과 풍부함과 복잡하게 관련되어 있지만, 또 다른 좀더 위협적인 차원도 제시한다. 죽음이 지니고 있는 생을 부여하고 동시에 생을 위협하는 두 요소의 공존은 사후에 대한 그리스인들의 믿음이 지니는 이중적인 성격에서도 볼 수 있다. 사람은 사후에 자신의 영혼이 조상들과 재결합함으로써 종족이나 동물로서 생의 순환을 다시 시작한다고 믿었다. 동시에 죽은 자가 생의 재생에 참여한다는 믿음에는 환생에 대한 믿음에 의해서는 결코 완전하게 완화될 수 없는 개인적인 생의 종말에 대한 두려움이 있다. 죽음의 정화에 대한 믿음은 이 공포로부터 발생한다. 여자를 죽음의 대리인으로 등장시키는 판도라의 신화는 여자와 죽음을 강하게 연결시키고 있다. 그래서 이 신화는 만일 여자라는 존재가 이 세상에 탄생하지 않았더라면 인간은 사멸하지 않아도 되는 존재였을지도 모른다는 신화적인 생각을 만연시킨다.

풍요와 조락의 순환이란 생명체가 대지에서 나와서 결국 대지로 다시 돌아감이다. 생명이 시작되는 대지가 동시에 삶의 끝이듯이 여자의 생식기관인 자궁은 인간 삶의 시작이고 또한 인간 삶의 무덤으로 인식되었다. 그러나 죽음과 풍요 간의 순환적인 관계는 부정을 오직 여자의 속성으로만 돌리는 것을 설명하기에는 충분하지 못하다. 만일 출산에서 남자의 참여가 여자의 참여만큼 없어서는 안된다면, 어떻게 풍요를 부정케 하는 관계로부터 남자가 벗어날 수 있겠는가?

남자가 성적 출산에 포함된 부정으로부터 어떻게 벗어나게 되는가를 이해하기 위해서는 그리스 문화 속에 가장 깊숙히 뿌리박고 있는 의식적 관례들 중의 하나인 파르마코스라는 희생양의 의식을 살펴볼 필요가 있다. 희생양의 의식에서는 그 도시를 깨끗하게 하여 그 해 내내 깨끗이 지내고, 동시에 새로운 수확을 위해서 그 도시의 모든 부정에 대한 책임을 지고 죽음에 처해지게 되는 희생양이 뽑힌다. 말하자면, 이는 그 도시의 모든 부정을 정화하기 위해서 부정이 인위적으로 만들어지는 의식이다. 부정을 특정한 사람에게 인위적으로 집중시키는 이런 패턴은 성과 죽음에 관한 취급에서도 나타난다. 즉, 그리스 사회에서 남자들이 정치적, 경제적, 종교적인 권위를 가지고 있었기 때문에, 그들은 부정을 종속 집단에게 떠넘김으로써 인간 존재의 바람직하지 않은 양상으로부터 자신들을 분리시키고 동시에 이 양상을 지배할 수 있었다. 이 종속집단이 다름아닌 여성이었다. 그리하여 부정이 떠넘겨진 여성은 탄생과 죽음으로부터 야기되는 모든 부정의 상징으로 구현되고, 반면에 남자는 이 부정적 이미지에서 벗어날 뿐만 아니라 이 부정의 구현자인 여성을 조절 내지는 지배할 수 있게 된다.

 탄생과 결합된 부정에 관련된 의식에 새탄생 의식이라는 의식이 또 있다. 소년은 남성 입문식이라는 의식을 치루는데 이 의식을 통해서 소년은 원래 그의 탄생과 더불어 그의 몸에 지니게 되었던 부정과 위험을 제거하기 위해서 다시 탄생된다. 새탄생 의식은 소년을 남성우월사회 속에 사회화시킴으로 해서 소년의 여자에의 의존적인 끈을 절단하는 수단이다. 일반적으로 의식은 통과의식인데 이 의식을 거침으로 해서 남자 어린이는 남성화되고 정화된다.

 그리스에는 또한 오르페우스라는 교단이 있었는데, 이 교단의 의식은 풍요와 죽음과 여성의 부정에 대한 초기 그리스인들의 신념을 철학적 사유로 전이시켰다. 이 의식은 종교적 영성의 서구적 형태의 선구로서 간주되고 있다. 오르페우스교는 정화를 외적인 의식행위에서 내적인 영적 원리로 변형시켰다. 오르페우스교 신도들에게 있어서 정화는 생과 죽음의 방법이 되었다. 영원히 사는 불멸은 필연적으로 죽음이라는 끝을 속성으로 하는 생의 순환에서 벗어남으로써 획득된다. 그런데 여성은 생식과 출산에서의 그녀의 역할 때문에 이런 생의 순환에 어쩔 수 없이 연결되어 있다. 탄생은 여성을 통해서 일어나고 죽음은 바로 탄생으로부터 비롯된다. 그러므로 불멸을 구하는 남성에게 있어서 생을 벗어난다는 것은 곧 여성을 기피하는 것을 의미하게 된다. 오르페우스교의 여성에 대한 강한 혐오는 불멸에 대한 종교적인 염원에 기인한다. 오르페우스교도 역시 생을 죽음이 재생으로 되는 순환으로 보았지만, 불멸은 조상의 집단에 참여함으로써 성취될 수 없고 오직 삶의 순환을 초월함으로써만이 성취될 수 있다고 보았다. 이 초월은 일상적인 삶 속에서의 지속적인 금욕을 요구하였다. 금욕을 통한 이 개인적 불멸에의 새로운 강조는 여성과 생 그 자체에 대한 적대감을 한층 더 강화하였고 자연적이며 물질적인 삶에 대한 경멸을 가져왔다 그리하여 성장과 쇠퇴라는 자연의 순환에 처해 있는 인간의 입장에 대해서 외경심을 지니는 대신에 금욕자는 이를 부정하고자 하였다. 그는 근본적으로 죽음과 성의 부정적인 성질을 의미하는 것을 피함으로써 영혼을 육체로부터 정화하고자 하였다.

영적인 순수성으로 생의 수레바퀴를 벗어남으로써 불멸을 성취하려는 오르페우스교의 시도는 분명히 죽음의 공포에 대한 반응이다. 그것은 변화와 인간의 지배 밖에 있는 존재에 의해서 규정되는 위협으로부터 인간 자신을 떼어 놓으려는 수단일 수도 있다. 생 그 자체가 위협이라고 느껴지고 그래서 생을 벗어나고자 할 때, 생의 과정을 대표한다고 여겨진 여성은 위험하고 부정케 하는 존재로서 인식된다. 그러므로 여성혐오는 일시적인 존재에 의해서 일어나는 생의 변화를 초월하려는 강한 욕구가 동기인 육체에 대한 금욕적 거부를 위한 하나의 수단이 된다.

지금까지 살펴본 바, 초기 그리스의 종교적 관습 내지 의식은 모두 성 특히 여성성에 대한 강한 혐오를 지니고 있다. 이 혐오는 원래 죽음에 대한 두려움에서 비롯되었다. 죽음뿐만 아니라 두려운 죽음을 필연적으로 안고 있는 생 그 자체마저도 두려움의 대상으로 느껴졌고, 생을 대표하는 여성은 결국 부정한 존재로서 희생양이 되었다. 그러므로 불멸에의 염원이 여성혐오의 기원을 이룬다. 조상과의 집단적 동일시를 통해서 이루어졌던 불멸에의 최초의 수단이 종교적 교단을 거치면서 점점 개인화의 양상을 띠면서 개인적 영혼의 순결이 요구되었다. 이 영혼의 순수라는 종교적 요구가 플라톤에 와서는 진리탐구를 위한 절대적인 철학적 요구로 되었다. 여성성을 위시한 에로스적인 것에 대한 플라톤과 아리스토텔레스의 이해는 진리와 이를 위한 영혼 내지는 이성의 순수함에 대한 요구 위에서 이루어지고 있다.

3. 성차별의 철학적 기원

플라톤은 그 이전의 철학적인 모든 유산을 그의 사상 속에 녹여서 최초로 철학을 체계화시킨 철학자이다. 그는 사유가 육체의 모든 감각들로부터 단절될 때에만 비로소 그 사유는 순수한 사유가 될 수 있다고 확신하였다. 육체의 감각은 영혼의 진리탐구를 방해할 뿐으로서, 참된 진리를 위해서 필요한 사유의 순수성을 획득하기 위해서는 영혼은 육체를 지배하고 궁극적으로는 이를 초월해야만 한다. 플라톤의 철학에 있어서 확고부동하게 설정된 진리의 순수성과 육체의 부정 사이의 대립은 사유의 영역에만 국한되지 않고 여자에 대한 해석과도 연결되는데, 이 해석은 이성적 지배를 방해하는 육체적 존재의 해로운 속성으로서 여성성을 예시화하고 있다.

플라톤은 『티마에우스』에서 창조에 관한 이야기를 하고 있다. 이 이야기에 따르면, 창조시에는 모든 영혼이 아무 손상없이 완전하게 태어나는데 이 영혼이 육체 속에 심어진 이후에 영혼은 여러가지 감각과 사랑, 두려움, 분노와 같은 감정을 가지게 되었다는 것이다. 그런데 육체에서 비롯되는 이 모든 것들이 영혼을 해치고 따라서 인간 자체를 해친다는 것이다. 온전한 인간이란 순수한 영혼을 지닌 존재라는 것이 플라톤의 인간 이해이다. 그가 말하는 순수한 영혼이란 감각적인 요소와의 섞임이 전혀 없는 영혼이다. 올바르게 사는 사람이란 육체적인 감각들을 정복한 자들이고 반면에 이러한 감각들에게 정복당한 자들은 올바르게 살지 못한 자들이다. 플라톤은 영혼이 손상되지 않은 원초적 인간의 본성을 남성으로 그리고 있다. 이는 성경에서 신의 모상으로서의 인간은 여성이 아닌 남성으로 대표되고 있는 것과 같다. 남성적 속성은 여성적 속성보다 우월하다고 단정하고 있는데, 그 근거로서는 남자가 지니고 있는 자신의 감각과 느낌을 조절하는 능력을 꼽고 있다. 그는 원초적인 인간본성은 남성이고 육체적 감정들을 정복한 자들의 영혼은 이러한 우월한 종족의 특권을 보유하는 반면, 여성이란 육체적 유혹에 넘어가서 올바르게 살지 못한 영혼의 육화로서 단정한다.

 플라톤은 『공화국』에서 여자를 원래 욕망에 의해서 지배당하는 존재로서 그리면서, 여자를 가장 열등한 남자와 집단적으로 동일시하고 있다. 여자의 열등성은 자신의 욕망조절의 무능에서 증명되고 이 열등한 성질은 남자와 여자가 가지는 정치적인 불평등한 권리를 정당화시키기에 충분하다고 본다. 여자를 근본적으로 이성적인 지배를 받아야 하는 육체적 감각 및 정열과 동일시함으로써 지식에 대한 플라톤적 이념은 결국 여자를 남성지배에 종속시켜 버리는 당시의 그리스 사회의 정책을 철학적으로 정당화시키고 있다. 플라톤은 민주주의에서 얻어지는 남녀간의 동등한 권리를 이상적인 정치적 질서의 목표로 본 것이 아니라 무정부적 기질로서 간주하였다.

여성적 성질에 대한 이 같은 부정적인 평가에도 불구하고 『공화국』의 제 5권에서 플라톤은 여자도 수호자 계층에 들어갈 수 있다고 제안한다. 이 제안 때문에 정치이론 일각에서는 플라톤이 여성 동등권의 가능성을 위한 급진적 옹호자로서 평가받기도 한다. 그러나 공화국의 이 부분을 조금만 잘 살펴보면 여자가 수호자 계층에 들어갈 수 있는 자격을 얻게 되는 조건을 발견할 수 있다. 이 조건이란 다름아닌 한 여자가 인간으로서 지니게 되는 여성 특유의 여성적 성질의 제거이다. 여성이 아닌 여자만이 즉 탈성화(脫性化)된 여자만이 수호자 계급에 들어갈 수 있다. 물론 남자에게는 이러한 탈성화의 조건이 요구되지 않는다. 왜냐하면 남성의 성적 욕망은 국가에게 위협이 되지 않기 때문이다. 오히려 플라톤은 전투에서의 남자의 용감함에 대한 보상으로서 여자와의 성교를 고려한다. 플라톤이 여자도 남자와 똑같은 임무를 공유할 수 있다고 언급한 것은 이러한 탈성화된 제도하에서이다. 더구나 성적 피조물로서의 자신의 정체성을 포기한 여자가 하는 일이란 수호자인 남자의 아내로서 봉사하는 일이다.

여자의 성적인 성질은 배우자나 자녀에 대한 사랑이 박탈된 단지 생물학적인 행위가 된다. 성이 관여되는 한 플라톤은 육체적인 정체성, 즉 성이 어느 사람의 정체성을 구성하는 데에 있어서 무의미한 것으로서 격하시키고 있다. 육체적인 정체성은 개인의 영혼과는 궁극적으로 무관하다. 어느 사람의 정체성의 모든 구체적인 양상들은 영혼의 본성이 문제될 때에는 무시된다. 그러나 여자의 남자와의 동등성을 탈성화에 의해서 근거지우고자 하는 플라톤의 시도는 완전하게 성공하지는 못한다. 왜냐하면 그에 있어서 여성성은 궁극적으로 여자의 이성적이며 입법적 능력으로부터 분리될 수 없고, 여성에게 고유한 육체적인 약함과 지적인 약함으로 인하여 비록 수호자 계층에 있는 여자라 할지라도 여자는 남자 수호자보다 여전히 열등하기 때문이다. 여자는 남자와는 달리 직업적 우세함을 방해하는 육체적 조건들을 존재론적으로 벗어날 수 없다는 것이 플라톤의 여자에 대한 확고한 이해이고 이것이 동시에 그의 인간 이해의 한계이다.

 플라톤은 『향연』에서 사랑에 대한 말잔치를 벌이는데 잔치 초반에 육체에 대한 사랑이 언급되고 있다. 이를 들어서 『향연』에서의 육체는 원래 영혼의 진리탐구의 방해물로서 본 플라톤의 육체 개념에서 상당히 멀어져 있다고 논평하는 자도 있다. 그러나 등장인물들의 말을 통해서 플라톤이 우리를 이끌고 가는 길을 따라가다 보면 우리들 자신도 모르게 향연의 정상에 이르게 되는데, 이 곳은 에로스가 지향하는 궁극적인 최고 형태의 사랑으로서 여기는 에로스라는 어휘가 감싸고 있는 감각적인 달콤함은 말끔히 제거된 사랑의 장소이다. 플라톤이 정상에 앉혀 놓은 최고의 사랑은 에로스를 풍부하게 하는 것이 아니라 오히려 인간적인 성적 경향성을 포기하는 과정 중에서 이루어진다. 실제로 에로스가 '지적 사다리'의 가장 낮은 단계에 일단 오르고 나면 그 에로스는 성적 욕망으로부터 멀어진다. 좀더 높은 단계의 에로스에는 성적 사랑을 위한 장소는 없다. 『향연』에서 말하는 사랑은 욕망의 탈감각화를 전제하고 있다. 최고 형식의 사랑은, 플라톤의 견해에 있어서는, 현상적 존재영역의 기초가 되는 보편적이며 순수한 형상들에 대한 지적인 사랑이다. 에로스를 일으키는 욕망은 감각적 근원으로부터 아름다움의 형상에 대한 지성적 명상으로 전환된다. 에로스는 비록 개별적 육체의 아름다움에 대한 성적인 욕망이 계기가 되지만 그 에로스의 본질은 "욕되지 않으며, 순수하며, 살과 피에 대한 덧없는 사랑에 묻어 다니는 죽음의 오점이 없는" 아름다움 일반에 대한, 아름다움의 형상에 대한 사랑으로서 여기에서 사랑의 향연은 끝이 난다. 결국 플라톤이 말하는 사랑이란 철학적인 지혜이고, 지혜에서의 주체와 대상의 순수성에 대한 그의 강조는 에로스의 탈(脫)에로를 초래한다.

　에로스에서 육체적인 감각적 사랑은 가장 저급한 단계로서 조금만 지성적인 자질이 있는 자라면 가능하면 빨리 이 단계를 넘어가야만 한다. 이 단계에 머무는 자는 인간으로서 가장 저급한 종류에 속하는 자가 된다. 그런데 플라톤은 사랑의 감각적 형식을 여성적인 성질과 동일시하고 이를 지상적 사랑이라 하여 남성적 성질을 사랑하는 천상적 사랑과 대비시킨다. 육체에 대한 속인의 사랑은 여자와 인간 번식에로 향해 있는 반면, 남자에 대한 사랑은 좀더 지속적 형식인 아버지다움에로 이끈다. 플라톤은 지혜를 기술할 때에는 오직 '남자', '남자다움' 그리고 '아버지다움'이라는 용어만을 사용한다. 여성이나 여성을 사랑하는 사람은 지혜를 사랑하는 자가 될 수 없다. 여성의 성은 에로스의 정신적인 발전에 있어서는 남자에게나 여자에게나 장애물로서 등장한다. 영혼은 육체로부터 해방되어야 하고 그 방법은 육체적 욕망의 극기이다. 그런데 플라톤은 이 육체적 욕망을 조절할 수 있는 능력이 여자에게는 없다고 보았는데, 이는 남자는 자제를 배워야 하지만 여자는 이 자제를 배울 능력이 아예 없다고 본 그 당시의 그리스 사회의 통념을 그대로 반영하고 있다. 에로스의 목표는 아름다움 그 자체에 대한 추상적인 통찰 속에 있는 지혜이지 아름다운 것에 대한 감각적 기호는 아니다. 지혜의 추구에서 요구되는 감각적 쾌락에서 등을 돌리는 것은 감성적 세계일반으로부터의 외면으로 이끈다. 현상계는 오로지 아름다움의 형상에 대한 통찰에로 이끄는 한에서만 사랑받는다. 이상적인 사랑을 이루기 위해서는 인간의 감각적 욕망과 그리고 궁극적으로는 감각적 세계일반은 초월되어져야만 한다. 결국 플라톤은 영혼은 육체로부터 해방되기를 희구해야한다는 무성(無性)의 영혼에 대해서 말하고 있지만 그의 대화에서는 오직 남성만이 무성적으로 다루어지고 있다.

플라톤은 구원에 이르는 개인적 영혼의 정화수단으로서 철학을 종교에 대신하였다. 그에 있어서 철학은 해방과 정화의 수단이다. 그는 대중적 종교의식에 퍼져 있던 육체에 대한 불신을 일상적인 실천의 영역으로부터 일체의 지각적 영역으로 옮겼다. 육체적인 쾌락 뿐만 아니라 육체적인 감각 그 자체도 불신된다. 영원한 삶에 이르는 진리를 추구하는 철학적 영혼은 단지 육체를 경멸해서만은 안되고 감각일반의 세계와 변화와 생성의 세계를 단순한 환상의 영역으로 돌려버려야 한다. 육체로부터의 금욕적인 분리는 영혼이 지식의 획득을 통하여 구원을 이룩하는 데에 필수적이다. 플라톤에 따르면 진리는 순수하고 섞임이 없는 대상에 적용함으로써 얻어진다. 만일 영혼이 순수한 이념들의 영역 즉 실재와의 유사성을 다시 획득하려면 영혼은 육체적인 간섭을 피해야한다. 육체에 대한 이 폄하는 플라톤의 인식론과 존재론에 퍼져있다. 사유의 순수성과 육체의 부정 간의 대조는, 플라토니즘의 가장 특징인, 열등한 감각의 세계와 천상적인 이데아의 세계와의 날카로운 분리를 가져왔다. 영원한 존재를 소유하는 영혼과 이데아들은 현상계에 더 이상 파묻혀 있지 않을 때에 이들은 순수하게 존재하게 되며, 실재에 대한 지식이 가능한 것도 오직 영혼과 이데아들 간의 이 유사성 때문이다.

플라톤에 비하면 유물론적 경향을 보이는 아리스토텔레스는 형상적 요소와 질료적 요소, 이성적 요소와 감성적 요소 그리고 능동적 요소와 수동적 요소들을 범주적으로 구분하고 이들간의 상호의존성을 인정하고 있지만, 그 역시 후자들에 대한 전자들의 우월성과 지배를 말하고 있다. 육체나 감성적인 요소는 영혼이나 이성적 요소의 감시와 지배가 필요하다는 그의 주장은 육체와 육체의 정열적 요소에 대한 플라톤의 폄하를 반영하는 계층적 관계를 그대로 유지하고 있다. 하나의 개체가 존재하기 위해서는 형상과 질료 모두 필요하지만 그 개체의 본질을 규정하는 것은 어디까지나 그 개체가 지니고 있는 형상이고 따라서 존재차원에서 형상은 어느 경우에라도 질료보다 우월하다. 모든 존재를 형상과 질료의 범주로서 설정해 버리고, 형상과 질료, 능동과 수동간의 대조에 의해서 남성원리와 여성원리를 특징짓는 아리스토텔레스에 있어서 남성원리나 남성이 여성원리나 여성보다 단연 우위에 있는 것은 당연한 귀결이다. 그는 생물학적 저서에서 남성을 표준으로 삼고 이 표준에 의해서 측정된 여성을 결함의 존재로 판정하고 있다. 이성과 감성, 형상과 질료, 능동과 수동, 그리고 남성과 여성 사이에 그가 세워 놓은 자연적인 계층은 자연적 유기체를 넘어서 사회적인 영역에까지 확대된다. 열정에 대한 이성적 지배가 자연스럽고 인간으로서 바람직하듯이 여성에 대한 남성의 지배 또한 정당하다. 여자는 정책이나 이성적인 자기결정의 참여에서 배제되어야 하고, 여자의 영역은 가정에 한정되어야 하며, 가정은 정치적 지배에 복종해야 한다. 남자는 원래 이성적인 피조물이기에 그들에게 적당하고 완전한 활동분야는 정치적인 영역이다. 인간은 본래 정치적 동물이라는 그의 간단한 명제에 비추어 보면, 정치적 영역에서 배제될 수밖에 없는 여성은 그에게는 그 얼마나 존재론적으로 비인간적인 동물이겠는가.

플라톤과 아리스토텔레스 모두 보편성을 주장하였고 그럼으로써 그들의 사상이 지니는 비성적(非性的) 성격에도 불구하고 이 비성적 양식은 오직 남자에게만 한정된 특권으로 인정되었다. 이들은 남자는 여자에게는 배제된 방법으로 인간이면 누구나 부여되는 선천적인 성적 존재를 초월할 수 있다고 보았다. 그러나 여자는 성적 존재로서의 자신을 초월할 수 없는데, 이는 여성성 자체가 여자의 육체적 욕망의 절제 내지는 극복을 불가능하게 만들기 때문이다. 즉, 여성성은 여자들이 자신의 육체적 욕망을 절제 내지 극기하는 것을 불가능하게 한다. 그러므로 여자는 정치, 사회, 학문과 같은 이성적 영역에서 활동할 수 없다는 것이 이들의 여자에 대한 이해이고, 따라서 이들은 온전한 인간 이해에 있어서 실패할 수밖에 없었다.

4. 여자와 성에 대한 아우구스티누스의 견해

그리스의 종교와 철학에서는 죽음의 위협이 뒤따르는 생명을 낳는 여자의 역할 때문에 여자는 육체와 성과 관련된 부정을 대표했다. 플라톤과 아리스토텔레스는 여자를 성이 이성에게 끼치는 위험들을 구현하는 존재로서 비난하였다. 여자는 본래 감정에 의해서 지배된다고 간주되었기 때문에, 여자는 이성적인 탐구에는 적절하지 못하다고 여겨졌다. 이와 유사한 체제가 여자와 성에 관한 기독교적 견해에도 나타나는데 이는 그리스와 헤브라이 종교에서 유래한다. 기독교에서 전통적으로 중요시 여겨져온 사상가들의 견해를 살펴보면, 순수성에 대한 근대 서양의 종교적 개념들이 근거하고 있는 전제들이 조명된다.

금욕주의는 기독교의 유명한 주제 중의 하나로 남아 있다. 기독교인 모두에게 성적 행위의 포기가 요구되지는 않을지라도, 종교개혁 때까지 자신의 삶을 종교에 바치는 모든 사람들은 독신생활을 고수하였다. 고대 그리스인들처럼, 교부들은 주로 성의 위험을 여자의 본성과 결합시켰다. 남자와 여자 모두 성적 욕망의 고통에 종속되어 있지만, 여자는 남자보다 더 성적 욕망의 지배 밑에 있다고 보았다. 그러므로 순수하기 위해서 남자는 여자와의 접촉을 피해야만 하였다. 여자 역시 처녀성을 보존함으로써 일종의 순수함을 성취할 수 있었다. 그러나 유혹자로서의 성서적 역할 때문에, 여자는 남자보다 성적인 위험에 본성상 더욱 근접해 있다고 여겨졌으며, 따라서 여자는 이 세상에서 남자에게 복종하는 것이 정당하다고 보았다. 교부들은 여자를, 특히 이브를, 인류를 괴롭히는 성적 재앙으로 비난했지만, 남자도 자신의 성적 감정을 조절하기를 요구하였다. 남성적 욕망의 기를 꺾는 한 가지 길이 여자를 욕망의 대상으로서 비난하는 것이었다.

초기 교회의 가장 영향력 있는 인물들 중의 한 사람인 아우구스티누스의 성에 대한 취급은 하느님의 은총으로부터의 인간의 타락에 대한 그의 이해와 밀접하게 연결되어 있다. 아우구스티누스는 모든 감각의 즐거움은 영혼에게 유혹과 욕망의 위험을 쉽게 안겨준다고 보았으며, 감각의 만족에 내재되어 있는 위험은 인간이 그러한 쾌락을 신의 창조로서 고맙게 여기기보다는 쾌락 그 자체 때문에 그러한 쾌락을 추구하게끔 된다는 데에 있다고 보았다. 그는 음악이 주는 소리의 즐거움에 빠져버리는 위험을 경고하기까지 한다. 모든 종류의 욕망은 그 욕망이 만족되었을 때 오는 쾌락 때문에 인간은 쾌락 그 자체를 위해서 욕망의 유혹에 빠지게 되어 감각적 만족은 감각에 대한 이성의 정당한 지배를 위협하여 사람들로 하여금 사물들의 노예가 되고 결국 신으로부터 멀어지게 하기 때문에 아우구스티누스는 욕망을 신에 대한 인간의 불복종에 기인하는 벌 그 자체로서 보았다. 그는 성적 욕망을 인간이 신의 은총을 상실함으로써 빚어진 최초의 결과이며 동시에 인간타락의 가장 직접적인 표시로서 이해하였다. 아우구스티누스는 인간이 신에 대한 불복종의 죄를 짓게 되는 것은 인간의 마음과 육체가 인간의 의지에 복종하지 않기 때문이라고 확신하였다. 더구나 다른 형태의 욕망에서는 영혼 내에서 저항이 일어나는 반면에 성적 욕망에서는 육체 그 자체가 영혼의 지배에 저항하기 때문에, 성적 욕망은 인간으로 하여금 신에게 불복종하게 하고 결국 인간의 타락을 재촉한다는 것이다. 절제된 삶을 이끌어 가는 것이 인간을 신의 의지에 가장 가깝게 데려가리라고 아우구스티누스는 믿었다. 인간은 육체적 욕망의 추구로 인해서 자아가 분열되고 상실되는데, 이 분열되고 상실된 자아가 다시 통일되는 길은 오직 절제밖에 없다고 그는 주장한다.

그가 상상하는 파라다이스에서의 '자연적' 성은 욕망이 전혀 없는 상태로서 타락 이전의 성에서는 육체가 완전히 의지의 지배에 복종할 수 있었다고 본다. 타락 이전 창조된 그대로의 여성의 육체도 욕망의 요소가 전혀 없는 '자연적'인 것이며, 여자가 부활하면 육체는 이 자연적인 것으로 된다고 말한다. 이는 여자의 육체란 축복의 상태에서는 근절될 부정의 존재라는 것을 의미한다. 아우구스티누스에 의하면, 이상적인 인간관계란 욕망이 전혀 없는 관계이다. 더구나 성은 인간 사랑을 위한 매체가 될 수 없고 단지 인간 사랑에 대한 방해로서 작용할 뿐임을 그의 성에 대한 취급은 함축하고 있다. 아우구스티누스는 인간의 삶에 있어서 성의 위치를 인간 표현의 편협하고 부정한 형식으로 본다. 그에게 있어서, 이상적인 성은 모든 감정과 욕망이 전혀 없는 것으로서 자녀 출산의 의지만이 유일하게 정당한 성교의 동기이다. 아우구스티누스의 견해를 따르면, 정의롭게 처리된 성이란 당연히 비인격화되고 무감각적이며 완전히 도구화된 성이다. 그가 이해한 여자란 오로지 생식을 위한 도구로써 쓰여져야 할 육체로서의 여성이다.

성은 오직 생식을 위한 수단이어야 한다는 아우구스티누스의 개념은 육체의 탈감각화라는 육체에 대한 그의 더 일반적인 개념의 일부이다. 욕정에 대한 아우구스티누스의 비난에서 분명히 나타나듯이, 이상적인 육체란 감각적인 즐거움에 대한 욕망이 전혀 없는 일종의 살덩이에 불과하다. 일정 수준의 건강을 유지하거나 적당한 요구를 만족시키기 위해서는 어느 정도의 감각적인 만족은 필요할지라도, 즐거움 자체를 목적으로 하여 즐거움을 추구하는 것은 본질적으로 병이다. 원래 육체는 우리의 본성에 외래적인 것이 아니라 하여 육체의 감각적인 본성이 지니는 가치를 아우구스티누스는 일부 인정하였다. 영혼에게 짐이 되는 것은 육체 그 자체가 아니라 육체의 부정성이라는 것이다. 그러나 그의 인정은 모든 욕망이 정화되고 모든 점에서 정신에게 복종하는 이상적 육체에 대해서이다. 육체는 오로지 영혼의 도구로써 봉사할 때에만 가치로우며, 그 때에 비로소 육체는 영적인 성질로 채워지게 된다. 즉, 육체는 본질적으로 그 자체의 선을 지니고 있지 않고, 영혼이 육체의 선이다.

아우구스티누스가 기꺼이 받아들인 부활된 육체란 인간 존재에게 활기를 주는 욕망하는 육체가 아니라 완전히 욕망이 제거된 영혼화된 육체이다. 따라서, 아우구스티누스가 주장하는 육체에 대한 금욕적 태도는 감각적 존재로서의 인간을 고양시키기보다는 오히려 육체적인 삶이라는 인간존재의 기본적인 성격을 초월하게끔 한다. 금욕적인 삶에서는 감각적인 삶을 구성하는 시간적인 성질들이 부정되고, 여기에서의 사랑은 감각의 충족을 가져오는 것이 아니라 오히려 그 속에서 감각적 성질이 사라지게 된다. 감정적 삶을 특징짓는 바로 그 성질들이 극복되어야만 이상적인 인간에 도달할 수 있게 된다. 아우구스티누스는 인간이 가지는 감각의 시간성과 감정의 유동성에 어떠한 적극적인 가치도 인정하지 않았다.

아우구스티누스는 남성과 여성의 관계를 영혼과 육체의 관계와 동일시한다. 그는 여성의 육체는 감성적인 것과 결합되어 있으며, 이 특이한 육체성을 통하여 여성의 정신적 성질이 부패되기 때문에 여자의 경우 영혼이 육체를 지배하려는 의지를 발휘할 수 없다고 보았다. 물질적 세계가 신의 정신적 표현이듯이 조절되어져야 하는 남성의 자연적 충동이 외적으로 구현된 것이 여성이라고 본다. 또한 자연적 충동이 정신의 이성적인 힘에 종속되어야 할 필요가 있는 것과 마찬가지로 여자는 육체적으로 남자에게 종속되는 것이 자연스럽고 정당하다고 주장한다. 아우구스티누스의 견해로는, 여자의 남자에의 종속은 남자가 그 자신의 영혼 내에서 성취하려고 분투하는 영적인 계급조직을 구현한다. 여자에 대한 지배를 통해서, 남자는 영적 순결을 위해서 요구되는 그 자신의 영혼 내에서의 이성의 지배를 배울 수 있다. 여자의 이성적 성질을 인정함에도 불구하고, 아우구스티누스의 견해에 있어서, 여자는 이성이 사용하는 열등한 도구와 동일시되고, 남자의 여자에 대한 지배는 오직 부활과 함께 극복되는 인간 존재의 자연스러운 존재방식이다..

시몬느 드 보봐르가 주장하였듯이, 여자는 기독교 전통에 있어서는 '타자'로서 표현되고 있다. 여자는 남자를 위하여 창조되고, 육체의 감성과 더욱 밀접하게 동일시되는 인간 본성의 측면을 구현한다. 여자의 이성적 본성이 남자를 위한 여자의 타자로서의 역할을 제거하지는 않는다. 오직 구원의 질서에서만, 즉, 여성의 육체에서 부정이 정화될 때에만, 여자는 영적으로 약속된 남자와의 육체적 동등성을 획득할 수 있다. 반면 남자의 육체는, 여자의 육체가 반영하지 못하는, 영혼의 우월한 요소를 반영한다. 따라서, 여자만이 이성적 영혼과 구현된 존재 사이의 균열을 경험한다. 여자의 육체에서 남성의 지배를 필요로 하는 허약함은 생리와 임신에서 보이는 생리적인 능력을 이성적으로 조절할 수 없는 여자의 무능력에 있다고 본다. 아우구스티누스는 이 육체의 자연적인 삶의 순환을 여자의 타고난 육체에 대한 의지의 결여라고 해석하였다.

여자의 정신적 육체적 존재에 대한 아우구스티누스의 이중적 개념은 그로 하여금 여자의 본성에 갈등적인 성질을 부여하게끔 한다. 남자 기독교인은 동일한 한 여자를 신의 창조물로서 사랑해야 하지만, 동시에 그녀의 아내다운 본성과 성적 본성은 미워해야 한다. 결혼은 영광스럽다고 주장하지만, 그럼에도 불구하고 결혼에 의해서 이루어질 수 있는 미덕은 금욕생활에 의해서 성취되는 미덕들의 훌륭함에는 미치지 못한다. 여자는 생식에 도움을 주는 목적으로 창조되었지만 부활 후에는 이 기능은 초월된다. 그래서 여자의 참된 본성의 부활은 여자가 창조된 목적을 무효화한다. 즉, 여자의 본질은 구현된 그들의 존재와는 반대이다. 여자는 지상적 존재에서 남자에게 종속되어 있을 뿐만 아니라, 그녀의 지상적 기능과 본성 사이의 분열이 그녀 자신 속에서 일어난다. 이러한 모순되는 양상들은 지상적 존재 그 자체가 극복될 때에만 해결된다.

아우구스티누스의 동시대인들은 은총으로부터의 타락에서 연출한 여자의 역할 때문에 여자의 종속은 극히 자연스럽고 당연한 것이라고 여겼다. 예를 들면, 초기 유명한 교부였던 터튤리안은 "이브 너는 악마가 자신의 용기로써는 충분히 공격할 수 없었던 아담을 설득하여 남자를 너무 쉽게 파괴한 너 여자. 너의 배반 때문에, 배반은 죽음이다, 신의 아들마저도 죽어야만 했다." 하여 이브에게 막강한 힘을 부여하였다. 이와는 달리, 타락에 대한 아우구스티누스의 설명 속에서는 이브는 그러한 힘을 보유하고 있지 않다. 그러나 이브의 역할에 대한 그의 완화 그 자체가 여자는 영혼의 열등한 요소를 대표한다는 그의 가정을 반영한다. 아우구스티누스에 따르면, 이브는 악마에 의해서 속임을 당하는데, 이 악마는 인간의 짝 중에서 더 약한 쪽을 선택하였다는 것이다. 즉, 악마는 아담이 자신의 말을 따르지 않으리라는 것을 충분히 알았기 때문에 악마는 이브를 선택하였다는 것이다. 다시 말해서, 그녀의 약한 본성 때문에 이브가 선택되었다. 여기서 우리가 유념해야 할 점은 이브의 약함이 절대로 이브에 대한 면죄부가 될 수 없다는 점이다. 왜냐하면 아우구스티누스에 있어서 모든 죄의 근원은 의지의 약함에 있기 때문이다. 그러나 아담 역시 불복종의 죄에서 벗어나지 못한다. 그 역시 이성적인 자제력을 상실하였기 때문이다. 타락의 이야기에서 아우구스티누스가 부각시키는 점은 이브의 범죄뿐만 아니라 인간의 영혼 속에 있는 이성적 영혼이 지배에 실패함으로써 야기되는 인간 자신의 범죄이다. 우리의 최초의 부모 속에 있는 이 불복종 때문에, 성적 행위는 죄의 기원에서 결코 벗어날 수 없다. 즉, 성 행위 그 자체가 원죄의 흐름 속에 있다. 결혼의 목적이 자녀출산에 있을지라도, 즉 성이 합법적인 자손을 낳기 위해서 행해졌을지라도, 그 행위 속에는 원죄가 스며 있다. 따라서 어린이는 언제나 원죄의 오점 아래에서 태어난다는 것이다.

 아우구스티누스는 완전히 무감각한 자연적 성을 이상화한다. 타락 이전의 성은 단지 출산을 위한 필수적인 도구일 뿐으로, 이는 마치 농부가 밭에 씨를 뿌리는 방법과 같이 남자가 여성을 사용함을 말한다. 이러한 성의 탈성화는 남자가 그 자신의 금지된 욕망을 조절할 수 있는 수단을 제공한다. 이 금욕적인 명령은 남자로 하여금 그 자신을 여자로부터 멀리하게끔 한다. 성에 대한 아우구스티누스의 견해는 성적 관계가 개별적인 친근감을 위한 수단이 될 수 있는 가능성을 배제한다. 더구나 남자는 자극의 위협으로부터 자신을 방어해야 하기 때문에 결국 그들은 여자와의 모든 교제를 억제해야 한다. 그래서 아우구스티누스는 남자의 성적 정체성을 지배의 형태로 여자의 성적 정체성을 종속의 형태로 규정해 버린다. 아우구스티누스에 있어서, 남자나 여자 모두가 이성적 영혼을 소유하고 있을지라도,

성 사이의 사회적 관계는 이성적 동등성이 아니라 성적 불평등성에 의해서 결정된다. 성을 정복하고자 하는 아우구스티누스의 충동은 인간관계를 결정하는 것으로서 성적인 계급조직을 제도화하게끔 그를 자극하였다.

5. 여자와 성에 관한 아퀴나스의 견해

순결에 대한 아우구스티누스의 견해는 영적인 행복을 방해하는 육체의 성적 쾌락에 대한 거부 위에 세워진 것이다. 아우구스티누스는 여자가 남자보다 더욱 쉽게 욕망에 의해서 지배된다고 여겼기 때문에, 그는 영적 순결을 위해서 지상에서의 삶에서는 여자가 남자에게 종속되는 것이 당연하다고 여겼다. 그래서 기독교 내에서 금욕에의 몰두는 여성에 대한 비난과 역사적으로 밀접하게 결합되어 있다. 13세기에 토마스 아퀴나스는 철저한 이성적 토대 위에 이러한 초기의 기독교적 가치를 다시 세웠다. 아우구스티누스는 육체에 대한 의지의 지배에 관심이 있었던 반면, 아퀴나스는 이성에 의한 지배를 구하였다.

아우구스티누스로부터 내려 오는 성적 순결에의 헌신과, 이 헌신에 수반되는, 여자는 본래 남자에게 종속되어 있다는 견해는 성적 관계에 대한 아퀴나스의 취급에서 더 많이 확인된다. 아리스토텔레스가 그랬듯이, 여성을 '남성 사생아'로 여겼던 아퀴나스는 여자와 같은 불완전한 존재가 어떻게 신의 창조라는 기원적인 작품행위 속에서 만들어질 수 있었던가 하는 문제로 당황하였다. 창조에서 여자의 위치를 정당화시켜 주는 적극적인 가치가 여자의 존재에 있음에 틀림없다고 그는 확신하였다. 이 확신하에 그가 찾았던 가치는 생물학적인 것이었다. 생물학적인 생식에서 여성이 담당하는 역할만이 여자의 창조를 정당화한다고 보았다. 왜냐하면 남자는 다른 작업에서는 다른 남자에 의해서 더욱 효과적으로 도움을 받을 수 있기 때문이다. 그러나 왜 인간의 생태는 열등한 여성성의 현존을 필요로 하는가라는 의문을 아퀴나스는 또 탐구한다. 남성과 여성 간의 생물학적 차이는 두 성 사이에 생식에 있어서의 능동적인 힘과 수동적인 힘의 분리를 가져온다고 그는 제시한다. 이 힘의 분리는 남자로 하여금 고상하고 아주 중요한 작용인 지성을 추구할 수 있게끔 한다. 여자는 출산 기능을 위해서 창조되었기 때문에, 아퀴나스의 설명에서, 여성은 자연히 이 생식적 활동과 동일시된다. 남성에 근거하고 있는 능동적 힘은, 여성의 수동적인 힘과는 달리, 생식에의 기여 외에 매우 중요한 이성적 작용을 한다. 남자 속에 있는 능동적인 원리를 이성과 동질화시키는 데에 있어서, 아퀴나스는 성적 관계에 대한 아리스토텔레스의 취급을 그대로 재현하고 있다. 능동성 또는 형상은 이성적인 자주적 결정을 통해서 표현되고, 수동성 또는 질료는 감정을 통해서 현시된다. 그가 남자는 인간 현존의 원리로서 봉사한다고 주장할 때 아퀴나스는 남자와 이성작용 사이의 이 동일시를 강조하고 있다. 이성은 인간 존재의 가장 훌륭한 기능이기 때문에, 지성적 작용은 인간 종족의 이 첫번째 원리 속에 포함되어 있음에 틀림 없고, 따라서 최초의 남자로부터 파생된 여자에게는 필요하지 않다는 방식으로 남자와 지성을 동일시한다. 여성의 성이 생식이라는 일을 수행하고 남자의 지적 활동을 위한 전제조건으로서 필요할지라도, 여성의 성은 또한 생물학적으로도 남성보다 열등하며, 인간을 특징짓는 능동성의 원리에 의해서 측정될 때에도 여성은 결함의 존재로서 판정된다.

남자는 이성을 행사하는 능력이 여자보다 더 훌륭하다고 아퀴나스는 주장하지만, 그는 여자의 이성적 능력을 부정하지는 않는다. 신의 모상은 그의 일차적 의미에 있어서 즉, 지성적 본성에 있어서 남자와 여자 둘다에게서 발견된다고 그는 주장한다. 그러므로 여자 역시 이성적 영혼을 지닌다. 더구나 아퀴나스는 지성적 본성 그 자체는 무성(無性)이라고 지적한다. 그러나 이차적인 의미에 있어서의 신의 모상은 여성에게서는 발견되지 않고 다만 남자에게서만 발견된다고 아퀴나스는 고집한다. 그는 이성에 대한 여자의 관계에 대해서 애매한 그림을 제시한다. 한편에서는, 여자의 열등한 이성의 판단 때문에 남자에의 종속이 자연스럽다고 주장하고, 또 다른 한편에서는, 신의 모상이면서 그 자체로는 성적인 차이가 없는 지성적 영혼을 여자에게도 귀속시킨다. 성적인 차별과 불평등은 이성의 현시에서 보여지는데 이는, 남자와는 달리, 여성의 성적 본성이 여자의 이성적 원리의 작용을 방해하기 때문이라는 것이다. 이 이성적 지배의 상실이 욕정의 원죄 그 자체이다. 그러나 궁극적으로 우리는 지상적인 존재에서 우리의 동물적인 무죄함을 되찾을 수는 없다. 우리의 영혼은 물론이고 우리의 육체도 영화되고 성의 생식적인 기능도 더 이상 요구되지 않는 때인 부활에 의해서만이 순결은 획득될 수 있다.

　열정에 이끌리는 여자의 성향 때문에 결혼은 동등한 자 사이의 관계가 될 수 없다. 탐욕의 병을 지니고 있는 여자인 아내는 욕정의 죄를 짓고 있기 때문에, 남편은 아내에게 강제적으로 행동해도 정당하다. 남자가 성관계를 시작했을지라도, 남자는 아내를 위해서 행동하는 것이라고 제시하면서 아퀴나스는 성교를 위한 동기로서의 남자의 성적 욕망을 고려하지 않는다. 여자의 요구 때문에 남자는 간음한다는 것이다. 아퀴나스는 아내의 육체에 대해서 힘을 지니고 있는 자는 아내 자신이 아니라 그녀의 남편이라고 말한다. 여자는 자신의 남편으로 하여금 간통을 저지르게 자극시키는 죄를 짓지 않기 위해서 성교의 의무를 지닌다. 간통의 경우에, 여자는 남자보다 열정에 의해서 지배되는 경향이 강하기 때문에, 여자가 간통죄에 대해서 더 많은 책임이 있다. 그러나 여자의 간통행위의 흉악성은 그 행위가 결혼에서의 남편의 지배를 어긴 데에 있다. 아퀴나스는 생리시에 여자가 성교를 원할 때는 성교를 해서는 안되나 남자가 원할 때는 생리 때문에 성교가 저지되어서는 안된다고 말한다. 아퀴나스는 성적 접촉을 시작하는 권리는 완전히 남자에게 있고 남자가 성관계를 조절하는 것이 정당하다고 보는데, 이는 남성의 성적 지배가 여자의 고칠 수 없는 욕망 때문에 필요하기 때문이라는 것이다. 성적 욕망에 대한 아퀴나스의 취급은 성적 욕망의 바람직하지 않는 부정을 사회적으로 무시당할 수 있는 집단에게 전가시키는 초기 그리스 사유가 지녔던 희생양의 동기를 되풀이하고 있다.

아퀴나스는 합리성 일반을 인간욕망의 초월 위에 세웠다. 이성은 궁극적으로 가지적(可知的)인 진리를 구하기 때문에, 일시적 사물들에 대한 관심은 이러한 진리 추구에 위배될 뿐이다. 이성은 물질적인 세계와 비물질적인 세계의 보편적 개념을 파악하지만 단지 남자만이 그러한 지식을 소유할 수 있다. 성적 절제라는 조건 위에서, 정신의 탁월함은 오로지 남자에 의해서만 달성될 수 있다. 성에 대한 아퀴나스의 비난 속에는 이성과 열정 사이에는 역관계가 존재한다는 가정이 함축되어 있다. 즉, 열정의 출현은 곧 이성의 상실을 가리킨다. 이성적 지배에 대한 그의 강조는 육체에 대한 의지의 지배를 강조한 아우구스티누스로부터의 전환이다. 즉, 아퀴나스는 아우구스티누스의 의지의 입법을 이성의 입법으로 대치한다. 아퀴나스의 설명으로는, 지식의 대상은 순수 지성의 견지에서 다루어져야 하기 때문에 성적 쾌락은 사유에는 위협으로서 드러난다.

　이성에 대한 아퀴나스의 취급은 순결에 대한 기독교의 견해를 학문과 철학에 전달하는 데에 중심적인 역할을 하였다. 이성이 지향하는 최고의 목표인 신의 지성 속에 있는 영원한 진리에 도달하기 위해서는 이성은 열정에 대한 지배를 발휘해야 한다. 열정에 대한 이성의 지배에 대한 이 강조는 금욕적인 전념을 반영하는데, 이 금욕적 전념의 결과는 지식의 순수한 가지적 대상과 인간 존재의 비이성적 관심이나 감각적 존재 사이에 대립을 초래했을 뿐만 아니라 후자를 부정적으로 낙인찍히게 하였다. 더구나, 열정에 대한 이성의 지배를 지식을 위한 필요조건으로서 정립하고 여자는 남자보다 합리적인 능력이 떨어진다는 견해를 지지함으로써, 아퀴나스는 암묵적으로 성 사이의 위계적 관계를 이성의 번영을 위한 전제조건으로서 확증한다. 그리하여 이성적인 진리는 일시적인 대상에 대한 일시적인 관심으로부터의 분리를 내포하고 있고 여자는 이성적인 능력이 남성보다 떨어지고 속세의 일에 봉사하도록 되어 있다면, 여자에 대한 남자의 지배는 학문이 그 속에서 발달할 수 있는 필요한 사회적 조건으로서 인식되어 버린다. 이와 같은 열정에 대한 이성의 우월과 일시적 존재에 대한 순수 진리의 우월의 원리는 철학 내에서 지속적으로 힘을 행사하고 있는데, 이는 이러한 원리들이 안고 있는 과거로부터 계승된 전제들을 강화하고 있다. 즉, 이성에 대한 관심 속에서 남자는 여자에 대한 그들의 우월성을 행사하여야 한다는 전제를.

　아퀴나스 시대에 기독교의 금욕적 이상은 수도원에서뿐만 아니라 일상적인 생활에서도 지배적인 힘을 발휘하였다. 이 시대에 금욕주의가 널리 퍼졌다는 것은 육체와 성 특히 여성성에 대한 기독교적인 태도가 대중화되었다는 것을 시사한다. 처녀성에 대한 찬양과 함께 마리아 숭배는 타락시키는 여성의 성은 정화되어야 한다는 견해가 널리 퍼져 있었음을 증명한다. 마리아 숭배는 예수의 임신과 탄생 동안에 마리아는 그녀의 처녀성이 손상되지 않았음을 주장하는 동정녀 교리를 강조한다. 마리아 숭배는 종교적인 믿음의 측면에서는 매우 의미있을지는 몰라도 여성의 사회적 지위 향상의 측면에서는 결코 긍정적으로 볼 수는 없다. 어머니가 되고 그래서 처녀성을 상실하게 되는 보통 여자는 그녀 자신의 마음 속에서나 다른 사람들의 마음 속에서나 이 이상화된 어머니상과 자신을 동일시할 수 없다. 마리아는 초자연적이다. 처녀탄생의 신성화를 실제 여자의 경험과 대조하기 때문에, 마리아 숭배는 여자의 지위를 상승시킨 것이 아니라 오히려 여자의 종속에 대한 더 확고한 근거를 제공한다.

기독교에서 육체의 순결을 지키기 위한 대안으로서 여자는 수녀원에 들어갔다. 그러나 수도원의 독신생활에서조차도 여자는 남자와 평등하지 못했다. 수도원이 왕성하게 커 나가던 시기에 수도원에서의 여성의 위치는 사실상 급강하하였다. 수녀들은 처녀성에 그녀 자신을 바쳤음에도 불구하고, 그녀들은 유혹자로서의 여자의 성서적인 역할을 벗어날 수 없었다. 수도사와 수녀가 공동 예배하는 수도원에서는 수녀들은 예배식에서 노래부르는 것마저 허락되지 않았는데 이는 그들의 목소리가 수도사의 정열을 일으킬지도 모른다는 두려움 때문이었다. 이브의 말이 타락을 일으켰기 때문에 수녀들은 가능한 한 말을 적게 해야만 했다. 더구나 수녀들은 가정에서 하는 여자의 전통적인 일에서 벗어나지 못했는데, 이는 수도승들이 제대로 기도하고 연구할 수 있도록 수녀들이 수도원의 가사를 도맡아야만 하였기 때문이다. 그래서 금욕적 종교는 수도원의 안과 밖에서 여자의 삶을 제한하였다. 금욕적 종교는 남편에 대한 아내의 종속과 수도자에 대한 수녀의 종속을 확실하게 하였다.

6. 여자와 성에 대한 종교개혁의 견해

종교개혁은 아우구스티누스와 아퀴나스에 의해서 공표된 탐욕적 육체에 대한 비난을 그대로 보존하였을 뿐만 아니라 실제로는 카톨릭 교회가 분명히 했던 금욕적 경향을 강화하였다. 아우구스티누스는 무절제한 욕망의 유혹을 느끼는 것 그 자체를 죄로 보지는 않았다. 그는 이를 인간의 약함이라 했고, 이 약함이 의지와 결합하여 행위로 실현되었을 때에 비로소 죄가 된다고 보았다. 즉, 죄는 의지의 동의를 필요로 하며 유혹과의 투쟁 그 자체는 죄를 형성하지 않는다. 반면에, 캘빈은 욕망의 즐거움 그것만으로도 죄가 된다고 간주했다. 죄로부터 자유롭기 위해서는 유혹에 저항하는 것으로는 충분하지 않다. 욕망에 대한 그의 가혹한 비난은 인간의 내적 상태에 대한 종교개혁의 입장에서 유래한다. 즉, 구원은 업적의 문제가 아니라 신앙의 문제이기 때문에 의지의 외적 행위는 우리에게 구원을 확신시켜줄 수 없다는 것이 종교개혁가들의 생각이다. 정의는 내적인 차원이고, 사람은 자기의 가장 깊은 곳의 감정들이 올바를 때에만 순결하다.

여자는 남편에게 복종함으로써 순결을 성취한다고 본 종교개혁자들의 믿음은 순결에 대한 그들의 견해와 일치한다. 루터는 모든 아내들은 신의 영광을 나타내는 남편의 권위에 종속되어 있다고 주장하였고, 캘빈은 아내에 대한 남편의 권리를 육체적인 모욕에까지 확대하였다. 이들은 아내에 대한 남편의 권위를 신성한 것으로 보았는데 이는, 초기의 그리스인들과 교부들처럼, 그들이 여자의 본성을 출산에 있어서의 그녀의 역할에 의해서 규정하였기 때문이다. 임신은 여자의 죄를 덜 수 있는 유일한 특징이라고 주장한 루터에게 성적 기능을 잘못 사용한 여자는 일종의 살인자로 간주되었다. 여자의 종교적인 천직은 그녀의 어린이를 돌보고 그녀의 남편에게 복종하는 것이다. 종교개혁자들에게 남자는 여자의 머리이며 구원자인 반면에 여자는 남자의 조력자이며 남자의 몸이다.

　모든 속세의 활동을 통해 신의 영광을 위해 순결하게 살 것을 강조하는 신교의 세계관은 삶에 대한 반감각적인 태도를 초래하였다. 육체는 구원에 전혀 도움이 되지 않기 때문에 육체에 속하는 것은 무엇이든지 비난의 대상이 되었다. 종교의 임무는 자발적이며 충동적인 즐거움의 파괴였다. 더구나 이 세계관은 개인적 양심이 도덕적 지시에 절대적으로 따를 것을 요구하였다. 도덕적인 명령에 따르지 않는 양심의 모든 측면은 억압되어야만 하였다. 이러한 신교의 금욕주의는 이성에 의해서 세워진 원리에 따라 모든 감정과 욕망을 조절하라고 명령한다.

　성에 대한 종교개혁의 의도적인 억압은 육체에 대한 무관심이 아니라 오히려 왜곡된 형태의 관심을 초래했다. 루터와 캘빈은 육체란 치료되어야 하는 병을 품고 있는 것으로 간주했다. 육체가 지니고 있는 병이 치료되어야 한다는 이 종교적인 강조는 17세기와 18세기의 육체에 대한 학문적이며 의학적인 관심의 부활과 아주 유사하다. 그리하여 주목을 끌기 시작한 신체에 대한 과학적 관심은 순결과 구원에 대한 종교적인 관심의 속세판을 제시한다. 종교적인 영역에서 자연적 육체는 욕정을 치료하기 위해서 엄격한 통제가 필요한 부정으로서 간주된다. 마찬가지로, 과학적인 견해에 있어서 신체는 병을 제거하기 위해서 과학적 처리의 중개를 요구하는 자연적으로 부패하는 대상으로서 나타난다.

　종교개혁 이후 나타난 교회와 대학교 간의 제도적인 관계를 통해서 순결에 대한 가치와 이것이 함축적으로 지니고 있는 성관계에 대한 가정들이 종교적인 믿음에서 세속적 지식으로 옮겨졌다. 욕망으로부터 영혼을 정화하라는 기독교적 전통의 강조는 사유의 순수성에 초점을 두는 철학과 학문에서 반복되었고, 성에 대한 금욕적인 반감도 대학교에서 출현한 철학적 사유 속에 퍼져 나갔다. 더구나 근대의 철학적 사유는 이성적인 자기결정의 자질과 대립하는 인간 존재의 감각적 요소와 여성을 동일시하는 금욕적인 동일시를 전수받았다. 여성의 제한된 이성적 능력에 대한 철학적 견해는 대학에서 여자를 실제로 제외하고 따라서 다른 형태의 사회적 활동으로부터도 제외하는 것을 정당화하였다. 그래서 순수와 성에 대한 금욕적 가치는 궁극적으로 현존하는 성적 계급조직에 대한 인정을 보증하였다.

7. 맺는 말

초기 그리스의 철학과 종교적 관례 그리고 중세 기독교에 대한 고찰은 에로스적인 것에 대한 부정적 시각은 그 기원에 있어서 순수하게 소박한 대중적인 종교차원에서 출발하였음을 드러내 준다. 그것은 인간의 단적인 유한성인 죽음에 대한 두려움에서 비롯되는 영원에 대한 갈구가 그 근원이었다. 사람들은 불멸을 통해서 죽음에의 두려움에서 벗어나고자 하였으며, 이 불멸을 불변의 형식 속에서 찾았다. 그리하여 시간성을 지닌 감각과 유동적인 감정을 지닌 에로스적인 일체의 것들과 육체로 이들을 구현하고 있는 존재자로서의 여성은 불멸을 방해하는 부정적인 것으로서 간주되었다. 최초의 소박했던 두려움과 갈구가 전문적인 종교와 철학을 거치면서 이론의 옷을 입게 되었고, 대학이라는 공적인 교육과정 속에 전이되면서 여성에 대한 억압과 남녀간의 성차별에 기초한 지배와 종속관계를 정당화하는 이데올로기로 정착하게 되었다.

순수와 부정이라는 개념은 성을 특히 여성의 성을 부정한 것으로서 특징짓는 상황 속에서 출현하였다. 지식은 순수해야 한다는 정통적인 철학적 이념과 영혼은 순결해야 한다는 종교적 요구는 이를 쫓는 자들로 하여금 부정한 영역으로부터 그들 자신을 분리하게끔 하였다. 여기서 순수성을 확보하기 위한 이론적인 희생양은 여성의 성이었고, 순수해질 수 있는 가능성이 있는 남자들의 실제적인 지배를 위한 대상으로서의 희생양은 여성이라는 집단이었다. 여성성에 대한 억압은 여자에 대한 사회적인 압박을 유지하기 위한 기본적인 수단의 하나이었다. 그리하여 그리스 철학과 기독교에서는 성을 중심으로 하는 에로스를 폄하하였고 이에 따라서 육체와 여성을 부정한 존재로 해석하여 이성적으로 사유하고 지배하는 자는 성과 육체와 여성에 대해서 부정적인 혐오감 내지는 적대감을 가지게끔 요구되었다. 이러한 요구는 철학에서의 여자의 배제는 물론이고 사회적, 정치적, 종교적 활동 전반에 걸쳐 여자를 배제하게끔 영향력을 행사하였다.

성에 대한 금욕적인 견해는 이성에 대한 철학적인 구성에 기여하였는데 이 때에 이성은 감성 특히 성을 초월하고 지배하는 원리로서 구성된다. 이 금욕적 태도는 여성과 남성의 성적 관계를 복종과 지배의 관계로 정당화시켰고, 도덕적인 차원에서는 인간 존재의 에로틱한 면의 억압을 가져왔다. 이는 금욕적 사상가들이 종교적이며 철학적인 목표로서 추구해 왔던 이성적인 지배가 힘의 행사를 요구하는 육체적인 것에서 사회적으로 구현하게 된 것이다. 이 같은 이성과 지배의 동일시는 근대의 철학적 전통 속에서도 그대로 유지되고 있다. 다시 말해서, 근대 철학에서도 이성은 영혼 내에서는 이성적인 지배와 결합되어 있을 뿐만 아니라 사회에서는 여자에 대한 남자의 지배와 결합되어 있다. 육체에 대한 남자의 의지적 지배나 이성적인 지배는 인간의 영적인 순수성을 위해서 반드시 필요하며, 여자에 대한 남자의 권위는 그러한 자제력을 위해서 불가결하다고 믿어졌다. 순수성과 지배의 가치에 대한 이 공약과 순결과 감각적 욕망 간의 대립은 이성에 대한 철학적인 개념 속에서 되풀이된다.

에로틱한 동기에 대한 부정과 배제 위에 구성되는 진리와 영혼의 순수성을 고집하는 태도는 인간이 지니는 감각적 존재를 부정하고 이를 초월하고자 애쓰는데 이는 오히려 인간 자신의 감각적 존재와의 왜곡된 관계에 빠지게 된다. 어떠한 형태의 생이든지 에로스적인 요소가 없는 생은 없다. 이러한 존재의 일상적인 영역의 부정 위에 이념적인 영역을 세우고자 하는 태도는 생의 본성을 바꾸어 생을 지배하려는 의지의 표현일 수도 있다. 그러나 이러한 태도는 그 자체가 허무주의적인 요소를 내포하지 않을 수 없다. 왜냐하면 생의 본성인 에로스적인 것에 대한 금기에 의해서 생 그 자체가 부정적으로 결정되지 않을 수 없기 때문이다.

육체와 성에 대한 부정적 인식은 역사적으로 분명히 남성 중심적 시각에 근거하고 있다. 남성적 시각에 의해서 여자에게는 결여되어 있다고 판정되어 오고 있는 순수의 기준을 남자는 제공한다. 본래 부정의 본성을 지니고서 태어난다고 판정되는 여성은 자신이 순수하게 된다는 것은 불가능한 일로서 스스로 직면하게 된다. 이러한 순수성과 부정과 성에 대한 개념들은 뚜렷한 남성적 시각을 반영하고 있음에도 불구하고, 이러한 점들이 종교적 전통과 철학적 전통에서 모든 것을 포괄하는 편견없는 진리로서 제시되어 오고 있다.

초기 그리스의 종교와 철학과 기독교가 안고 있는 여성을 위시한 일체의 에로스적인 것들에 대한 억압적인 요소를 훑어 본 것은 여성성에 대한 부정적 인식의 철학적이며 종교적인 기원을 알아보고자 함이었다. 이 기원을 이어 받은 근대철학 특히 칸트의 철학이 근대인이 지니고 있는 에로스 차원에 있는 존재에의 부정적이고 억압적인 인식에 미친 사회적인 영향이 『인식과 에로스』의 후반부에서 논의되고 있다. 이 논의는 요사이 활발히 진행되고 있는 성담론과 페미니즘에 대한 철학적인 접근에 많은 도움이 되리라 필자는 믿는다.

생태여성론에서의 여성성

이 연 화

1. 현재 : 왜 생태여성론이 필요한가

　최근, 국제사회를 지배해 오던 이데올로기의 대립이 종식되고 냉전체제가 무너진 후, 국제사회를 주도하고 있던 남성들의 관심은 환경문제로 쏠리고 있다. 18세기 산업혁명 이후, 인간 위주의 세계관(여기서의 인간은 남성을 의미)과 자연에 대한 무분별한 개발과 남용, 힘의 구조와 결합한 과학기술의 오용, 물질적 성장을 통한 경제성장이 인류에게 번영과 행복을 가져다주리라는 신념은 오로지 물적 생산과 소비의 증대만을 추구하였다. 그 결과, 오늘날 인류는 생존에 대한 위기감에 직면하게 되었다.
　오존층의 파괴로 인한 자외선 누출 현상, 지구 온난화 현상으로 인한 기후의 변동(엘리뇨 현상), 자연자원의 고갈, 산성비의 확산, 수질오염으로 인한 식수파동, 쏟아져 나오는 폐기물 등 환경오염이 지구를 위협하고 있다.
　특히 생태계의 오염이 여성에게 미치는 영향은 심각하다. 예를 들어, 일본의 미나마타병(임산부의 수은중독이 아기에게 장애를 초래하는 병), 우리 나라의 대구 페놀사건 이후 임산부들의 피해 그리고 작업현장의 납·에틸렌·DCBP·방사능 등으로 인한 근로여성의 출산관련 장애에 관한 자료가 이를 입증한다.

1972년 미국 메사추세츠 공과대학의 연구자들을 중심으로 시작해서, 국제사회는 이 문제를 공동으로 해결하기 위해 같은 해 6월에는 스웨덴의 스톡홀롬에서 유엔 인간환경회의를 개최하였다. 그리고 1973년에는 아랍과 이스라엘의 분쟁으로 서방국가들이 석유파동을 겪으면서 대체 에너지 개발에 대한 논의가 활발하게 전개되기 시작하였다. 1982년에 영국의 남극조사단은 오존층이 약 2.2% 뚫린 것을 발견한 후 1987년에 유엔환경계획기구(UNEP-United Nations Environmental Programme) 주도로 프레온가스 사용에 대한 규제의무와 미가입국에 대한 '무역보복조치(green round)'라는 강제규정을 두었다. 이러한 행위는 국제사회의 환경보호에 대한 강한 실천의지를 표시함과 동시에 선진국에서는 환경보호를 이유로 저개발국가의 무역을 규제하는 장치로 '그린라운드'를 사용하였다.

그리고 1992년 6월에는 유엔환경개발회의(UNCED-United Nations Conference on Environment & Development) 주최로 브라질에서 최대 규모의 지구정상회담이 열리는 등 앞으로 환경문제를 해결하고자 하는 국제사회의 열의는 계속될 것으로 전망된다.

더불어 21세기를 주도할 운동으로 '환경운동과 여성운동'은 주목받고 있다. 그래서 많은 여성학자들은 환경운동을 통해 예전부터 자연과 밀접한 관계를 가져왔던 여성들의 사회적 역할이 그 어떤 시대보다도 필요하다고 강조한다. 왜냐하면 여성은 자연을 기반으로 한 가정에서 자원을 관리하고 생활을 위한 구매와 소비활동의 주체적인 역할을 담당해왔기에 그렇지 못한 남성들보다 더 중요한 해결능력의 지식과 자질을 갖추고 있으며 그러한 자질이 여성들에게 지금보다 더 나은 사회적인 지위를 제공할 것이라고 믿고 있다.

그 결과 1992년 브라질에서 열린 세계환경회의에서는 '여성과 생태'란 주제로 여러 가지 행사가 개최되었다. 그러나 이 행사에서 특히 '제3 세계'라고 불리는 지역의 가난한 여성들이 전세계적으로 환경재난의 희생자로 여겨질 뿐만 아니라 환경재해에 가장 큰 책임이 있는 '가해자'들로 여겨졌다고 생태여성운동의 지도적 이론가인 마리아 미스(Maria Mies)는 보고하고 있다. 예를 들어 제3 세계 여성들의 '무절제한' 다산성 때문에 이 세계는 인구과잉이며 그래서 이 문제를 해결하기 위해서 국제사회는 세계 여러 곳에서 여성들에게 강제적이며 비인간적인 출산통제를 가하고 있다. 그리고 생활에 필요한 땔감과 연료용 목재를 산림에서 구해야 하는 여성의 경우는 목재를 남성들보다 더 많이 사용하기에 삼림 채벌에도 책임이 있다고 비난받고 있다.

그러나 마리아 미스(Maria Mies)는 동시에 바로 이 가난한 여성들이 '지구의 치유'를 가능케 할 존재로 기대를 받고 있다고 언급한다. 그녀는 그 이유를 이 여성들이야말로 무엇보다 '제3 세계'에서 최초이자 가장 중요한 환경운동을 시작하여 오늘날까지 지속해온 장본인들이기 때문이라고 말한다.

예를 들면, 인도의 칩코(Chipko)운동이라든가 케냐의 완가리 마타이(Wangari Matthai)가 시작한 그린벨트운동, 그리고 망그로바 숲을 구하기 위한 운동을 비롯한 남미의 여러 운동 등은 잘 알려져 있다. 그뿐 아니라 산업사회에서도 생태문제와 관련한 여러 단체와 조직체에서 과거부터 지금까지 가장 적극적으로 활동해오고 있는 이들도 여성들이다.

그리고 우리 나라의 경우도 1960년대부터 여성들이 소비자단체

활동을 통하여 환경운동을 주도해 왔다. 80년대 후반부터는 환경과 생명을 중시하는 생활공동체 생협운동의 주체가 되었으며, 90년대 들어와서는 여러 여성단체들이 환경문제를 그 중점사업으로 선택하여 세미나, 공청회, 기획 행사 등을 활발히 개최해왔다.

그러나 일부 여성환경운동가들은 왜 여성단체들이 환경운동에 앞장서야 하는가라는 문제를 제기하기 시작했다. 왜냐하면 지금까지 여성들의 다양한 환경운동이 재생산 영역에서만 이루어졌기 때문이다. 이러한 생활과제를 중심으로 전개된 환경운동은 오히려 여성들에게 딜레마가 되었다. 우리 나라 기혼여성의 49%가 사회참여를 한다. 기혼여성은 기존의 가사와 직업으로부터의 이중노동이라는 부담 속에서 일회용품이나 가전제품의 사용 억제·쓰레기 분리수거를 수행하는 육체적이며 심리적인 부담감 등은 여성의 가사노동을 더욱 가중시키기 때문이다.

그리고 정부나 기존의 여성단체·환경단체에서 현재 여성들의 환경활동이 주부들이 마치 환경파괴의 주범인 양, 그리고 주부들의 육체적 노력과 시간이 환경문제 해결의 유일한 방법인 것처럼 또 주부들의 환경보호 윤리의식만을 강조하는 행정과 홍보는 환경문제를 왜곡시킬 수 있다. 또 이러한 여론화는 더 큰 구조적 차원의 문제와 상위 정책결정권자의 무책임성을 은폐할 가능성이 있다.

따라서 여성적 시각으로 환경문제가 재조명되어야 함에도 불구하고 그렇지 못했던 것이 지금까지의 현실이었다. 이러한 상황은 환경운동을 통해 여성을 단지 환경운동에 동원되는 대상으로만 여기게 만든다.

마찬가지로 서구에서도 기존의 환경운동단체의 활동의 문제점을 지적하고 몇몇 여성환경운동가들이 모여 환경운동의 개인적인 실천을 강조하는 것에서부터 사회구조적인 문제를 언급하고, 다양한 계층의 여성들을 환경운동에 동참시키고, 성별분업구조에 대한 비판을 통해 환경문제를 해결하자는 의견에 합의하기에 이르렀다. 이렇게 환경문제를 여성적 시각에서 접근하며 환경보전을 위한 여성의 역할을 다양한 시각에서 제시하는 것이 바로 생태여성론이다. 따라서 여성들이 환경운동의 동원대상자에서 환경운동의 관리자·프로젝트 개발자·결정자로서 참여하기 위해서는 우리 나라에서도 생태여성론적 접근을 통한 환경운동이 필요하다.

2. 생태여성론이란

생태여성론이란 개념은 환경파괴와 군비강화에 대응하는 일련의 운동과 투쟁들이 서로 관련을 맺는 가운데 처음 만들어 졌다. 특히 1980년 3월 미국 쓰리 마일 아일랜드(Three Mile Island)에서 일어난 원자로 용해사건은 다른 오염물질과 달리 자연의 정화능력이 작용되지 않기에 시간이 지날수록 기형아 출산이 높다. 이후 수많은 여성들이 가부장제/성차별주의 및 군국주의와 자연파괴 사이의 연결에 대한 탐구를 하였으며 다른 한편으로는 여성해방과 파괴된 생태계의 치유 사이의 연결에 대해 탐구했다.

1970년대 말 여성운동, 평화운동, 환경운동 등 여러 사회운동이 성립했으며 단순한 이론적 입장에만 머무르지 않고 남성도 포함하는 여러 운동 단체들로 이루어진 새롭고 다양하고, 탈중심적인 사회운동으로 발전하여 녹색소비자운동, 반핵운동, 군비경쟁 및 자원·인간·환경에 대한 착취의 중지 요구 등 다양한 운동의 지도원리가 되어 왔다.

특히 제3 세계 여성들은 환경 파괴적 개발에 저항하는 운동의 주요 행위자였으며, 이는 환경문제에 있어서 여성의 시각을 중요한 부분으로 다루게 되는 계기가 되었다. 예를 들어 앞에서도 언급한 인도의 칩코(Chipko)운동이란 80년대 후반 인도 북부 산림지대의 한 지방인 칩코에서 일어난 삼림벌채반대운동이다. 인도정부가 아무런 보상 없이 삼림을 벌채하여 채석장을 만들려는 데 대해 주민이 저항한 운동이다. 개발자들의 생명을 위협하는 협박과 뇌물공세에 맞서 마을의 여성들은 나무에 자신의 몸을 묶거나 트랙터 앞에 눕는 생명을 아끼지 않는 치열한 운동으로 개발을 저지하는 데 성공했다. 이 운동을 주도한 여성은 평범한 가정주부였고 이들은 자신들의 삶의 터전인 숲을 지켜야 한다는 신념으로 많은 사람을 감동시켰다. 이 운동은 1992년 유엔세계환경회의에 소개되어 유명해졌다.

이와는 반대의 결과를 초래한 최근의 우리 나라의 영광원자력발전소 설립저지운동은 군수의 적극적인 반대선언으로 민간차원의 환경운동이 활성화되어 여론화된 적이 있다. 그러나 영광군의 군의회 원전대책특별위원회의 군의원들은 "골프장을 설립해주면 발전소를 짓도록 허가해주겠다"라고 선언하여, 주민들이 "주민의 생존권을 골프장 건설과 맞바꾸는 것이 군과 의회가 취할 태도인가"라며 반발한 경우가 있었다(한겨레신문, 96.9.20). 여기 두 사례에서 볼 수 있듯이 지배문화와의 타협에 있어서 권력층 남성들이 얼마나 쉽게 지역주민과 환경문제을 자신들의 이익과 맞바꾸는지를 엿볼 수 있다. 이렇게 여성문제와 환경문제의 시각은 운동현장에서 만나게 된 것이다.

생태여성론자들은 자본주의적 가부장제 사회에서 여성에 대한 착취와 자연에 대한 착취는 동일한 것으로 인식한다. 그래서 페미니스트 여성들은 가부장제 사회에서의 남성의 여성지배는 인간의 자연지배와 유사한 것으로 설정하고 여성운동 내에서도 '여성 및 자연 대 남성 및 문화'라는 유추에 대한 논의로 진행되었다.

여기서 자유주의 여성론, 급진주의 여성론, 사회주의 여성론 그리고 마르크스주의 여성론자들이 여성과 자연의 관계에 대하여 어떤 입장을 지니고 있는지 살펴보겠다.

1) 각 페미니즘이 바라보는 여성과 자연의 관계에 대한 입장

첫째, 자유론적 페미니즘에서는 인간의 자연에 대한 지나친 지배와 개발, 그리고 오염규제의 실패 때문에 환경문제가 초래된 것으로 본다. 여성과 자연의 관계를 그리 중요하게 보지는 않는다. 이들은 더 나은 과학기술과 법·제도, 그리고 절약하는 행동이 환경문제를 해결할 수 있다고 믿는다. 그래서 여성에 대한 차별을 종식시키기 위해서는 새로운 법과 제도를 통하여 여성의 사회적 환경을 개선시켜야 한다고 주장한다.

그러나 환경오염의 위기로부터 여성의 모성이 위협당하고 있는 가부장적인 개발이라는 개념과 남성 중심적인 과학관에 대한 대안이 없다는 것이 문제점으로 남는다. 더불어 인간이 자연을 정복할 수 있다는 남성중심의 자연관, 힘을 폭력으로 정의하는 군사패권주의, 경제성장에 대한 지나친 집착, 잘못된 삶에 대한 가치관, 잘 사는 나라의 잘 사는 사람들의 무분별한 사치와 낭비, 편의주의 때문에 오염된 지구를 치유하기 위해서는 근본적인 사고의 개혁과 생활양식의 변화가 필요하다.

둘째, 급진적 페미니즘은 서구 가부장제 사회가 여성을 자연과 동일시하는 인식에 의해 여성과 자연은 평가 절하되었으며, 또 가부장적 문화가 모성적 여신(Gaia라든지 Demeter 등)을 남성 신으로 대체시켰고 더 나아가서 17세기의 과학문명이 생태계를 살아있는 유기체에서 자연을 인간이 지배하고 통제하는 기계로 대체하고 격하시켰다고 주장한다. 또한 여성은 생태학적 재생산 능력으로 인해 여성=자연이라는 연계가 형성되었지만 여성의 생물학적 특성은 여성의 세력화의 근원으로서 찬양되어야 한다고 주장한다.

그러나 오히려 여성의 생물학적 결정론을 수용하기에 가부장제 사회에서의 차별을 정당화시킬 수도 있다. 그리고 여성들의 차이 또는 다름을 간과함으로써 다른 차별요소(권력, 인종차별, 계층 등)를 은폐시키는 경향이 있다.

셋째, 사회주의적 페미니스트들은 처음에는 자연에 대한 지배에 관한 논의는 별로 하지 않았지만 여성에 대한 남성의 지배에 대해서는 남성을 시장경제의 임금노동자로, 여성을 가정의 생산자로 구분하는 가부장적 자본주의 사회구조의 산물로 보았다. 이들에게 자연은 에너지를 제공하는, 삶의 물적 기반으로 간주되며, 오늘날의 환경문제는 가부장적 자본주의 사회에서 인간이 자연을 수동적으로 보고 지배하고 착취하는 기계론적 처우의 결과로 본다. 사회주의적 페미니즘은 자연을 페미니즘의 중요한 차원으로 보지 않는다고 킹(King)은 말한다.

그러나 현재 자본주의 가부장제 사회에서 여성들은 가정에서 노동자로, 어머니로 그리고 쓰레기 처리자로 삼중의 고통을 당하고 있다.

넷째, 마르크스주의 페미니즘은 과학기술에 의해 자연이 인간이익을 위한 도구로 전환되어서 자원에 대한 자본가들의 통제와 상품의 이윤추구로 환경문제가 발생하였다고 본다. 그래서 자연을 인류해방을 위한 수단 즉 삶의 물적 기반으로 인식해야 하며 또 자원은 노동자에 의해 통제되어야 하고 사회주의 사회에서는 잉여생산물이 없기에 환경오염은 없을 것으로 예견하고 있다. 따라서 여성의 종속적인 지위는 여성의 계급적인 특성 때문이기에 남녀공동의 환경연구가 가능하며 여성의 출산과 성의 문제보다는 노동의 문제에 중점을 두고 있다.

하지만 사회주의 사회에서의 환경문제는 심각하며(구 소련의 체르노빌 핵 물질 유출로 인한 모성파괴) 여전히 가부장제에 대한 문제점이 해결되지 않은 채 남아 있다.

결국, 각 이론의 단점을 어떻게 보완할 것인가가 문제로 남지만, 특히 급진주의 페미니스트들만이 자유주의·사회주의·마르크스주의 페미니스트들보다 환경문제를 해결하는 데 여성의 역할이 더 큰 변수로 작용할 것으로 파악한다. 그리고 여성들의 '여성성'을 강조하면서 환경문제를 해결하는 데 여성들의 보다 적극적인 참여를 주장하며, 여성들의 치유자적 역할을 강조한다.

2) 생태여성론내의 주류 논쟁

그러나 위에서 살펴본 것처럼 여성문제를 생태문제와 결합시킬 때 페미니스트 여성들 사이의 의견이 반드시 일치하는 것만은 아니라는 것을 알 수 있다.

또 특히 '왜 굳이 여성만이 여성성(여성적 원리-직관, 모성, 보육, 감성 등을 포함한 생명력, 다양성, 역동성, 순환성)의 소유자 또는 각성자인가', '왜 유독 여성만이 세상을 이러한 여성적 원리에 입각하여 사고를 한단 말인가', '왜 여성만이 이 환경문제 해결에 주도적으로 참여해야 하는가'라는 질문에서 생태여성론자들은 각기 서로의 차이점을 두고 있다. 이러한 논쟁은 급진 생태여성론(radical ecofeminism), 사회적 생태여성론(social ecofeminism), 사회주의적 생태여성론(socialistic ecofeminism)으로 크게 세가지로 분류될 수 있다. 간단히 소개하면 아래와 같다.

첫째, 급진 생태여성론은 시기별로 두 가지로 나눌 수 있다. 초기는 본질주의적 생태여성론(natural ecofeminism)이며 후기는 본질주의적 생태여성론이 주장한 '여성적 본성론(feminine naturalism)'을 비판한 문화주의적 생태여성론(cultural ecofeminism)이다. 본질주의적 생태여성론은 70년대 여성해방을 이론적으로 시도하던 집단과 자연해방을 이론적으로 설명하려던 집단의 초기적 결합형태인데, 급진적 여성론과 근본생태론(기존의 인간중심의 지배적 세계관을 대체할 새로운 인간 의식에의 추구를 강조)의 결합으로 시작되었다. 이러한 경향의 생태여성론은 여성과 비인간적 자연은 동일하며 여성과 남성이 다른 속성을 지님으로써 구분되듯이 인간과 자연도 각기 다른 속성을 지닐 수밖에 없다고 생각하고 있다. 문화주의적 생태여성론자인 레이(Rae)는 이 점을 비판한다. 그는 '여성성'을 생물학적인 특성으로 보는 관점을 포기한다. 이원론적이며, 서열화를 강조하는 남성중심주의 이성관을 비판하고 양과 음이 조화를 이루는 양성평등적인 사회를 지향한다. 그러나 이들의 주장은 관념적이라는 비판을 받고 있다.

둘째, 사회생태론(환경문제는 사회구조적인 모순이기에 총체적인 이해와 접근을 강조)과 급진적 여성론이 결합된, 즉 사회적 생태여성론(Biehl, 1991)은 북친의 논의(Bookchin, 1987)와 시몬느 드 보브아르의 논의(Beauvoir, 1949)를 결합한 것이라는 지적이 있다.

이 이론은 여성과 남성이 각기 다른 생물학적 특성을 지니고 있고, 인간과 자연도 다른 특성을 가지고 있음을 인정한다. 동시에 여성과 자연이 남성과 인간에 대해 '타자화'되어 열등한 것 또는 도구로 취급됨을 받아들인다. 사회적 생태여성론은 여성과 남성, 자연과 인간은 각기 다른 생물학적 특징을 가지고 있지만 남성과 인간에 의해 열등한 것으로 간주되었음을 비판하고 또 공사 영역의 엄밀한 구분을 비판한다. 더불어 사는 윤리를 강조함으로써 현실세계에서 다양한 여성들이 어떻게 함께 일할 수 있을까를 고민한다. 여기서는 집단의 이기주의를 어떻게 극복할 것인가라는 문제가 남는다.

셋째, 사회주의적 여성론(social feminism)과 생태사회주의론(자연적 생활토대의 파괴는 자본주의 시장경제와 생태계 사이에 발생하는 모순으로 파악)을 결합하는 데 성공하지는 못했지만 이를 종합하려는 학자들(사회주의적 생태여성론자)은 여성해방 속에 노동해방은 물론 인종·종족의 해방, 제3 세계의 해방 그리고 자연해방이 중첩되어 있는 것으로 본다. 그래서 자연-여성-노동 축을 기본모순으로 받아들이고 자연 착취적이고 성에 기반한 노동분업에 주목한다. 사회주의적 생태여성론은 여성은 노동자로 그리고 어머니로, 환경의 치유자로서의 역할을 동시에 요구받기에 '최상의 착취점'이라고 본다. 하지만 여성의 무임금노동에 대한 대가를 지불할 주체에 대한 논의가 없는 것이 문제점이다.

결국, '왜 여성만이 영성성의 소유자이며 환경문제 해결에 적극적으로 참여해야 하는가'라는 논의에 대해서 본질주의적 생태여성론자들은 생물학적 결정론에 의해 여성만이 생명잉태와 자연 치유자로서의 역할을 할 수 있다는 것이다. 문화주의적 생태여성론자들은 생물학적인 결정론을 거부하고 여성과 남성이 모두 '영성성'을 교육받아서 양성 평등적 사회로 만들어야 함을 강조한다.

그리고 사회적 생태여성론은 남성과 여성의 생물학적 특성을 인정하고 차별이 아닌 차이로 여성의 '영성성'을 인식하며 더불어 사는 윤리를 강조한다. 그러나 사회주의적 생태여성론자들은 여성과 '영성성'과의 이론적 결합은 성공하지 못했지만 여성을 자본주의적 가부장제 사회에서의 '최상의 착취점'으로 간주한다.

3. 생태여성론의 공통된 합의들

생태여성론내의 다양한 논쟁을 간략하게 정리하였지만 그 논쟁은 현재까지도 진행중이다. 그리고 여성과 환경을 이론적 측면에서 접합하려는 시도는 불과 15년 정도밖에 되지 않았다. 따라서 이론적 치밀성과 통합성보다는 분화성, 다양성, 과정성을 자신들의 특징으로 가지고 있다. 그럼에도 불구하고 이러한 접합을 시도하는 학자들 간에는 몇 가지 합의가 존재한다.

첫째, '자연과 여성의 이미지는 동일하다'는 것이다. 즉 자연과 여성은 '생명출산', '가계를 돌봄', 그리고 '혼돈 그리고 무질서한 속성을 가진 존재'로 생각된다는 것이다. 이러한 이미지를 본질적인 것으로 여기기도 하고 이 점을 여성들의 힘의 원천으로 보는 의견도 있고 생물학적 결정론으로 비판하는 의견도 있다. 그리고 '여성과 자연이 동일하다는 이미지'를 사회적으로 형성된 것으로 파악하는 의견도 있다.

둘째, 자연이 인간에 의해 취급받는 방식과 여성이 남성에 의해 취급되는 방식이 유사하다는 점이다. 인도의 생태여성론자인 반달라 쉬바(Vandana Shiva)는 이 양자는 모두 자신의 고유한 가치를 박탈당하고 유용성이란 측면에서만 취급되고 있다고 주장하기도 한다. 또 마리아 미스(Maria Mies)는 경제적 논리가 깔려 있는 식민화 방식(이윤추구)에 의해 자유재, 원료, 상품 등으로 취급받고 있음을 강조하기도 한다. 그리고 바바라(Barbara, Holland-Cunze)는 여성과 자연이 지배적인 그 어떤 주체에 대해 주체성이 상실된 '타자'의 위치에 놓여 있다고 지적하기도 한다. 즉 여성과 자연은 개발당하는 존재라는 것이다.

셋째, 생태여성론은 현재 여성노동이 주로 행해지는 가정 또는 재생산 영역에 주목하고 있다는 점이다. 다만 생태여성론은 여성을 억압에서 해방시키기 위해 이 가정영역을 사회화할 것인지에서 이견을 보이고 있다. 전자의 견해는 사회주의 여성해방론자와 주장의 맥을 같이한다. 후자는 가정영역은 역사적으로 현재와 같은 팔기 위한 상품이 생산되고 이것이 교환되는 경제영역의 모체이고 나아가 사회전체를 돌보고 관리하는 정치영역의 모체이기도 하다. 생태여성론은 친생태적이고 여성과 남성이 모두 해방된 대안사회의 윤곽을 그림에 있어서 여성영역으로서 가정이 가지고 있는 특성, 그리고 재생산노동이란 여성노동의 특성을 가정으로부터 경제 및 정치영역으로 확대해 나갈 가능성에 대해 논하고 있다.

넷째, 생태여성론자인 플럼우드(Plumwood)는 여성과 자연의 파괴를 야기하는 원인이 가부장적 구조와 밀접한 관계를 가진다고 생각한다. 가부장적 개념구조는 이원론적 세계관, 차별적이고 차등적이며 도구주의적인 가치관을 자신의 내용으로 한다.

다섯째, 생태여성론의 대안적인 세계는 이원론적, 가치 차등주의, 도구주의 등이 극복된 세계이다. 이 극복을 위한 이념과 원리로 생태여성론은 '여성성'을 강조한다. 이 여성성은 영성(spirituality) 또는 여성적 원리와 동일어로 사용되고 있다. 여기서의 쟁점은 '영성성' 즉 여성적 원리를 어떻게 해석할 것인가이다. 많은 생태여성론자들은 '영성성'이 우주와 세계가 다양하고 역동적이며 순환적 관계 속에 모든 부분이 얽혀 있음을 인식할 수 있는 능력, 즉 전일적으로 사고할 수 있는 실천적인 능력을 자신의 요소로 가지고 있음을 암묵적으로 합의한다. 물론 때때로 일부 논자들에 의해 "전지구적 마음이나 우주적 예지"와 같은 신비한 능력으로 사용되기도 한다.

또 여성적 원리란 "어머니로서의 지구"가 지닌 특성에서 도출된 원리로, 지구 생태적 원리 또는 특성을 지칭한다. 생태적 원리로서 여성의 원리는 여성만의 본성이라 불리는 직관, 모성, 보육, 감성 등을 지칭하기보다는 이를 포함한 생명력, 다양성, 역동성, 순환성을 의미한다. 이 새로운 원리는 자연=여성이라는 공식을 유지함으로써 여성주의적이고 생물중심주의적인 세계구성을 강조할 수도 있고 자연=여성이라는 공식을 깨고 자연 속에 새로이 남성 또는 남성적 영역도 포함시켜 자연=인간이란 공식으로 대체할 수도 있다. 전자는 '여성성'을 가질 수 있는 존재가 생물학적 여성이라면 환경운동에 남성은 참여할 수 없다는 잘못을 범할 수 있으나 후자는 이원적 세계를 인정하되 이를 극단적 경쟁관계로 파악하기보다는 상호보완적인 협력관계로 파악하고 '다름'을 이유로 한 사회적 차별의 원인을 밝혀 이를 극복하는 데 역점을 둔다.

여섯째, 생태여성론은 이러한 사회에 도달하기 위하여 지금의 발전개념으로부터 벗어나야 한다고 생각한다. 이 대안적 발전개념에 대한 논의에는 여성이 발전에 주체로 참여할 수 있는 기회의 평등은 물론 발전으로부터 발생하는 혜택을 공유할 수 있는 권리의 평등을 사회의 모든 분야에서 그리고 여성의 전 생애 주기에서 보장해 줄 것을 권고하고 있다.

끝으로 생태여성론은 그 동안의 여성운동과 환경운동을 비판하고 있다. 결론적으로, 생태여성론자들은 자연과 여성의 이미지를 본질적인 것으로 파악하기도 하고 사회적으로 형성된 것으로도 이해한다. 그리고 자연과 여성은 남성에 의해 착취와 도구의 대상이 되었으며, 그 결과 오늘날 환경문제와 여성문제가 발생한 것으로 파악한다. 또 그 원인을 남성중심적 세계관과 가부장적 개발개념으로 인식하고 이것에 대한 대안 이념으로 '여성성'을 강조한다. 그러나 '여성성'에 대한 논의는 크게 두 가지로 분류되고 있다. 하나는 '여성성'은 생물학적 여성에게 부여된 것으로 파악한다. 이러한 인식은 대안사회에서 주도적인 역할은 여성만이 할 수 있다는 것이다. 이것은 기존의 남성권력에 단지 여성과 남성이 자리바꿈한다는 비판이 제기된다.

또 다른 하나는 '여성성'은 사회적으로 훈련 가능하며 남녀 모두 대안사회에서 주도적 역할을 할 수 있음을 주장한다. 그러나 현재의 환경운동이 내포하고 있는 문제 즉 남성은 환경연구의 개발자 또는 결정자로 여성은 환경운동의 동원대상으로 전락할 수 있는 가능성이 있다는 것이다.

따라서, '여성성'에 대한 두가지로 분류되는 논의에서 제기하고 있는 문제를 해결하기 위해서는 여성이 가진 '여성성'을 올바르게 파악해야 한다. 그렇다면 여성이 가진 '여성성'은 무엇일까 ?

4. 생태여성론의 여성성

인류 역사 이래 여성은 자연과 밀접한 관계를 맺어 왔다. 중세 이전의 유기적 우주론(organic cosmology)에서는 자연과 지구를 자생적인 모성에 비유하기도 하며 자연과 여성을 동일시하였다 . 그러면, "왜 여성은 자연과 가깝게 인식되어지는가"라는 물음이 제기된다. 오트너는 그 첫째 이유가 여성의 몸과 기능이 생명과 깊은 관계를 갖기 때문이라고 본다. 둘째는 여성의 사회적 역할이 여성들을 구조적으로 종속적인 위치인 가정이라는 영역으로 위치지움으로써 자연과 가깝게 인식되도록 한다는 것이다. 여성의 가정 안에서의 역할은 오트너의 분석으로 볼 때, 우선 여성은 자연의 일부로 여겨지는 아이의 양육과 깊은 관계를 맺는다. 뿐만 아니라 가족은 생물학적인 기능이 강조되는 자연집단으로 여겨지기 때문에 남성보다 여성이 자연과 밀접한 것으로 보게 된다.

여성이 남성보다 자연에 밀접한 관계가 있는 것으로 보는 세번째 이유는 '여성심리' 때문이라고 오트너는 분석한다. 여성은 보편적으로 남성보다는 감성적이며, 관계 지향적, 주관적, 즉각적인 방법으로 자신의 경험을 표현하는 경향이 있다. 물론 이러한 경향은 본질적이라기보다는 양육되고 재생산되어진 것이지만 여성이 남성보다 자연과 가깝다고 인식되도록 작용한다는 것이다.

사실 여성과 자연의 관계는 여성해방론자들 사이에서 상당히 논의된 문제이다. 대부분의 페미니스트들은 남성의 여성에 대한 지배나 역할이 여성의 생물학적 특성과 관련있다고 보기 때문에 여성에 대한 지배를 정당화하는 데 이용되었던 생물학적 결정론을 무시하거나 해체하려는 시도를 해왔다. 즉, 여성과 자연의 연계를 끊기 전에 여성은 진정으로 자유로워 질 수 없다고 주장하였다. 그러나 다이아몬드와 오렌스테인(Diamond & Orenstein)은 이들 중 많은 여성이 시간이 지남에 따라 자연을 평가절하하는 주류문화의 사고가 남성중심의 의식의 산물임을 깨닫게 되었으며 여성적 특성을 수용하고 긍정적으로 해석하고 있다고 보고한다. 그 대표적인 페미니스트들이 문화페미니스트들이다.

댈리, 크리스트, 리치 등과 같은 페미니스트들이 제안하는 '여성성'은 문화적이고 영적인 것을 지향한다. 그것은 여성의 위대한 휴머니즘, 평화주의, 보육능력이다.

 리치는(Rich) 여성과 자연의 밀접한 관계를 모성에서 찾는다. 모성은 리치가 '여성성의 우주적 본질'이라고 부르는 것과 연관되어 있다. 그것은 여성을 자연의 근본적인 기능인 창조하고 보육하는 기능과 연결시키는 것이다. 이것이 바로 여성의 힘이라는 것이다. 그러나 모성이 재생산을 위한 제도로서 여성종속의 장이 되었다는 사실 또한 지적한다.

 댈리는 남성지배를 극복하기 위하여 여성들의 개별적인 영혼의 여행을 권장한다. 여성은 '동물과 나무와 바람과 바다처럼' 대지에 뿌리를 박고 있는 데 반해 남성은 '우주의 자연적 조화로부터 근본적으로 분리되어 있기 때문에, 여성만이 그러한 여정을 선택할 수 있으며 이러한 여정은 궁극적으로 자연과 여성의 친화성을 재발견하도록 이끈다는 것이다. 그리고 이원론적인 남성 지배적 과학을 극복할 것을 강조한다. 가부장적 과학의 '주체와 객체'의 분리는 여성이 자신을 타자로서 인식하게 만들었다는 것이다.

 크리스트는 '여성의 몸과 여성의 몸 속에 표현되는 생명의 순환을 긍정하는 여성적 힘이 갖는 정당성과 미'에 대하여 여성과 자연의 관계를 직접적인 것으로 간주한다. 예를 들어, 월경하고, 출산하고, 전통적으로 아이들과 환자들을 보살펴온 여성들의 특별한 위치는 여성들로 하여금 생명을 보유하는 힘뿐만 아니라 특별한 책임을 부여했다는 것이다. 이러한 이유로 여성들이 생태운동에 적극적으로 참여해야 한다고 주장한다.

 그러나 페미니즘적 '영성성'이라는 개념은 다른 입장들로부터도 비판을 받기도 한다. 예를 들어 비일(Biehl)과 사회생태주의자인 북친(Bookchin)도 이것은 다만 이원론적 위계질서를 역전시킨 것에 불과하며 이원론을 영속화시킨다고 비판한다. 그리고 비판의 또 다른 요점은 여성 억압에 대한 다양한 형태에 대한 인식이 결여되어 있다는 것이다. 즉, 억압의 특정한 인종적·계급적·경제적 요인들을 무시하고 있음을 지적하고 있다.

즉, 워렌(Warren)은 문화 페미니스트들은 대지에 중심을 둔, 친여성적인 보편적 영성을 장려하면서도 서구의 합리주의라는 제국주의에 대항해서 인종적 정체성을 관찰하기 위한 유색 여성들의 투쟁을 무시하고 있다고 비판한다.

요약해서 오트너는 여성이 남성보다 과거부터 자연과 가깝게 인식되었던 이유는 여성의 몸과 기능이 생명과 깊은 관계를 갖기 때문이며, 또 여성의 사회적 역할이 가정이라는 영역으로 제한됨으로써 자연과 가깝게 인식되었고, '여성심리'가 감성적이며, 관계 지향적, 주관적, 즉각적인 방법으로 자신의 경험을 표현하는 경향 때문이라고 언급한다. 페미니스트들은 이러한 이유로 자연과 여성을 남성보다 더 가깝게 인식하는 것이 여성의 종속을 강화시킨다고 비판한다. 그러나 문화페미니스트들은 이러한 인식이 남성보다 여성이 더 환경문제를 치유하는 데 탁월한 자격을 부여하는 근거가 된다고 언급한다.

이러한 여성의 탁월성 즉 '여성성'은 모성을 가진 생물학적 여성이야말로 양육, 보호, 치유, 생명을 나누어 줄 수 있는 조건을 갖추고 있다는 것이다. 그래서 여성은 위대한 휴머니즘, 평화주의, 보육능력을 소유하고 있으며 환경운동의 동원대상자에서 환경 보전자, 개발자, 치유자로 위치 전환을 할 수 있다는 것이다.

그러나 다른 생태여성론자들은 이러한 여성성은 사회적으로 형성된 것으로 남성과 여성 모두에게 재교육이 가능하다고 반론을 제기한다. 또 문화페미니스트들의 대안이념인 '여성성'에는 여성들 간의 차이들 즉 인종적 그리고 경제적 등 다양한 '다름'이 없다고 비판한다.

5. 결 론

 위에서 살펴본 것처럼 많은 서구의 학자들은 환경과 관련된 영역에서 여성들의 사회적인 활동이 두드러져 그 결과로 여성들의 사회적 지위가 향상될 것이라고 전망하였다. 그러나 현실은 단지 여성들이 환경운동의 동원대상으로만 여겨지고 있고, 특히 서구에서는 제3세계의 여성들은 지구파괴의 주범 인양 인식되기도 한다. 우리 나라에서도 마찬가지로 여성들은 환경운동을 60년대부터 주도해 왔지만 지금은 가정에서 쓰레기 처리자로 인식되고 있다.
 그리고 우리는 지금 현재 경제적으로 위급한 상황에 놓여있다. 바로 경제적인 신탁통치의 시대에 놓여진 것이다. 이러한 경제적인 위기 의식은 환경문제를 경제개발이라는 논리에 의해 다시 뒷전으로 몰아 넣을 수도 있다. 그러나 선진국의 환경을 보호하기 위한 '무역보복조치 강제규정'은 환경보호를 뒷전으로 미룰 수 없게 하는 요소이기도 하다. 따라서 앞으로 정부는 경제위기를 극복하기 위해서 환경보호를 통한 경제개발이라는 숙제를 동시에 풀어야 한다.
 현재 정부에서는 이러한 숙제를 풀기 위해 대중매체를 동원해서 '가정에서의 경제살리기 운동'을 확산하고 있다. 지금 대중매체는 '주부의 알뜰한 살림 솜씨가 경제를 살리는 지름길'이라는 광고(KBS1 TV)를 통해 여성들의 살림의 지혜를 강조하고 환경보호와 절약이라는 윤리의식을 강화시키고 있다. 앞으로 추진될 가정에서의 소비축소와 절약운동은 재생산 영역에서의 여성의 역할을 강화시킬 것이며 재생산 영역에서의 이러한 운동은 여성의 가사노동을 세분화하여 취업여성의 경우는 여성의 이중고를 더욱 가중시킬 것이다.

이 운동의 아쉬운 점은 현재 진행중인 환경운동에서 나타난 문제점처럼 여성의 참여를 재생산 영역에만 국한시키고 있고 여성을 운동의 동원수단으로 활용한다는 점이다. 여성들은 이 경제살리기 운동에서도 동원대상으로만 대상화되고 있음을 알 수 있다. 그리고 이 운동은 '가정에서의 여성들의 생활의 지혜만 강조할 뿐 남성들의 가족 구성원으로서의 절약하는 역할은 제외시키고 있다. 그리고 이러한 정부의 정책은 주로 전업주부를 대상으로 하고 있기에 우리 나라 주부의 49%가 취업주부이므로 정책의 전환이 필요하다. 가사노동의 이중고로 '피곤한 취업주부'는 정부의 정책을 수행하려 해도 그럴 에너지가 없다. 따라서 재생산 영역에서의 여성의 역할을 강조하는 절약운동과 환경운동은 취업주부의 가사노동량을 분담할 국가적인 장치가 필요하다. 반드시 정부는 이러한 '장치'를 계획하고 개발하는데 여성들의 의견을 수렴하고 여성들이 이 정책의 관리자로 역할을 할 수 있도록 기회를 보장해야 한다. 이러한 것을 주장하는 이론이 바로 생태여성론이다.

환경운동을 통한 여성의 사회적 지위향상이라는 청사진은 현실과 거리가 멀다. 그러나 이러한 청사진을 가능하게 만들어 주는 이론이 바로 생태여성론이다. 생태여성론자들은 진정한 지구의 치유는 가부장적 자본주의 개발개념을 극복한 여성의 '여성성'에서 찾는다.

이제는 재생산 영역에서의 여성지배가 한 가정의 가장인 남성을 통해서가 아니라 가부장제 국가를 대변하는 정부를 통해서, 그리고 대중매체를 통해 이루어진다는 것을 알 수 있다. 예를 들면 현재 진행중인 가정에서의 재활용운동과 절약운동 그리고 과거 출산율 통제는 대표적인 국가의 재생산 영역에서의 여성지배 정책이다. 따라서 이러한 환경정책을 통한 국가의 지배, 경제문제를 통한 국가의 지배 그리고 여성의 몸을 통제하는 국가의 지배 속에 여성은 무방비 상태로 노출되어 있는 상황이다.

 따라서 한국에서의 생태여성론적 인식의 필요성은 여성들로 하여금 재생산 영역에서의 국가의 지배에 일방적으로 동원되는 것이 아니라 오랫동안 재생산 영역의 관리자로서, 지배자로서의 여성의 지식과 의견을 국가정책결정에 반영하는 근거를 제공한다.

 만약 앞으로 여성들이 환경운동의 동원대상자에서 환경 보전자, 개발자, 치유자로서 위치 전환을 할 수 있다면 경제적인 위기를 극복하는 과정에서 만들어질 우리들의 사회는 생태여성론이 꿈꾸는 대안사회인 양육, 보호, 치유, 생명을 나누어 줄 수 있는 위대한 휴머니즘, 평화주의, 보육능력을 소유하게 될 것이다.

페미니즘과 우리 시대의 성담론

인쇄일 초판 1쇄 1998년 07월 03일
       2쇄 2017년 02월 14일
발행일 초판 1쇄 1998년 07월 10일
       2쇄 2017년 02월 23일

펴낸이 송 명 회
발행인 정 진 이
발행처 새미
등록일 1987.12.21, 제17-270호

서울시 강동구 성내동 447-11 현영빌딩 2층
Tel : 442-4623~4 Fax : 442-4625
www.kookhak.co.kr
E-mail : kookhak2001@hanmail.net
ISBN 978-89-8206-265-0 (03810)
가 격 10,000원

* 새미는 국학자료원의 자매회사입니다.
*저자와의 협의 하에 인지는 생략합니다.